KB107871

알수록 맛있는
음식 이야기

알수록 맛있는 음식 이야기 3

발행일	2021년 10월 14일		
지은이	차가성		
펴낸이	손형국		
펴낸곳	(주)북랩		
편집인	선일영	편집	정두철, 배진용, 김현아, 박준, 장하영
디자인	이현수, 한수희, 김윤주, 허지혜	제작	박기성, 황동현, 구성우, 권태련
마케팅	김회란, 박진관		

출판등록　2004. 12. 1(제2012-000051호)
주소　서울특별시 금천구 가산디지털 1로 168, 우림라이온스밸리 B동 B113~114호, C동 B101호
홈페이지　www.book.co.kr
전화번호　(02)2026-5777　　　　팩스　(02)2026-5747

ISBN　979-11-6539-535-3 04300 (종이책)　　979-11-6539-945-0 04300 (세트)
　　　979-11-6539-780-7 05300 (전자책)

(주)북랩 성공출판의 파트너

북랩 홈페이지와 패밀리 사이트에서 다양한 출판 솔루션을 만나 보세요!

홈페이지 book.co.kr　•　**블로그** blog.naver.com/essaybook　•　**출판문의** book@book.co.kr

작가 연락처 문의 ▶ ask.book.co.kr

작가의 연락처는 개인정보이므로 북랩에서 알려드릴 수가 없습니다.

/ 입맛 도는 밥상 인문학 /

알수록 맛있는
음식 이야기
3

차가성 지음

북랩 book Lab

머리글

 아이들은 사물에 대한 호기심이 많아서 "왜 그런데?"하고 지칠 정도로 질문을 한다. 이런 궁금증은 아이들이 배우고 성장하며 원만한 인간관계를 형성하는 데 큰 도움을 준다. 사실 인류가 오늘날과 같은 과학 문명을 이루게 한 원동력 역시 호기심에서 비롯되었다고 할 수 있다.

 호기심은 인간뿐만이 아니라 모든 지적생명체들이 가지고 있는 본능이며, 만약 인류에게 호기심이 없었다면 아직도 원시시대 수준에 머물고 있었을 것이다. 모든 발견과 발명은 호기심에서 시작되었으며, 관심을 가지고 노력하여 그 결과물을 얻게 된 것이다.

 사람들은 누구나 일상생활을 하면서 이런저런 궁금증을 느낄 때가 있으며, 개인의 관심사에 따라 그 분야는 다르게 될 것이다. 저자는 어느 곳을 가나 그곳의 지명에 관심을 갖는 습관이 있다. 이런 습관은 "현재의 한자식 지명은 원래 우리말로 어떤 이름이었을까?"라는 궁금증에서 시작되었다.

세종대왕에 의해 훈민정음이 창제되었음에도 불구하고 조선시대의 공식문서는 한자로만 표기되었고, 고유의 순우리말 지명 역시 한자로 변경되었다. 대부분의 경우에는 그 뜻을 살려서 표기하였으나 때로는 본래의 뜻과는 관계없는 지명이 생기기도 하였다. 지명의 유래를 파악하다 보면 그 곳의 역사나 지역적 특징을 알 수 있게 된다.

예로서, 저자가 태어난 곳은 아니나 오랜 기간 살아서 고향처럼 된 수원시의 지명만 보아도 이목동(梨木洞), 율전동(栗田洞), 지동(池洞) 등은 원래 배나무골, 밤밭, 못골 등의 아름다운 우리말 이름이 있었다. 배나무골이나 밤밭은 그곳에 배나무와 밤나무가 많았기 때문에 붙여진 이름이며, 못골은 과거 큰 연못이 있었기 때문에 생긴 이름이다. 연무동(鍊武洞)이란 명칭은 조선시대 이곳에 군사 훈련과 무술 연마를 하던 연무대(鍊武臺)가 있었기 때문에 붙여진 것이며, 정자동(亭子洞)이란 명칭은 이 지역에 영화정(迎華亭)이란 정자가 있었기 때문에 붙여진 것이다.

여행을 할 때에도 그냥 가이드의 안내에 따라 몰려다니는 단체관광과 목적을 가지고 방문하는 탐사여행은 크게 차이가 난다. 가고자 하는 곳에 대해 사전 지식이 있느냐 없느냐에 따라 그 감동은 다르게 되는 것이다. 그곳의 역사적 의미를 아는 사람은 깨진 돌비석 하나에도 감회를 느끼고, 그곳이 유명해진 이유를 아는 사람은 소나무 한 그루 앞에서 사진을 찍기 바쁘겠으나, 그렇지 않은 사람에게는 그냥 지나는 길의 돌조각이나 흔한 소나무에 불과할 것이다.

저자는 오랜 기간 식품업계에 있었기 때문에 지명 못지않게 음식에 대하여도 관심을 가질 수밖에 없었다. 이런 관심은 인터넷 등에 잘못 알려진 내용을 바로잡고 싶은 욕구를 갖게 하였으며, 그 내용을 저자의 저서 『알수록 맛있는 음식 이야기 1』 및 『알수록 맛있는 음식 이야기 2』에 정리하였다.

음식에 대한 관심과 호기심은 자연스럽게 그 음식을 구성하는 재료로 이어졌다. 우리는 농산물, 임산물, 축산물, 수산물 등의 1차 산물을 가공하거나 서로 혼합하여 여러 가지 음식을 만들게 되며, 따라서 1차 산물을 모르고서는 음식에 대하여 정확히 안다고 말할 수 없다.

마트에 가면 쌀, 보리 등의 곡물과 감자나 고구마와 같은 서류(薯類), 콩을 비롯하여 팥이나 녹두와 같은 두류(豆類), 그리고 배추, 무, 호박, 오이, 참깨, 고추, 마늘, 파 등의 채소를 흔히 보게 된다. 또한 토마토, 딸기, 수박, 감, 귤, 배, 사과, 포도 등의 청과물, 소고기나 돼지고기 등의 축산물, 그리고 김, 미역, 명태, 고등어 등의 수산물도 쉽게 볼 수 있다.

일상 속에서 너무나 자연스럽게 접하는 것들이어서 잘 알고 있다고 여겼으나, 관심을 가지고 조사해보니 모르고 있던 사실도 많이 있었다. 이 책에서는 우리가 자주 접하게 되는 1차 산물의 기원, 어원, 전래 과정, 종류, 영양적 특징, 그와 관련된 이야기 등에 대하여 정리하였다. 이 책이 독자들에게 음식에 대한 이해를 넓히고, 보다 풍요로운 식생활을 누리는 데 도움이 되었으면 한다.

차가성

차례

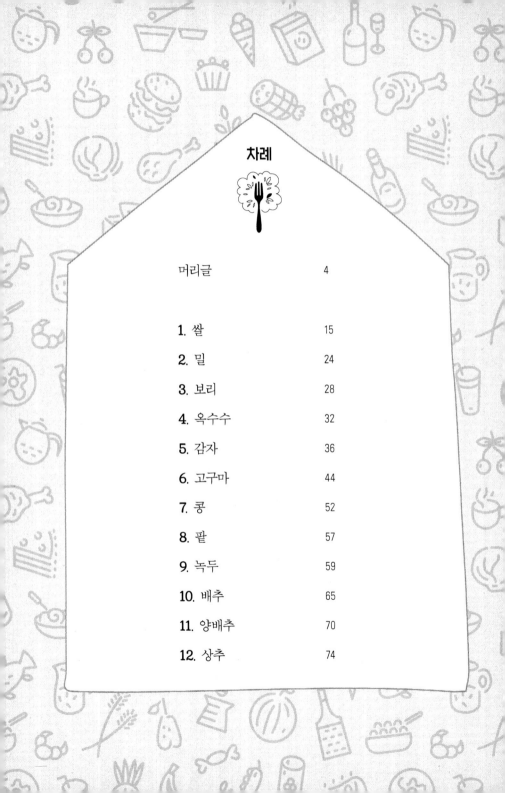

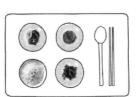

1.
쌀

　인류가 선사시대부터 주된 식량으로 하여왔던 쌀, 밀, 보리, 옥수수 등의 작물을 곡류(穀類, cereal)라고 하며, 그중에서도 쌀(rice)은 대표적인 곡식이다. 쌀은 벼의 열매에서 껍질을 벗긴 것이다. 쌀은 전 세계 인구의 40% 정도가 주식(主食)으로 이용하고 있다.

　우리나라에서도 쌀은 주식이며, 쌀농사는 우리 농업을 대표하고 있다. 벼 재배에는 물이 많이 사용되므로 우리 민족은 물이 풍부한 곳을 중심으로 정착하여 생활하게 되었고, 이런 정착 생활은 우리 민족의 문화와 역사의 배경이 되었다. 쌀은 음식으로서의 가치를 넘어 우리 민족의 정서적 고향이 되어있는 것이다. 한식의 특징이며, 완성하는 데 상당한 시간이 걸리는 발효식품(醱酵食品)이 발달할 수 있었던 것도 한곳에 정착함에 따라 가능하였던 것이다.

벼는 벼속(屬)에 속하는 1년생 식물이다. 벼속에는 20여 종(種)이 알려져 있으나, 실제로 재배되는 것은 아시아벼(*Oryza sativa*)가 대부분이며, 일부 아프리카벼(*Oryza glaberrima*)가 재배된다. 아시아벼는 자포니카(japonica), 인디카(indica), 자바니카(javanica) 등 3종류로 구분된다. 그런데 인도네시아의 자바섬에서 주로 생산되는 자바니카는 유전적으로 자포니카에 가깝기 때문에 크게 자포니카와 인디카 두 종류로 분류하는 것이 일반적이다.

전 세계에서 생산되는 쌀의 약 90%는 인디카 계열이며, 주로 동남아시아 지역에서 재배되고 흔히 '안남미(安南米)'라고도 부른다. 참고로, '안남(安南)'이란 원래 중국인들이 베트남을 가리켜 부르던 명칭이었다. 쌀알의 생김새는 가늘고 길다. 나머지 약 10% 정도가 자포니카 계열이며, 우리나라를 비롯한 동북아시아 지역에서 재배된다. 쌀알은 인디카에 비하여 짧고 굵은 편이다.

일반적으로 쌀의 약 80%는 전분이며, 전분은 아밀로스(amylose)와 아밀로펙틴(amylopectin)이란 2가지의 성분으로 구성된다. 이 둘의 구성 비율에 따라 물리적 특성이 다르게 되며, 아밀로스의 함량이 적고 아밀로펙틴의 함량이 많을수록 찰기가 있다. 자포니카는 전분 중에서 아밀로펙틴의 함량이

80~85% 정도인 데 비하여 인디카의 경우는 70~80% 정도밖에 안 되어 찰기가 없다.

쌀의 특징은 그 지역의 식문화에도 영향을 주었다. 자포니카를 먹는 한국, 일본, 대만, 중국의 북부지방 등에서는 밥솥에 물을 조절해서 밥을 지으며, 찰기가 있기 때문에 숟가락이나 젓가락을 사용하여 먹게 된다. 이에 비하여 인디카의 경우에는 물 조절 없이 국수 끓이듯이 그냥 물에 넣고 삶다가 중간에 체에 걸러 물을 버리며, 주로 볶음밥 형태로 먹게 된다. 꼬들꼬들하여 잘 달라붙지 않기 때문에 숟가락을 사용하기도 하나 주로 손으로 먹는다.

벼의 원산지에 대하여는 여러 가지 주장이 있으나, 인도의 아삼(Assam) 지방과 중국의 윈난성(云南省/雲南省) 부근을 기원지로 보는 설이 가장 유력하다. 선사시대 유적지에서 발굴된 탄화된 쌀의 동위원소(同位元素) 연대추정 및 고고학적 증거들로 미루어 볼 때, 인도에서는 BC 7000~5000년경부터 벼를 재배하였으며, 중국에서는 BC 7000년경부터 양쯔강(揚子江) 유역에서 벼를 재배한 것으로 추정된다.

우리나라 최초의 벼 흔적은 1998년 청주의 오창과학산업단지 조성 중에 발견된 소로리유적(小魯里遺蹟)에서 출토된 볍씨이다. 이 소로리 볍씨는 지금까지 발굴된 세계 최고(最古)의 볍씨이며, 연대는 BC 13000년~11000년으로 측정되었다. 그러나 학계에서는 당시에 우리나라에서 본격적인 벼 재배가 있었던 것은 아니며, 야생상태의 벼를 수확하고 일부 파종하는 순화초 기단계라고 보고 있다.

우리나라에서 재배 벼의 유물이 출토된 것은 1991년 고양시 일산신도시 개발 중에 발견된 가와지유적의 볍씨이다. 가와지 볍씨의 연대는 BC 2300년경의 것으로 측정되었으며, 함께 출토된 다른 유물 등 여러 정황으로 미루어 벼의 재배가 있었던 것으로 추정되었다. 이로써 우리나라에서는 고조선시대부터 벼의 재배가 이루어진 것을 알 수 있다. 가와지 볍씨 발굴을 기념하여 경기도 고양시에서는 고양시농업기술센터 내에 '가와지볍씨박물관'을 설치하였다.

한반도에서는 일찍부터 벼가 재배되기는 하였으나 삼국시대까지도 피, 기장, 조, 보리 등의 작물이 주식이었다. 통일신라 때부터 벼의 생산량이 증가하기 시작하여 주식으로 자리 잡기 시작하였다. 그러나 이때에도 쌀은 귀족층에 한정된 식품이었으며, 일반 서민은 북부에서는 조를 주식으로 하고 남부에서는 보리를 주식으로 하였다.

고려시대에는 쌀이 물가의 기준이 되고 봉급으로 지급될 정도로 일반화되었으나, 아직 조의 생산량에 미치지 못하였다. 쌀이 곡류의 대표가 된 것은 조선시대에 들어서부터이다. 오늘날처럼 쌀을 풍족하게 먹게 된 것은 1970년대 통일벼의 보급과 증산정책의 결과이다. 식습관의 서구화와 함께 현재는 매년 쌀 소비량이 감소하고 있다.

쌀은 세계적으로도 중요한 농산물로서 세계 총생산량의 90% 이상이 아시아 여러 나라에서 생산되며, 소비도 대부분 아시아 사람들이 하고 있다. 국제연합(UN) 총회는 국제연합식량농업기구(FAO)의 결의를 받아들여 2004년을 '세계 쌀의 해(International Year of Rice)'로 선포한 바 있다. 국제연합이 특정 농작물을 테마로 선정하고 이를 연중행사로 추진한 것은 쌀이 최초이다.

FAO에 따르면 식량 부문에서 쌀이 차지하는 비중은 약 20%인데, 쌀의 안정적인 생산은 위협받고 있는 추세이다. 지난 1970년대의 녹색혁명(綠色革命)으로 일부 국가의 식량 위기를 어느 정도 경감시켰으나, 세계 인구는 계속 늘어나는데 쌀 생산량은 정체상태에 있기 때문이다. FAO의 통계에 의하면 70~80년대의 쌀 생산율 증가는 2.5%였으나, 90년대에 들어와서는 1.1%로 떨어졌다고 한다. 이에 대한 대응책으로 GMO 쌀이 개발되고 있으나, 아직도 안전성 논란 때문에 일반화되기에는 시간이 필요한 상황이다.

건강에 필요한 식품을 이야기할 때 쌀은 거의 거론되지 않는다. 이것은 쌀이 불필요하기 때문이 아니라 공기나 물과 같이 너무나 자연스럽고 당연하기 때문에 그런 것이다. 쌀은 탄수화물이 대부분이고, 약간의 단백질이 있으며, 비타민B 복합체 및 몇몇 미네랄이 있을 뿐이므로 영양학적으로 주목 받지는 못하지만, 일상적으로 반복하여 섭취하기 때문에 밥에 포함되어 있는 소량의 영양소라도 다른 식품에 함유되어 있는 영양소보다 많이 섭취할 수 있게 된다.

쌀은 주성분이 탄수화물이며, 우리의 식생활에서 열량 공급원으로서 중요한 역할을 하고 있다. 밥 한 공기의 양은 약 200g이며, 매일 세 끼의 식사를 한다고 하면 약 600g의 밥을 먹는 것이 된다. 백미밥 600g의 열량은 약 820kcal로서 성인이 하루에 필요한 열량 2,000~2,500kcal의 30~40% 정도를 섭취할 수 있다.

벼 열매의 껍질만을 제거하여 쌀겨와 씨눈 등이 그대로 남아 있는 쌀은 검게 보인다고 하여 현미(玄米)라고 하고, 현미를 도정하여 쌀겨와 씨눈을 완전히 제거하여 희게 보이는 쌀을 백미(白米)라고 한다. 쌀의 영양성분은 대부분 겉부분에 있으므로 백미는 현미에 비하여 탄수화물이 약간 많은 것을 제외하면 모든 영양소가 적게 들어있다. 이것이 백미보다는 현미가 좋다고 하는 이유이지만, 현미는 소화흡수율이 낮은 단점이 있다.

일반적으로 밥을 지어먹는 쌀을 멥쌀이라 하고, 멥쌀에 비해서 매우 차진 성질을 나타내는 쌀을 찹쌀이라고 한다. 찹쌀의 찰기가 높은 것은 찹쌀 녹말의 대부분이 아밀로펙틴으로 이루어져 있고 아밀로스는 거의 없기 때문이다. 찹쌀은 멥쌀에 비하여 소화가 잘되며, 오래 두어도 잘 굳어지지 않고, 인절미 등의 떡을 만들면 탄력성과 부드러움을 오래 유지한다.

요즈음 건강에 좋다고 하여 흑미(黑米, black rice)를 찾는 사람들이 늘고 있다. 흑미가 검은색을 띠고 있는 것은 안토시아닌(anthocyanin)이라는 수용성 색소를 포함하고 있기 때문이다. 안토시아닌은 항산화작용이 있으며, 시력 특히 야간시력을 높이는 데 효과가 있다고 알려져 있다. 흑미는 중국이 원산지이며, 우리나라에서는 1980년부터 흑미의 육종, 재배기술 등의 연구가 진행되어 매년 생산량이 증가되는 추세이다.

마트에 가면 각 생산지에서 자신들의 브랜드를 붙인 브랜드쌀이 많이 진열되어 있어 어느 것을 선택할지 곤란할 지경이다. 브랜드쌀은 밥맛이 좋다는 선전을 하고 있으며, 일반쌀에 비하여 다소 비싸게 판매되고 있다. 1990년대 말부터 등장하기 시작한 브랜드쌀은 현재 1,900여 종류나 유통되고 있다.

저마다 자신의 쌀이 우수하다고 주장하고 있으나, 좋은 품질의 쌀은 산지보다는 품종에 따라 결정되는 경우가 많다. 현재 우리나라에서 유통되고 있는 쌀의 품종은 100종류 이상이며, 그 중에서 좋은 평가를 받고 있는 품종은 다음과 같다.

- 추청(秋晴): 일본 아이치현(愛知県) 농업연구소에서 1962년에 개발한 품종이며, 일본 이름은 '아키바레(秋晴れ)'이다. 우리나라에서는 1969년부터 재배하기 시작하였다. 쌀알이 작고 단단하며 밥을 지었을 때 찰기가 있고 윤기가 흐른다.

- 고시히카리(越光, コシヒカリ): 일본 후쿠이현(福井県) 농업시험장에서 1956년에 개발한 품종이다. 쌀알이 맑고 투명하며, 일본에서 가장 인기 있고 가장 비싸게 팔리는 품종이다. 우리나라에서는 2002년부터 재배하기 시작하였다.

- 신동진(新東津): 1999년에 개발된 품종이며, 쌀알이 굵고 수분 및 단백질 함량이 낮아 식감이 좋다. 주로 전라북도 지역에서 재배되고, 2018년 기준으로 우리나라에서 가장 많이 재배되는 쌀이다.

- 오대쌀: 1982년에 냉해에 강하고 재배 기간이 짧은 품종으로 개발되었으며, 주로 강원도 철원지역에서 재배된다. 밥을 지으면 고슬

고슬하고 오래 보관해도 노화가 적다.

■ 일품쌀: 1981년에 개발된 품종이며, 주로 중부지방 및 경상북도 북부지역에서 재배한다. 쌀알이 짧고 둥글며, 밥은 윤기와 찰기가 있어 맛이 좋다.

■ 남평쌀: 1997년에 개발된 품종이며, 도열병에 강하고 바람에도 잘 쓰러지지 않아 수확량이 많은 편이다. 주로 대전 이남의 평야지대에 알맞은 품종으로 매년 재배면적이 늘고 있다. 쌀알이 맑고 투명하며, 밥맛도 좋다.

2.
밀

    밀(wheat)은 소맥(小麥)이라고도 하며, 식량작물 중에서 가장 넓게 분포되어 전 세계적으로 재배되고 있고, 생산량에 있어서 옥수수, 쌀에 이어 세계 제3의 식량작물이다. 쌀을 주식으로 하는 동양에서는 보조식량으로 쓰이지만 서양에서는 밀이 주식으로 이용된다. 우리나라의 경우 쌀의 소비량이 매년 감소하는 것과 달리 밀의 소비량은 매년 증가하는 추세이다. 밥 위주의 식사에서 빵, 햄버거, 라면, 국수 등의 이용이 증가한 것이 밀 소비 증가의 요인이다.

    밀의 원산지는 아프가니스탄에서 아르메니아에 이르는 서아시아 지역으로 추정되며, 메소포타미아의 옛 유적지 및 이집트 고분에서도 밀이 발견되었다. 밀은 인류가 농업을 시작하였을 때부터 재배하기 시작한 작물로서 BC 15000~10000년경부터 밀을 재배한 것으로 추정하고 있다.

중국에는 BC 2000년경에 전래된 것으로 추정되고, 한반도에는 평안남도 대동군 미림리유적(美林里遺蹟)에서 BC 200~100년경으로 추정되는 탄화된 밀이 발굴되어 삼국시대 이전부터 밀이 재배된 것으로 짐작된다. 그러나 밀은 우리나라에서 재배하기 부적합하여 주된 작물이 아니었으며, 현재도 자급률은 1% 정도에 불과하여 필요한 소비량의 대부분을 수입에 의존하고 있다.

　벼의 경우에는 껍질을 쉽게 제거할 수 있어서 쌀의 형태로 이용하는 것이 대부분이지만, 밀의 낱알(통밀)은 껍질을 제거하기가 어렵기 때문에 대부분은 낱알을 빻아 껍질을 제거한 밀가루를 만들어 이용한다. 통밀은 껍질(표피, 表皮)이 약 13~16%, 씨눈(배아, 胚芽)이 약 2~3%, 배젖(배유, 胚乳)이 약 82~84%로 구성되어 있다.

　밀가루는 일부 씨눈이 섞이기도 하지만 거의 배젖 부분으로 되어있다. 껍질은 검붉은 색깔을 띠고 회분이 많으며, 배젖은 흰색을 나타내고 부드러우므로 밀가루는 껍질이 덜 섞여서 색깔이 희고 회분의 함량이 적을수록 좋은 품질로 평가받는다. 밀가루는 1등급, 2등급, 3등급 및 등급 외(또는 4등급)로 구분하며, 보통 식용으로 하는 것은 2등급 이상이고 3등급 이하는 동물의 사료나 공업용 원료로 사용된다.

껍질을 제거하면서 씨눈도 함께 제거되는데 지질, 섬유소, 비타민, 미네랄 등의 영양소는 대부분 껍질과 씨눈에 있다. 따라서 일반적인 분류방식과는 반대로 등급이 낮을수록 영양분은 더 많게 된다. 밀가루는 통밀과 비교하여 탄수화물과 단백질 외에는 영양성분이 많이 부족하다. 최근에는 건강을 고려하여 색깔이 검붉고 거칠거칠하기는 하나 통밀을 그대로 빻은 통밀가루를 이용하는 소비자도 늘어나고 있다.

밀가루는 단백질 함량에 따라 가공적성에 차이가 나기 때문에 단백질 함량에 따라 강력분(strong flour/bread flour), 중력분(medium flour/all purpose flour), 박력분(weak flour/cake flour)으로 구분하기도 한다. 단백질 함량이 강력분은 11~16%, 중력분은 9~12%, 박력분은 6~10% 정도이다.

강력분은 식빵, 피자, 파스타 등과 같이 탄력성과 점성이 요구되는 제품에 사용되고, 박력분은 비스킷이나 카스텔라, 롤케이크 등과 같이 부드러운 반죽을 원할 때 사용한다. 중력분은 강력분과 박력분의 중간 성질을 띠고 있어서 다용도로 사용되고, 우리나라에서 일반소비자용으로 가장 많이 팔리고 있는 제품이며, 국수나 과자 등을 만들 때 사용한다.

밀가루의 특성을 결정짓는 것은 밀가루 단백질의 주성분인 글루텐(gluten)이란 물질 때문이다. 글루텐은 몇 가지 단백질이 혼합되어 있는 상태로서, 탄성을 갖는 글루테닌(glutenin)과 점성을 갖는 글리아딘(gliadin)으로 되어 있다. 밀가루에 물을 붓고 반죽하면 밀가루들이 서로 달라붙어 끈기 있는 덩어리가 되는 것은 글루텐 때문이며, 반죽을 오래하면 할수록 글루텐이 서로 강하게 결합하여 반죽이 질어진다.

　일부 극소수의 사람은 밀가루가 들어있는 음식을 먹으면 설사와 구토를 하고, 배에 가스가 차며, 심하면 쇼크(shock) 상태에 빠지거나 목숨을 잃을 수도 있다. 이런 현상을 '글루텐 알레르기' 또는 '셀리아크병(celiac disease)'이라고 한다. 이는 글루텐을 구성하고 있는 글리아딘이란 성분 때문이다.

　보통 사람에겐 아무런 해가 없는 이 물질이 알레르기가 있는 사람에게는 면역체계에 이상을 일으켜, 자신의 면역체계가 소화효소 또는 장벽(腸壁)을 공격하는 '자가면역반응(自家免疫反應, autoimmune respons)'이 나타나게 한다. 글루텐 알레르기가 있는 사람들은 밀가루가 들어있는 음식을 먹지 않는 것 이외에는 특별한 치료방법이 없다.

3.
보리

  보리(barley)는 한자로는 대맥(大麥)이라고 하며 인류가 재배한 가장 오래된 작물 중의 하나이다. 인류가 보리를 이용하기 시작한 자세한 기록은 존재하지 않으나, 인류 문명 발생지의 유물들에서 발견되는 보리 낱알들의 흔적은 BC 8000~5000년경에도 식용으로 하였음을 시사한다.

  보리의 원산지에 대하여는 여러 가지 학설이 있으나, 여섯줄보리는 중국 양쯔강(揚子江) 상류의 티베트 지방, 두줄보리는 카스피해 남쪽의 터키 및 인접지역을 원산지로 보는 설이 가장 유력하다. 현재 여섯줄보리는 전 세계적으로 재배되고 있으나, 두줄보리는 아시아 서부, 유럽, 북아프리카 및 러시아 지역에서 주로 재배되고 있다.

  우리나라에서 보리가 재배되기 시작한 시기에 대하여는 명확히 알 수 없으나, 경기도 여주군 점동면 흔암리(欣巖里)에서 BC

7세기경으로 추정되는 선사시대(先史時代) 유적지가 발견되었으며, 여기서 보리가 발굴된 점으로 미루어 상당히 오래전부터 경작하였을 것으로 보인다.

보리는 선사시대 이래 우리의 주식이었으며, 지금도 쌀과 함께 중요한 식량으로 이용되고 있다. 보리는 밥 외에도 고추장의 원료로 쓰이며, 볶아서 보리차로 마시기도 하고, 보리를 발아시킨 엿기름(malt)은 맥주나 식혜를 만드는 데 사용된다. 그러나 보리는 쌀이나 밀에 비하여 맛이 떨어지고, 밀처럼 빵이나 면을 만들기에도 부적합하여 소비량이 점차 감소하는 추세이다.

보리는 이삭에 보리알이 배열된 모양에 따라 크게 여섯줄보리(six rowed barley)와 두줄보리(two rowed barley)로 구분하며, 두줄보리는 주로 맥주의 원료로 이용되므로 '맥주보리'라고도 한다. 두줄보리는 여섯줄보리보다 단백질이 적고 효소활성도가 커서 맥주 제조에 유리하다.

보리에는 벼와는 달리 겉껍질과 속껍질 두 개의 껍질이 있으며, 여섯줄보리는 겉껍질이 속껍질과 잘 분리되는 '쌀보리'와 잘 분리되지 않는 '겉보리'로 구분된다. 두줄보리는 모두 겉보리에 해당하나 보통 겉보리라 할 때에는 여섯줄보리의 겉보리를 의미한다.

시중에서 일반적으로 판매되는 보리쌀은 겉보리나 쌀보리의 거친 표면을 깎아내어 먹기 편하게 한 것이다. 보리를 보다 먹기 편하게 가운데 홈을 기준으로 세로로 잘라서 도정한 것이 '할맥(割麥)'이며, 고열의 증기를 가하여 부드러워진 보리를 기계로 눌러 만든 것이 '압맥(壓麥, 납작보리)'이다.

보리는 추위에 강하여 한겨울을 보내고 봄에 수확되므로, 예전에는 전년도에 수확한 작물이 떨어지고 금년도의 작물이 수확되기 전까지 이용되던 중요한 식량이었다. 1970년대 이전만 하여도 2월경이면 농촌 각 가정의 쌀이 모두 떨어져 극심한 식량난을 겪어야 했다.

따라서 산과 들에서 나물이나 나무껍질을 채취하여 연명하면서 보리의 수확만을 간절히 기다리던 3~5월을 '보릿고개'라고 부르기도 하였다. 과거에 보리는 가난의 상징이었으나, 요즘에는 '꽁보리밥'이 추억을 떠오르게 하는 별미로 여겨지고 있으며, 건강식품으로 인식되면서 새롭게 주목을 받고 있다.

보리의 영양성분은 대부분이 탄수화물로서 열량을 공급해 주는 주식으로서의 역할을 담당한다. 그러나 보리는 쌀에 비하여 탄수화물 함량이 낮아 100g당 열량이 340~350kcal 정도이다. 칼로리는 낮으나 식이섬유를 비롯하여 비타민B 복합체 및 칼슘, 철, 인, 칼륨 등 무기질 성분은 쌀보다 많이 함유되어 있다.

보리가 쌀에 비하여 맛이 나쁜 것은 보리에 함유되어 있는 타닌(tannin) 성분이 떫은맛을 내고, 식이섬유가 많아 식감이 거칠기 때문이다. 보리밥을 먹고 나면 쌀밥을 먹었을 때보다 방귀가 많이 나오는데 이는 장내미생물이 식이섬유를 먹이로 증식하면서 부산물로 가스를 발생시키기 때문이다. 여러 장점에도 불구하고 보리의 소비가 감소하는 이유에는 맛이 부족한 것뿐만 아니라 방귀에 대한 부끄러움도 한몫을 하고 있다.

보리는 흔히 변비와 다이어트에 유용한 식품으로 알려져 있으며, 이는 식이섬유가 많기 때문이다. 그러나 식이섬유가 풍부한 것은 도정하기 전의 겉보리(통보리)일 때뿐이며, 도정을 한 후에는 거의 제거되고 별로 남아있지 않다. 식이섬유뿐만 아니라 당질을 제외한 모든 영양소가 현저히 감소하며, 쌀에서 현미와 백미의 관계와 유사하다.

보리의 식이섬유에는 베타글루칸(β-glucan)이란 성분이 곡류 중에서 가장 풍부하며, 도정을 한 보리쌀에도 많이 남아있다. 베타글루칸은 수용성 다당류의 일종으로서 포도당의 중합체이다. 베타글루칸은 콜레스테롤 감소 등 식이섬유로서의 일반적인 기능 이외에 암의 증식과 재발을 방지하는 효과가 있는 것으로 보고되고 있다.

4.
옥수수

옥수수(corn)는 쌀, 밀과 함께 세계 3대 식량작물로 불리며, 전 세계적으로 널리 분포되어 재배되는 작물이다. 옥수수는 생산량에서는 가장 많으나 식량 이외에도 가축의 먹이나 산업원료 등으로 유용하게 쓰인다. 최근에는 자동차 연료로서 화석연료인 휘발유 대신 친환경적인 바이오연료가 주목을 받고 있으며, 옥수수는 바이오연료인 에탄올(ethanol)의 원료로 사용되면서 수요가 증가하였다.

옥수수의 원산지는 멕시코에서 남아메리카 북부에 이르는 지역으로 추정되고 있으며, 잉카제국의 유적에서도 발견되고 있으므로 선사시대부터 중남미에서 널리 재배된 것으로 보인다. 다른 아메리카 기원의 작물들과 마찬가지로 콜럼버스가 아메리카를 발견한 이후 유럽에 전파되었으며, 중국에는 16세기경에 전해졌다.

문헌상 기록으로는 명(明)나라 때인 1596년에 이시진(李時珍)이 저술한 의서(醫書)『본초강목(本草綱目)』에 나타난다. 그러나 "심는 자가 드물다"고 서술하고 있어 당시에는 중국 각지에 널리 보급이 되지 않은 듯하고, 17세기에 들어와서야 전국적으로 재배된 것으로 보인다.

우리나라에 옥수수가 들어온 시기는 정확히 알 수 없으나, 숙종(肅宗) 8년(1682년)에 발행된 중국어 통역서인『역어유해(譯語類解)』에 처음으로 옥수수를 의미하는 '옥촉(玉蜀)'이라는 단어가 나오므로 17세기에는 옥수수의 존재는 알고 있었던 것으로 보인다.

재배법에 대한 기록은 1766년에 유중림(柳重臨)이 작성한『증보산림경제(增補山林經濟)』에 처음 나타난다. 『증보산림경제』는 그보다 앞선 1715년에 홍만선(洪萬選)이 펴낸『산림경제(山林經濟)』를 보완하여 간행한 것이며,『산림경제』에는 없는 내용을 추가한 것이다. 이와 같은 문헌들의 내용을 보아 17세기에 옥수수가 전래되기는 하였으나 일반적으로 재배되기 시작한 것은 18세기 중엽 무렵이었던 것으로 추정된다.

옥수수의 어원은 중국어인 '위슈슈(玉蜀黍, yùshǔshǔ)'에서 온 것이다. 중국의 대표적인 술인 고량주(高粱酒)를 담그는 원료는 '고량(高粱)'이며 이는 '촉서(蜀黍)'라고도 하는데, 이 촉서

의 중국어 발음이 '슈슈(shǔshǔ)'이고, 우리말에서는 '수수'가
되었다.

중국에 옥수수가 전래되었을 때 이것을 수수의 일종으로 보
았으며, 알갱이가 옥같이 빛난다 하여 '구슬 옥(玉)'을 붙여 '옥
촉서(玉蜀黍)'라 하였다. '옥(玉)'의 중국어 발음은 '위(yù)'이지만,
기왕에 있던 수수란 곡물에 '玉'이란 한자가 추가된 것이므로
우리말의 발음대로 읽어 '옥수수'가 된 것이다. 옥수수의 사투
리로 '강냉이'가 있는데, 이 말은 옥수수가 중국의 양쯔강(楊子
江) 이남을 가리키는 강남(江南)에서 왔다 하여 '강남이'라 부르
던 것이 변한 말이다.

옥수수의 종류에는 메옥수수(corn), 단옥수수(sweet corn),
찰옥수수(waxy corn), 튀김옥수수(pop corn) 등이 있다. 메옥
수수는 껍질이 두꺼워 주로 사료용이나 공업용으로 이용되고,
단옥수수는 당분 함량이 많고 섬유질이 적어 간식이나 통조림
으로 이용된다. 찰옥수수는 수분을 흡수하면 점착성이 증가하
는 녹말이 많아 간식 또는 빵이나 떡 제조에 이용되고, 튀김옥
수수는 알이 작고 열을 가하면 잘 튀겨지므로 팝콘용으로 사
용된다.

옥수수는 조선시대부터 벼나 보리를 재배하기 어려운 산간지
대에서 주로 재배하였으며 훌륭한 구황작물(救荒作物)의 역할

을 하였다. 그러나 1970년대 이후 쌀의 수확이 증가하면서 옥수수 재배면적은 1965년을 기점으로 매년 감소하고 있으며, 현재 국내 옥수수 자급률은 1% 정도에 불과하여 거의 대부분을 수입에 의존하고 있다. 우리나라에서는 주로 메옥수수를 재배하고 있으며, 주식보다는 주로 찌거나 구워서 간식용으로 이용하고, 식용보다는 사료용으로 더 많이 재배하게 되었다.

옥수수의 주성분은 탄수화물로서 대부분이 전분이며 칼로리 공급원으로서 중요한 역할을 한다. 그러나 옥수수의 단백질은 필수아미노산인 트립토판(tryptophane)과 라이신(lysine)의 함량이 낮고, 비타민의 함량도 낮은 편이어서 다른 음식과 함께 먹어야만 영양소의 균형을 이룰 수 있다.

옥수수는 직접 식용으로 이용하기보다는 가공하여 다른 식품의 원료로 이용하는 용도가 더 많다. 옥수수에서 추출한 전분은 그 자체로 이용되기도 하나 가공하여 변성전분(modified starch)으로 만들기도 하고 물엿, 덱스트린, 포도당 등으로 가공하기도 한다. 씨눈(배아)에서는 기름을 추출하여 식용유로 사용한다.

5.
감자

    감자(potato)의 원산지는 남아메리카의 안데스산맥이며 페루, 칠레, 볼리비아 등의 국가에서는 수천 년 전부터 식용으로 재배하여 왔다. 콜럼버스가 아메리카 대륙을 발견한 이후 스페인의 탐험가들에 의해 유럽에 소개되었으며, 그 후 전 세계적으로 전파되어 오늘날에는 옥수수, 쌀, 밀 등과 함께 세계 4대 식용 작물에 꼽힐 정도로 생산량이 많다. 현재의 주요 생산국은 중국, 러시아, 인도, 우크라이나, 미국 등이다.

    감자는 척박한 땅에서도 잘 자라고 생육기간이 짧으면서도 단위면적당 생산량이 많기 때문에 예로부터 쌀, 보리와 함께 우리 국민의 주식으로 이용되던 중요한 작물이었다. 우리나라에 감자가 전래된 것은 19세기 초이며, 북방 전래설과 남방 전래설이 있다.

    북방 전래설은 실학자인 이규경(李圭景)이 1850년경에 쓴 『오주연문장전산고(五洲衍文長箋散稿)』라는 백과사전 형식의 책에 근거한다. 이에 따르면 "순조(純祖) 24년에서 25년(1824년~1825년) 사이에 삼(蔘)을 캐려고 국경을 넘어온 청(淸)나라 사람이 산 속에 살면서 감자를 경작하였다. 이들이 떠난 뒤 남겨진 감자를 옮겨 심었는데 크게 번식하였다"고 감자의 전래 경위를 기록하고 있다.

남방 전래설은 김창한(金昌漢)이 1862년에 지은『원저보(圓藷譜)』에 근거한다. 이에 의하면 1832년 영국의 상선 로드엠허스트(Lord Amherst)호가 전라북도 해안에서 약 1개월간 체류하게 되었는데, 그 배에 타고 있던 선교사가 씨감자를 나누어주고 재배법을 가르쳐주었다고 하였다.『원저보』는 김창한의 아버지가 재배법을 배워 보급시킨 내력과 감자의 재배법을 편집하여 작성한 책이다.

감자의 어원은 '단맛이 나는(甘) 저(藷)'라는 의미인 '감저(甘藷)'의 발음이 변한 것이며, 이는 원래 고구마를 가리키던 말이었다. 한자 '藷'는 '저' 또는 '서'로 읽히며 감자, 고구마, 마 등의 땅속 덩이줄기(뿌리)를 의미한다. 이들 작물을 함께 부르는 이름이 '서류(藷類)'이다.

고구마보다 늦게 도입된 감자는 '북쪽에서 전래된 고구마'라는 의미로 '북감저(北甘藷)' 또는 그 모양이 말에 장식하는 방울과 비슷하다 하여 '마령서(馬鈴薯)'라고도 불리었다. 감자가 처음 우리나라에 전래되었을 때에는 고구마와 혼동되었으며, '감저'는 감자와 고구마를 모두 가리키는 이름으로 쓰였다. 그 후 감자와 고구마의 구분이 생기면서 본래의 감저는 '고구마'란 이름으로 불리게 되고, 감자만이 '감저'로 불리다가 '감자'로 변하였다.

감자는 비슷한 시기에 남과 북으로 전래되었기 때문에 고구마에 비해 짧은 기간에 전국에 널리 퍼지게 되었다. 감자는 재배가 쉽고 재배 조건도 까다롭지 않아 조선시대 백성들의 부족한 먹거리를 채워주는 구황식품(救荒食品)으로 활용되었다. 일제강점기 때에는 일제가 우리 땅에서 쌀을 강탈하면서 대체 식량작물로 감자를 보급하였기 때문에 '남작(男爵)' 등의 신품종이 도입되었으며, 일반 서민들의 식생활에서 중심 역할을 하였다.

현재 전 세계적으로 재배되고 있는 감자의 품종은 수백 종에 이르며, 국내에서 재배되고 있는 품종도 십여 종이나 된다. 각 품종에 따라 영양성분에 차이가 있으나, 주성분은 전분이며, 각종 아미노산, 비타민 및 미네랄이 골고루 들어있다. 그러나 단백질과 지방 성분이 부족하여 이들을 보충해 줄 수 있는 식품을 함께 섭취하는 것이 좋다.

감자는 단단해 보이지만 수분이 약 80%를 차지하고 있기 때문에 열량이 높은 편은 아니다. 감자에는 탄수화물이 약 15%, 단백질이 약 3% 있고, 지질은 거의 없기 때문에 100g당 열량은 약 70kcal로서 쌀의 1/5 정도밖에 안 된다. 필수아미노산을 비롯하여 비타민과 무기질이 다양하게 포함되어 있으나, 그 절대량이 많은 편은 아니다.

감자의 탄수화물은 대부분 전분 형태로 되어 있어서 맛이 담백하다는 특징이 있다. 비슷한 영양성분을 가지고 있는 고구마를 주식으로 삼기 어려운 것은 단맛이 강하여 쉽게 질리기 때문이다. 이에 비하여 감자는 맛이 강하지 않아 주식으로 이용됨은 물론이고, 다양한 음식에 두루 적용될 수 있는 장점이 있다.

감자는 특히 비타민C가 풍부하여 보통 크기의 감자(약 200g) 한 개만 먹어도 일일 권장량(100㎎)의 약 70%를 섭취할 수 있다. 일반적으로 비타민C는 물에 쉽게 녹아 손실되기 쉽고 열에 의해 쉽게 파괴되는 것으로 알려져 있으나, 감자에 있는 비타민C는 전분에 둘러싸여 있기 때문에 안정성이 뛰어나며 가열조리 후에도 대부분 그대로 남아있다.

감자에는 솔라닌(solanine)이란 독소 성분이 있어서 잘못 먹으면 구토, 현기증, 복통 등의 증상을 나타내는 식중독에 걸릴 수 있다. 원래 솔라닌은 발아력을 높이고 동물들에게 먹히는 것으로부터 자신을 보호하기 위해 감자에게 꼭 필요한 성분이다. 솔라닌은 감자의 눈이나 녹색의 표피 부분에 많이 있고, 감자를 잘못 보관하여 햇빛에 오래 노출시키면 껍질이 녹색으로 변하며 솔라닌 함량이 증가하게 된다. 솔라닌의 100g당 함량은 새싹에 약 80㎎, 녹색 표피부분에는 약 50㎎이다.

솔라닌은 열에 강하여 285℃가 넘어야 분해되기 때문에 삶거나 끓인다고 파괴되지 않는다. 솔라닌이 중독을 일으키기 위해서는 25㎎ 이상 섭취하여야 하며, 솔라닌이 많이 포함된 부분을 제거하고 먹는 것이 좋다. 감자의 껍질을 벗기면 솔라닌의 약 70%를 줄일 수 있다. 다만, 감자에 들어있는 비타민과 미네랄은 주로 껍질 바로 아래에 존재하기 때문에 함께 제거된다.

감자는 서늘하고 약간 건조한 기후를 좋아하므로 우리나라의 감자 재배 형태는 일반적으로 봄에 일찍 파종해 여름 장마가 시작되기 전에 수확하였다. 이때가 하지(夏至: 6월 22일경) 무렵이므로 보통 '하지감자'라 한다. 그러나 80년대 중반 이후 비닐하우스 등을 이용한 내륙의 겨울 시설재배와 제주도의 가을 재배 수확기가 연장되면서 연중 신선한 감자가 공급되고 있다.

감자는 껍질의 색깔에 따라 흰감자, 붉은감자, 자주감자 등으로 분류하기도 하나, 전분의 함량에 따라 '분질(粉質)감자'와 '점질(粘質)감자'로 구분하는 것이 일반적이다. 분질감자(starchy potato)는 전분 함량이 높고 수분이 적은 것을 말하며, 점질감자(waxy potato)는 상대적으로 전분 함량이 낮고 수분이 많은 것을 말한다.

분질감자는 껍질이 두꺼운 편이고 감자의 속이 대체로 희다. 전분이 많이 들어 있어서 요리를 했을 때 쉽게 부서지고, 수분이 낮아 건조하고 익히면 보슬보슬해지는 경향이 있다. 점질감자는 껍질이 얇은 편이고 전분의 양은 적은 대신 단백질이 많아 감자의 속이 노랗다. 요리를 했을 때 잘 부서지지 않고 수분이 많아 부드럽고 촉촉하다.

감자의 물리적 성질이 다르므로 요리를 할 때에는 용도에 맞는 것을 선택하여야 한다. 분질감자를 국, 닭볶음탕, 카레, 감자볶음, 감자조림 등에 사용하면 풀어져서 흔적을 찾기 어렵게 된다. 분질감자는 쪄서 먹는 용도나 튀김 등의 요리에 적합하다. 점질감자는 볶음, 조림, 수프, 스튜 등의 요리에 적합하다.

분질감자의 품종으로는 남작, 대서, 두백, 하령 등이 있으며, 점질감자로는 추백, 서홍, 자영 등의 품종이 있다. 분질감자와 점질감자의 중간적인 성격인 중간질감자(all-purpose potato)에는 수미, 대지 등의 품종이 있다. 그런데 우리나라에서는 품종을 표시하지 않고 판매하고 있으므로, 구매 시 확인할 수가 없는 문제점이 있으며 품종 표시를 의무화할 필요가 있다. 우리나라에서 재배되고 있는 대표적인 품종은 다음과 같다.

■ 수미(秀美): 수미(Superior)는 1961년 미국에서 육성되었으며, 식용 및 가공용으로 재배되는 품종이다. 우리나라에는 1975년에 도입되었으며, 현재 우리나라에서 재배되고 있는 품종의 약 80%를 차지하고 있다.

■ 대서(大西): 대서(Atlantic)는 1976년 미국에서 칩(chip) 가공용으로 육성된 품종으로 우리나라에는 1982년 도입되었다. 수미 다음으로 많이 재배되고 있으며, 주로 가공용(감자튀김)으로 이용되는 품종이다.

■ 대지(대지마): 1971년 일본의 나가사키(長崎) 시험장에서 육성되었으며, 일본 이름으로는 나가사키에 있는 인공섬인 데지마(出島)에서 따온 '데지마(デジマ)'이다. 이것이 변하여 우리나라에서는 '대지' 또는 '대지마'라고 부르고 있다. 1976년 우리나라에 도입되었으며, 주로 제주도에서 재배된다.

■ 남작(男爵): 남작(Irish Cobbler)은 1876년 미국에서 육종되어 영국

으로 전파된 후, 일본의 가와다 료오키치(川田龍吉) 남작(男爵)에 의해서 일본에 전해졌다 하여 남작으로 불리게 된 품종이다. 우리 나라에는 1928년에 처음으로 도입되었으며, 본격적인 재배는 장려품종으로 선발된 1960년 이후부터이다. 대표적인 분질감자이 며, 쪄서 먹는 용도로 적합하다.

6.
고구마

    고구마의 원산지는 멕시코를 비롯하여 남아메리카 북부에 이르는 중남미 지역으로서 콜럼버스의 신대륙 발견 이후 스페인을 비롯한 유럽에 전해졌고, 16세기 중반 스페인의 식민지가 된 필리핀을 경유하여 동남아시아 전파되었다. 16세기 말에서 17세기 초에는 중국과 일본에도 전해졌다.

    과거에 고구마는 감자와 같은 종류로 보아 모두 '감저(甘藷)'라고 하였으며, 영어에서도 'sweet potato'라고 하여 감자(potato)의 일종으로 여겼다. 그러나 고구마는 가지목 메꽃과에 속하고, 감자는 가지목 가지과에 속하여 과(科)에서 구분되는 전혀 별개의 식물이다. 감자는 땅속줄기가 변해서 된 것이지만 고구마는 뿌리에 영양분이 저장된 것이다.

    고구마의 어원에 대하여는 대마도(対馬島)에서 고구마를 부르는 이름인 '고코이모'가 변하여 고구마가 되었다는 설과 고구마를 들여와 처음 재배한 곳이 전라남도 완도군에 있는 고금도(古今島)이므로, '고금마(古今의 마)'라고 부른 것이 시초라는 설이 있다. 이 중에서 고금도 유래설은 근거가 빈약하고 '고코이모' 설이 정설로 받아들여지고 있다.

영조(英祖) 때의 문신인 조엄(趙曮)이 1763년 통신사로 일본을 다녀오면서 『해사일기(海槎日記)』를 남겼는데 그중에 고구마에 대한 기록이 나온다. 원문은 "島中有草根可食者名曰甘藷或謂孝子麻倭音古貴爲麻其形或如山藥或如菁根"라고 되어 있으며, 번역하면 "이 섬(대마도)에 먹을 수 있는 풀뿌리가 있는데 감저(甘藷) 또는 효자마(孝子麻)라 부른다. 일본 발음으로는 고귀위마(古貴爲麻)이다. 생김새는 마(山藥) 혹은 무뿌리(菁根)와 같고"라는 내용이다.

대마도 방언으로 고구마는 '고코이모(孝行芋, こうこいも)'이다. 대마도에서 고구마를 이런 이름으로 부르게 된 것은, 처음에 대마도에 고구마가 전해졌을 때 거친 땅에서도 잘 자라기 때문에 산이 많고 경작지가 적은 그 지역의 식량사정을 크게 개선시켰기 때문에 '농민에게 효행하는 이모(芋, いも)'라는 의미였다고 한다.

우리나라 인터넷자료에서는 "옛날 대마도에 고구마로 부모를 잘 봉양한 효자(孝子)가 있었으며, 관청에서 그의 효행을 기리

기 위하여 '고코이모(孝行藷, こうこういも)'라 하였다"라고 설명하는 것이 많은데, 일본 문헌에서는 효자에 대한 것은 없고 앞에 나오는 식량사정 개선과 관련 지어 설명하고 있다.

인터넷자료에서 효자 이야기가 나오는 것은 조엄의 기록에 '효자마(孝子麻)'로 되어 있어 와전된 것이 아닌가 짐작된다. 한자 '子'는 일본어에서 '코(こ)', '시(し)', '네(ね)' 등으로 읽히며, '孝子'의 경우는 '고코(こうこ)'가 아니라 '고시(こうし)'이다. 따라서 조엄이 '孝子麻'를 일본 발음으로는 '고귀위마(古貴爲麻)'라고 한다고 적은 것은 좀 이상하며, '효행마(孝行麻)'라면 '古貴爲麻'라고 한자로 표현할 수도 있을 것이다.

일본어인 '고코이모(孝行芋)'가 '고구마'로 발음이 변한 것도 조엄이 '고귀위마(古貴爲麻)'라고 적은 것과 무관하지 않을 것이다. 일본어에서 '이모(いも)'는 한자로 '芋', '薯', '藷' 등으로 표기되며 '식물의 뿌리나 땅속줄기가 비대화하여 영양분을 축적한 기관'을 말한다. 참고로, 오늘날 고구마를 뜻하는 일본어는 '간쇼(甘藷/甘薯, かんしょ)'보다는 '사쓰마이모(薩摩芋, さつまいも)'가 일반적이다.

조엄은 1763년 통신사로 일본에 다녀오면서 대마도에서 고구마 종자를 가져와 동래(東萊: 부산의 옛이름), 제주도 등에서 재배하게 하였으며, 이것이 우리나라에 고구마가 전래된 시기로 보고 있다. 조엄 이전에도 인조(仁祖) 11년(1633년) 비변사(備邊司)에서 고구마 보급에 노력한 내용이 있고, 영조 때의 문인인 이광려(李匡呂)도 중국을 통하여 고구마를 들여와 몇 차례 재배를 시도했으나 모두 실패했다.

고구마의 성분은 품종이나 재배 환경에 따라 차이가 있으나, 일반적으로 수분 65~85%, 탄수화물 15~35%, 단백질 0.5~3.0%, 지방 0~0.3% 등이다. 100g당 열량이 130kcal 정도로서 비교적 저칼로리이며, 비타민과 무기질이 많은 것이 특징이다. 고구마의 주요 성분과 기능성을 살펴보면 다음과 같다.

■ 식이섬유: 고구마에는 셀룰로오스(cellulose), 헤미셀룰로오스(hemicellulose) 등 불용성 식이섬유가 풍부하다. 수분을 흡수하여 변의 양을 증가시키고 변을 부드럽게 하여 배변하기 쉽도록 함으로써 변비에 도움을 준다. 또한 포만감을 부여하여 과식을 방지함으로써 섭취 칼로리를 줄일 수 있어 비만 관리에 도움이 된다.

■ 얄라핀(jalapin): 생고구마를 자르면 점성이 있는 하얀 액체가 나오는데 여기에는 다른 야채에는 없고 고구마에만 존재하는 얄라핀이라는 물질이 포함되어 있다. 얄라핀은 대장을 자극하여 연동운동을 촉진함으로써 배변을 유도하며, 식이섬유와 함께 상승작용을

하여 변비 개선의 효과를 나타낸다.

■ 안토시아닌(anthocyanin): 고구마의 껍질에는 포도, 블루베리 등에
도 많이 들어있는 안토시아닌이란 식물성 색소성분이 있다. 특히
자색고구마는 껍질뿐만 아니라 속에도 안토시아닌이 포함되어 있
으며, 안토시아닌의 총함량은 2~3% 정도로 이는 포도, 블루베리
등에 비해서도 매우 많은 양이다. 안토시아닌은 활성산소를 제거
하는 항산화 작용, 간 기능 활성화, 눈의 피로 회복 및 야맹증 환자
의 시력 개선, 발암물질의 작용 억제 등의 기능이 있는 것으로 보
고되고 있다.

■ 베타카로틴(β-carotene): 고구마에는 품종에 따라 차이가 있으나
베타카로틴이 비교적 많이 포함되어 있으며, 특히 속이 노란 품종
의 고구마일수록 베타카로틴의 함량이 높아 100g당 약 15㎎이나
들어있는 것도 있다. 베타카로틴은 당근, 호박 등에 많이 있는 노란
색 또는 붉은색을 나타내는 색소성분이며 우리 몸에 들어오면 비
타민A 합성의 원료가 되는 물질이다.

■ 비타민C: 고구마에는 비타민C가 풍부하여 한 개만 먹어도 일일
권장량(100㎎)의 30~40%를 섭취할 수 있다. 보통 비타민C는 열

에 의해 쉽게 파괴되는 것으로 알려져 있으나, 고구마에 있는 비타민C는 전분에 둘러싸여 있기 때문에 열에 강하여 삶은 후에도 70~80%가 남아있다고 한다.

고구마는 그 종류가 매우 많으며, 우리나라에서 재배되고 있는 주요 품종만도 10여 가지나 되고, 품종에 따라 식용, 식품가공용, 공업용, 사료용 등으로 사용되고 있다. 시판되고 있는 밤고구마, 물고구마, 호박고구마 등은 고구마의 특성에 따라 구분해 놓은 것이지 품종명은 아니며, 시장에서는 품종 구분 없이 여러 고구마들이 섞여 판매되고 있다.

밤고구마는 밤맛이 난다고 하여 붙여진 명칭이며, '분질(粉質)고구마'라고도 한다. 껍질은 연한 붉은색이고 속은 연한 노란색을 띤다. 찌거나 구웠을 때 육질이 단단하며 물기가 없는 것이 특징이다. 물고구마는 물기가 많은 것이 특징이며, '점질(粘質)고구마'라고도 한다.

밤고구마와 물고구마의 구분은 탄수화물의 특성에 따른 것이며, 밤고구마는 전분의 함량이 많다. 고구마는 저장 과정에서 전분이 당분으로 변하기 때문에 밤고구마라도 저장 기간이 오래되면 물고구마가 된다. 햇고구마는 대부분 밤고구마이다. 전분의 함량이 많은 밤고구마 품종으로는 율미, 신율미, 신천미,

진홍미, 연미, 중미 등이 있다.

호박고구마는 속이 호박처럼 노란색을 띤다고 하여 붙여진 명칭이며, '속노란고구마' 또는 '당근고구마'라고도 부른다. 모양은 대체로 방추형이며, 크기는 작은 편이다. 날것일 때는 주황색을 띠고, 익히면 짙은 노란색을 띤다. 전체적으로 밤과 호박을 섞어 놓은 듯한 맛이 나며 당도가 높다.

날것으로 먹을 수 있도록 육성된 것이므로 과일처럼 깎아 먹거나 샐러드 등으로 이용하여도 좋다. 익혀서 먹으면 재래종 물고구마와 같은 진득하고 달콤한 맛을 느낄 수 있다. 밤고구마보다 섬유질이 많으며 밤고구마는 퍼석퍼석한 데 비하여 호박고구마는 물렁물렁한 편이다. 품종으로는 풍원미, 연황미, 주황미, 신황미, 안노베니, 안노이모 등이 있다.

고구마는 주로 영양성분이 모여 비대해진 뿌리를 식용으로 하지만, 고구마순 역시 많이 이용된다. 고구마순은 원줄기에서 갈라져 나온 잎이 달린 곁줄기를 말하며 고구마줄기라고도 한다. 보통 껍질을 벗기어 나물이나 김치로 이용한다. 고구마순은 9월~10월 초순 사이에 고구마를 수확하기 전에 한꺼번에 걷어서 채취하는 것이 일반적이다. 출하기가 한정되어 있기 때문에 끓는 물에 삶아낸 후 말려서 저장하면 1년 내내 사용할 수 있다. 건조된 수입 고구마순도 1년 내내 유통되고 있다.

때로는 고구마순 생산을 목적으로 비닐하우스에서 재배하여 6월 말에서 10월 초까지 4~5회 수확하기도 한다. 고구마순 채취를 목적으로 재배하는 품종은 줄기에 단맛이 있고 유연성이 있으면서 껍질이 쉽게 벗겨지는 것이 좋다. 두께는 4~6mm 정도에 수분이 적어 건조하였을 때 수율이 높은 것이 바람직하다. 고구마순을 목적으로 재배하는 품종은 대부분 신미, 율미, 충승100호(자색) 등이다.

7.
콩

 콩은 예로부터 된장, 간장, 두부, 콩나물, 콩기름 등 우리의 식생활에 다양하게 이용되어 왔으며, 여러 질병을 예방하는 효과가 있어 유익한 식품으로 여겨져 왔다. 2006년 3월 미국의 저명한 건강잡지인 《Health》에서 김치, 요구르트, 올리브유, 렌즈콩(lentil) 등과 함께 '세계 5대 건강식품'으로 선정하였다는 사실이 알려지면서 콩에 대한 소비자들의 관심을 불러일으키는 계기가 되었다.

 콩과식물은 전 세계에 1,200여 종이 존재하며, 우리나라에서 이용되는 콩과식물은 대두(大豆)를 비롯하여 팥, 녹두, 완두콩, 강낭콩, 동부 등 50여 가지에 이르며, 이들을 두류(豆類)라고 한다. 콩은 식용으로 이용되는 콩과식물의 종자 전부를 총칭하는 경우도 있으나, 일반적으로 콩이라 할 때에는 주로 대두(soybean)만을 의미한다. 대두는 메주를 만드는 데 주로 사용되므로 '메주콩'이라고 부르기도 하고, 색에 따라 '노란콩'과 '흰콩'으로 구분하기도 한다. 노란콩은 '황두(黃豆)', 흰콩은 '백태(白太)'라고 부르기도 한다.

대두는 중국 동북지역이 원산지로 추정되며, 우리나라에서는 오래전부터 콩을 재배하였고, 삼국시대 초기(BC 1세기경)에 이미 콩을 재배하였다는 기록이 있다. 그러나 현재는 국내에서 소비되는 대부분의 콩을 수입에 의존하고 있다. 오늘날 콩은 아메리카 대륙의 미국, 브라질, 아르헨티나 등이 주산지이다.

콩의 영양성분은 수분 약 10%, 탄수화물 약 30%, 단백질 약 35%, 지질 약 20% 등으로 '밭에서 나는 쇠고기'로 불릴 만큼 단백질과 지방이 풍부하다. 또한 콩에는 필수아미노산이 골고루 포함되어 있으며, 특히 다른 식물성 단백질에서 부족하기 쉬운 라이신(lysine)이 많은 것이 특징이다.

콩은 영양학적으로 우수할 뿐만 아니라 올리고당(soybean oligosaccharide), 아이소플라본(isoflavone), 레시틴(lecithin), 사포닌(saponin) 등 여러 가지 생리활성물질을 많이 포함하고 있어 암을 비롯한 여러 질병에도 효과가 있는 것으로 알려져 있다.

콩에는 유용한 성분이 많이 들어있으나 '단백질분해효소 저해인자(protease Inhibitors)'가 있어서 소화율이 약 55%밖에

되지 않는 단점이 있다. 날콩을 먹었을 때 설사를 하는 것도 이 때문이다. 이 성분은 열에 약하기 때문에 가열 조리하면 문제가 안 된다.

콩은 날것 그대로 먹으면 비린내가 심하여 맛도 없고 소화시키기도 어려우므로, 우리나라에서는 예로부터 이런 단점을 극복하기 위하여 두부, 두유(콩국), 메주, 된장, 간장, 고추장, 청국장, 대두유(콩기름), 콩나물 등 다양한 방법으로 가공한 식품을 발달시켜 왔다.

대부분의 사람에게는 문제가 되지 않으나, 일부 예민한 사람의 경우는 콩에 대하여 알레르기 반응을 일으키기도 한다. 현재 식품위생법에서는 콩 및 콩 유래 제품을 원료로 사용하였을 경우에는 표기하도록 되어 있으므로, 콩에 대하여 알레르기가 있는 사람은 제품을 선택할 때 표기사항을 잘 살펴보아야 한다.

우리나라에서는 1906년 권업모범장(勸業模範場)이 설립되면서부터 재래종을 수집하여 품종 비교시험을 실시하였고, 1931년에는 일본에서 들여온 개량종이 보급되기 시작하였다. 1953년 충남농업기술원에서 육종사업을 시작하여 국내 품종이 개발되기 시작하였다.

■ 장류용: 대체로 장류용(메주용) 콩은 단백질 함량이 높고, 종자가 크며, 껍질의 색이 황색인 것이 양질로 취급된다. 장류용으로 적합한 품종으로는 단백콩, 두유콩, 단엽콩 등이 있다.

■ 두부 및 두유용: 단백질과 지방 함량이 높은 콩이 두부 원료로서 좋은 것이며, 특히 수용성 단백질 함량이 높고, 물의 흡수속도가 빠른 품종이 좋다. 두부용 품종으로는 백운콩, 단백콩, 두유콩, 장엽콩 등이 있다.

■ 나물용: 콩나물은 주로 배(胚)의 일부가 성장한 몸통을 식용으로 하기 때문에 나물용 콩은 단시일 내에 빨리 자랄 수 있는 소질을 가진 품종이 요구된다. 또한 원료 콩의 발아력이 중요한데, 일반적으로 종자가 큰 것보다는 작은 것이 발아가 잘 된다. 광안콩, 소백나물콩, 익산나물콩, 풍산나물콩, 소명콩, 소원콩 등의 품종이 있다.

■ 밥밑용: 밥밑콩으로 불리는 콩은 쌀, 보리, 잡곡 등과 함께 혼합하여 주식으로 이용할 뿐만 아니라 콩자반, 떡, 제과용 등으로 이용되어 왔다. 밥밑용으로는 검정콩을 비롯한 유색콩이 주로 사용되며, 종자가 무르고 색소 용출이 잘 되는 품종이 좋다. 검정콩1호,

검정콩2호, 일품검정콩, 청자콩, 흑청콩 등이 있다.

대두 중에서 '장단콩'이 유명한데, 이는 품종의 이름이 아니고 파주시 장단면(長湍面)에서 유래한 이름이다. 일제강점기에 실시된 재래종 비교평가에서 대두의 전국 보급 장려품종으로 1913년에 장단면의 콩이 최초로 선발되었다. 현재 장단면은 민간인통제구역(민통선) 안에 있어 일반인의 출입이 제한된다. 파주시에서는 장단콩 브랜드 육성사업의 일환으로 1997년부터 매년 11월에 임진각광장에서 '장단콩축제'를 열고 있다.

8.
팥

팥(red bean)은 '적두(赤豆)', '소두(小豆)', '적소두(赤小豆)' 등으로도 불린다. 동북아시아가 원산지로 우리나라를 비롯하여 중국, 일본 등 동북아시아 3국에서 널리 재배되고 있으며, 전 세계 생산량의 대부분을 생산하고 있다. 우리나라의 경우 팥은 콩과 함께 수천 년 전부터 재배된 것으로 추정된다. 세계 최대 생산국은 중국이며, 최근에는 미국, 호주 등지에서도 일부 재배되고 있으나, 서양권에서는 팥을 잘 먹지 않는다.

우리나라에서 팥은 예로부터 많은 요리에 사용되었다. 우리 조상들이 가장 즐겨 먹던 시루떡을 만들 때 팥고물로 사용하였으며, 동지(冬至)에는 귀신과 액운을 쫓아내기 위해 팥죽을 먹는 풍속이 있다. 요즘에는 단팥빵이나 호두과자 등의 재료로 널리 사용되고, 팥빙수는 여름철의 별미로 애용되고 있다.

팥은 탄수화물이 많은 것이 특징이며 함량은 약 70%로서 대두의 2배 이상이다. 단백질은 약 20%이며, 지질은 거의 없다. 팥에는 안토시아닌이 풍부하여 체내 유해 활성산소를 제거하며, 쌀에 부족한 라이신과 트립토판이 함유되어있어 쌀에 팥을 넣어 밥을 지으면 영양적으로 보완이 된다.

팥은 매우 중요한 전통 잡곡 중 하나이며, 재래종이 오늘날까지 많이 재배되고 있는 편이다. 재래종의 경우 품종은 정리되어 있지 않고 껍질의 색에 따라 붉은팥, 검정팥, 흰팥, 노랑팥, 자청(紫靑)팥, 백색바탕에 회색 반점이 있는 잿팥, 적갈색 바탕에 검정색 반점이 있는 비단팥, 황백색 바탕에 검정색 반점이 있는 개구리팥 등 여러 가지로 불렸다. 가장 많이 재배되는 것은 붉은팥이다.

1980년대부터 재래종 중에서 품질이 우수한 것을 선발하는 작업이 이루어졌으며, 2000년대에 들어와서 팥의 중요성이 부각되면서 본격적인 품종 개발이 시작되었다. 현재 재배되고 있는 팥의 주요 품종은 충주팥, 중부팥, 칠보팥, 새길팥, 아라리, 검구슬, 연두채, 홍진 등이 있다.

현재 팥 시장은 갈수록 확대되고 있으며 그 쓰임새도 팥앙금, 팥죽, 팥고물, 팥칼국수, 팥빙수 등 전통적 식재료에서 최근에는 건강식품, 다이어트식품으로 각광받고 있다. 그 외에도 천연색소의 소재, 아토피 치료제, 미백효과가 뛰어난 천연비누, 친환경 화장품 등 다양한 용도로 활용되고 있다.

9.
녹두

    녹두(green gram/mung bean)는 콩과(科)에 속하는 일년생 초본식물로서 '안두(安豆)', '길두(吉豆)' 등의 이름으로도 불렸다. 원산지는 인도 지방으로 알려져 있으며, 주로 아시아에서 재배되고 있다. 우리나라에는 동남아시아와 중국을 거쳐 전래되었으며, 충청북도 단양군 적성면 애곡리에 있는 삼한시대의 유적인 수양개유적(垂楊介遺蹟)에서 녹두가 출토되어 삼국시대 이전부터 재배하였던 것으로 추정되고 있다.

    녹색을 띠는 콩이라 하여 녹두(綠豆)라고 하지만, 녹색 외에도 갈색, 흑갈색, 노란색 등 다양한 품종이 재배되고 있으며, 녹색의 녹두가 전체의 90% 이상을 차지한다. 대표적인 품종으로는 선화(善化), 금성(錦城), 경선(京善), 어울, 삼강(전남15호), 소선(전남19호), 다현(전남27호) 등이 있다.

    우리나라에서 녹두는 빈대떡, 청포묵, 녹두당면 등의 음식 재료로 이용되어 왔으며, 껍질이 두껍기 때문에 보통 껍질을 제거한 후에 사용하였다. 녹두에는 탄수화물이 55~65%, 단백질이 20~25% 정도 함유되어 있으며, 지질은 2% 미만으로 소량 들어 있을 뿐이다. 비타민 B군의 함량이 비교적 높은 편이며, 무기질 중에서는 칼륨이 약 1.3%로서 많은 편이다.

숙주나물은 녹두의 싹을 틔워 콩나물처럼 키운 일종의 채소이며, 콩나물에서 콩에는 없던 비타민C가 생성되는 것처럼 숙주나물에도 100g당 약 7㎎의 비타민C가 함유되어 있다. 콩나물이나 숙주나물의 경우 원산지 표시는 원료의 원산지를 따르게 되어 있다. 예를 들어, 중국산 녹두를 수입하여 국내에서 재배하였더라도 숙주나물의 원산지는 중국으로 표기하여야 한다.

숙주나물은 원(元)나라 때의 가정요리에 관한 서적인 『거가필용(居家必用)』에 '두아채(豆芽菜)'라는 이름으로 처음 나오며, 녹두에서 싹을 틔운 것이라 하였다. 우리나라에는 고려 말 원나라를 통하여 도입된 것으로 추정된다. 우리의 문헌으로는 고려 고종(高宗) 23년(1236년)경에 편찬된 의학서 『향약구급방(鄕藥救急方)』에 '녹두장음(綠豆長音)' 또는 '장음녹두(長音菉豆)'로 기록된 것이 최초이다.

조선시대에는 허준(許浚)이 1610년에 저술한 『동의보감(東醫寶鑑)』에 '녹두채(綠豆菜)'로 기록했고, 1715년경 홍만선(洪萬選)

이 저술한 『산림경제(山林經濟)』에서는 '두아채(豆芽菜)'라 하였다. 순조(純祖) 8년(1808년)에 서영보(徐榮輔), 심상규(沈象奎) 등이 왕명에 의해 편찬한 요리서 『만기요람(萬機要覽)』에는 '녹두장음(綠豆長音)'이라 하였다.

숙주나물은 녹두의 싹을 틔운 것인데 녹두나물이라고 하지 않고 숙주나물이라고 부른다.(일부 지방의 방언으로는 녹두나물이라고도 하나, 숙주나물이 표준어이다.) 조선시대의 문헌에는 숙주나물이란 표현이 없으며, 숙주나물이라고 불린 게 언제부터인지는 정확한 추정이 어렵다.

숙주나물이라는 단어의 유래에 대해서 일제강점기인 1924년 이용기(李用基)가 지은 『조선무쌍신식요리제법(朝鮮無雙新式料理製法)』이란 요리책에 기록이 있다. 이에 따르면 "숙주라 하는 것은 세조 임금 때 신숙주가 여섯 신하를 반역으로 고발하여 죽였기 때문에 이를 미워하여 나물 이름을 숙주라고 한 것이다. 만두소를 만들 때 이 나물을 짓이겨 넣으며 신숙주를 나물 이기듯 하자 하여 숙주라 이름한 것이다"라고 하였다.

이와는 별도로 구전되는 내용으로는 사육신(死六臣) 사건 때 단종(端宗)에 대한 충성을 지킨 사육신들과 달리 신숙주(申叔舟)는 수양대군을 도와 왕위찬탈에 기여했기 때문에 세종(世宗)과 문종(文宗)의 유지를 어긴 변절자로 백성들에게 미움을 받

았고, 백성들이 다른 채소들보다도 훨씬 금방 쉬어 버리는 녹
두나물을 신숙주의 이름에서 따와 숙주나물로 부르게 되었다
는 것이다.

이것이 가장 흔히 알려져 있는 숙주나물의 어원이며, 1991년
한국정신문화연구원에서 편찬한『한국민족문화대백과사전(韓
國民族文化大百科事典)』에도 실려 있는 내용이다. 신숙주를 배
신의 대명사로 만든 데에는 1928년 11월부터 1929년 12월까지
약 1년간《동아일보》에 연재된 이광수(李光洙)의 역사소설『단
종애사(端宗哀史)』도 한몫했다.『단종애사』는 해방 이후 교과서
에도 실렸으며, 자주 드라마의 소재가 되기도 하였다.

『단종애사』는 정사(正史)를 기록한 역사서가 아니라 소설이
며, 스토리 전개와 흥미를 위하여 약간의 허구와 과장을 포함
하고 있을 수밖에 없다. 예로서, 성삼문(成三問) 등 사육신(死六
臣)이 처형된 날 귀가한 신숙주에게 그의 부인이 함께 죽지 않
고 살아 돌아온 것을 비난하고 목을 매어 자살하였다고 묘사
하고 있다. 그러나 사육신이 처형된 것은 1456년 6월 8일이었으
며,『세조실록(世祖實錄)』1456년 1월 23일의 기록에 신숙주가
처 윤씨의 상(喪)을 당했다는 내용이 있어 사실이 아님을 알 수
있다.

신숙주가 변절자로 폄하된 것은 신숙주가 죽은 뒤에 사림(士

林) 세력이 힘을 얻게 되면서 유교(儒敎)의 가장 큰 대의명분 중 하나인 불사이군(不事二君) 정신에 배치되는 인물로 평가되었기 때문이다. 사육신은 죽은 지 200여 년 뒤인 숙종(肅宗) 17년(1691년)에 복관되어 충신으로 추앙받게 되었으나 신숙주는 변절자가 되고 말았다. 녹두나물이 숙주나물로 불리게 된 것도 이때부터일 가능성도 있다.

신숙주와 숙주나물의 이름에는 다른 내용도 전해져 온다. 세조(世祖)에게 극진한 총애를 받던 신숙주는 평소에 녹두나물을 좋아하여 밥상에 이 반찬이 항상 올랐다고 한다. 이 사실을 전해들은 세조가 앞으로 녹두나물을 숙주나물이라 부르라고 하여 오늘에 이르렀다는 것이다. 그러나 이 이야기는 『세조실록』을 비롯한 당시의 문헌에 기록이 없어 신빙성에 문제가 있다.

신숙주는 사망하기 5년 전인 성종(成宗) 1년(1470년)에는 진휼사(賑恤使)에 임명되어 흉년으로 기근에 허덕이는 백성들을 구제하는 업무를 맡게 되었다. 이때 그는 빨리 자라고 재배하기 쉬운 녹두를 많이 심도록 권장하였다. 이를 계기로 녹두나물을 숙주나물로 부르게 되었다는 이야기도 전해져 온다.

이상과 같이 숙주나물의 유래는 근거가 분명하지 않은 야사(野史)나 구전(口傳)으로 전해져 내려온 것들뿐이며, 정확히 밝혀진 것은 없다. 그러나 좋은 의미로든지 나쁜 의미로든지 녹두나물이 숙주나물로 변하게 된 것은 신숙주와 관련이 있다는 점만은 사실인 것 같다.

변절자로 비평받고 있으나 이는 조선시대 당시의 기준으로 평가한 것이며, 오늘날에는 신숙주를 다시 평가하여야 한다는 주장도 많이 있다. 신숙주는 조선의 제4대 왕인 세종부터 제9대 왕인 성종까지 6명의 왕을 섬기면서 영의정(領議政)도 수차례 하였으며, 신생국가인 조선의 기틀을 확고히 하는 데 기여하였다.

학문적으로는 훈민정음(訓民正音)의 창제에 기여하였으며, 『국조보감(國朝寶鑑)』, 『동국통감(東國通鑑)』, 『국조오례의(國朝五禮儀)』 등의 편찬을 주도하는 업적을 남겼다. 또한 도체찰사(都體察使)에 임명되어 여진족 정벌에 뛰어난 전과를 올렸으며, 일본을 다녀와서 『해동제국기(海東諸國記)』를 저술하는 등 외교적으로도 중요한 업적을 남긴 인물이다.

10.
배추

　배추는 김치의 주원료로서 우리나라에서 가장 많이 재배되는 채소이다. 배추는 한국, 중국, 일본 등 동양 3국에서는 매우 중요한 채소로 이용되고 있으나, 서양을 비롯하여 다른 지역에서는 그다지 중요시 되지 않고 샐러드용으로 조금씩 재배될 뿐이다. 그동안 국제적으로 '차이니즈 캐비지(Chinese cabbage)'로 통용되었으나, 2012년 국제식품규격위원회(Codex)의 결정에 따라 한국산 결구배추는 '김치 캐비지(kimchi cabbage)'라고 부르게 되었다.

　배추는 겨자과(科) 또는 꽃잎이 '십(十)자' 형태로 핀다 하여 십자화과(十字花科)로 분류되며, 배추속(屬)에는 세계에 약 40종(種)이 있는데 주로 지중해 부근에서 자란다. 배추의 야생종은 지중해 연안이 원산지이며, 중앙아시아를 거쳐 중국에 전파되었다.

이 야생배추는 겨울에도 죽지 않고 소나무처럼 푸르다고 하여 '숭(菘)'이라고 불렸으며, 7세기경 중국 북부지방에서 재배되고 있던 순무와 자연교잡 되어 오늘날 배추의 원시형이 생겼다. 이 원시형으로부터 재배와 선발에 의해 16세기경에 반결구(半結球)배추가 육종되었으며, 18세기경에는 결구(結球)배추가 탄생하게 되었다. 따라서 오늘날 김치의 원료가 되는 배추의 원산지는 중국 북부지방이라 할 것이다.

우리나라에 배추가 전래된 시기는 알 수 없으나 고려 고종(高宗) 때인 1236년에 발간된 『향약구급방』이란 문헌에서 처음으로 숭(菘)에 관한 기록이 발견된다. 김장용으로 사용되는 결구배추는 18세기말 중국에서 도입되었으나 널리 보급되지는 못하였고, 현재의 결구배추는 우장춘(禹長春) 박사가 1954년에 품종 개량한 '원예1호'를 비롯한 신품종이 널리 보급된 결과이다.

우리말 배추의 어원은 중국어에서 온 것이다. 중국에서는 줄기가 하얀 채소라고 하여 '백채(白菜)'라고 하며, 중국어 발음으로는 '바이차이(báicài)'이다. 백채가 '배채', '배차'를 거쳐 '배추'가 된 것이다. 지금도 충청도 및 경상도 지방의 방언으로는 배추를 배차로 부르고 있다.

배추는 수분이 95% 이상이고 단백질, 지질, 탄수화물 등은 별로 없어 영양학적으로는 큰 의미가 없다. 비타민과 미네랄도 여러 종류가 있으나 그 절대량이 많지는 않다. 비타민 중에는 상대적으로 비타민C와 비타민K가 많은 편이고, 미네랄 중에서 칼슘이 비교적 많이 들어있다.

배추는 수분과 식이섬유가 많아 포만감을 부여하며, 열량이 적어 비만 관리에 도움을 준다. 배추의 식이섬유는 대부분 불용성의 셀룰로오즈이기 때문에 수분을 흡수하는 성질이 적어 변비에는 큰 도움이 되지 못한다. 하지만, 우리에게 유익한 장내세균의 먹이가 되어 유용균을 증가시키고 유해균을 억제시켜 대장암을 예방하는 효과가 있다.

우리나라에서 배추는 일반적인 노지재배(露地栽培) 외에도 하우스재배나 월동재배(越冬栽培) 등으로 1년 내내 파종과 수확이 이루어지고 있다.

■ 봄배추: 봄에 재배하여 생산되는 배추를 말하며 생산지는 전국적으로 분포되어 있다. 봄배추는 3월 초순부터 출하되기 시작하여 7월 초순까지 출하된다.

■ 여름배추: 여름배추는 주로 고랭지를 중심으로 이루어지므로 '고랭지배추'라고도 불린다. 여름배추 주산지는 해발 400m 이상의 강원도 고랭지이며, 7~9월에 출하가 이루어진다.

- 가을배추: 9월 말부터 12월까지 수확하는 배추를 말하며, 특히 11월 중순부터 12월 중순까지 김장철에 출하되는 가을배추를 '김장배추'라 한다. 전국적으로 재배되고 있으며, 배추 전체 생산량의 50% 이상을 차지한다.

- 겨울배추: 12월부터 이듬해 2월 말까지 수확하는 배추를 말하며, 남부 해안지역 및 제주도에서 재배된다. 겨울을 밭에서 보내므로 '월동배추'라고도 하고, 전라남도에서 전체 겨울배추의 약 95%를 생산하고 있다.

우리나라에서 재배되고 있는 배추의 품종은 수백 종에 이르며 종묘회사에서 육성하여 보급하고 있다. 품종명에 '노랑', '황', '금' 등의 단어가 붙은 것은 속잎이 노란 품종을 말하고, 'CR'이라는 단어가 붙으면 뿌리혹병에 저항성을 가지는 품종을 말한다. 또한 노지 월동재배 품종은 '풍', '동' 등 겨울을 상징하는 단어가 들어 있는 경우가 많다.

배추의 품종은 속이 차는 것을 기준으로 결구형과 불결구형으로 나누고, 결구형 중에서 밑동 부분만 결구하는 것은 반결구형이라고 한다. 현재 우리나라에서 재배되는 배추는 대부분 결구형이고, 일부에서 재래종인 반결구형이 재배되고 있으며,

불결구형은 거의 재배되지 않는다.

결구형 배추 중에 흔히 '쌈배추'라고도 부르는 '알배기배추'는 일반 결구배추보다 크기가 훨씬 작아 포기당 무게가 500~700g에 불과하므로 '미니배추'라고도 한다. 반결구형의 대표적인 것이 '얼갈이배추'이며, 성장이 비교적 빨라 파종 후 30일 정도 경과하면 수확할 수 있다. 불결구형 배추로는 '봄동'이 남부 해안 지역에서 재배되고 있다. 봄동은 이름과는 달리 12월에서 2월까지 겨울에만 한정적으로 출하되고 나머지 계절에는 유통되지 않는다.

11.
양배추

양배추(cabbage)는 배추와 마찬가지로 겨자과에 속하는 채소로 대부분의 나라에서 이용되고 있다. 스튜 및 볶음요리 등 각종 요리에 널리 이용될 뿐만 아니라 양배추를 잘게 썰어 만든 샐러드인 콜슬로(cole slaw)나 양배추수프는 서양에서 즐겨 먹는 전통음식이다.

양배추의 원산지는 지중해 연안이며, 현재도 지중해의 바닷가와 섬에는 양배추의 야생종이 자라고 있다고 한다. 야생종 양배추는 결구(結球)가 형성되지 않는 케일(kale)과 비슷한 형태였으나, 선택재배가 계속되고 변종이 탄생하는 변화를 거쳐 13세기경에 결구형 양배추가 나타나게 되었다. 그 후 유럽 전역으로 급속히 전파되었으며, 아메리카 대륙에는 16세기에 유럽인에 의해 전해졌다. 중국에는 16세기에 도입되었으며, 일본에는 18세기 초 네덜란드인에 의해 전해졌다.

우리나라는 조선말인 1884년에 농무목축시험장(農務牧蓄試驗場)에서 시험재배한 기록이 있으나 실제로 보급되지는 않았다. 1906년 원예모범장(園藝模範場)이 설립되면서 많은 외국 채소가 도입되었으며, 양배추도 본격적인 재배가 시작되었다. 양배추는 일반적으로 결구 양배추를 의미하지만 이와 근연종(近緣種)인 비결구성 푸른잎양배추(케일), 녹색꽃양배추(브로콜리), 꽃양배추(컬러플라워), 순무양배추(콜라비) 등을 총칭하는 단어로 사용되기도 한다.

양배추는 영양학적으로 단백질, 지질, 탄수화물 등이 적어 칼로리는 별로 없고 약간의 미네랄과 비타민류가 있을 뿐이다. 양배추에 비교적 많은 비타민은 비타민K, 비타민C, 비타민 B_9(엽산) 등이다. 양배추의 탄수화물 함량은 높은 편은 아니지만 다른 채소류에 비하여는 많아서 생식을 하여도 거부감이 없다. 양배추에 열을 가하면 단맛이 증가하는 것은 양배추에 들어있는 다이아스테이스(diastase)란 효소에 의해 양배추 중의 탄수화물이 포도당이나 설탕 등의 단순당으로 분해되기 때문이다.

양배추는 대부분 수분으로 되어 있어 칼로리가 낮으며, 섬유질이 많아 포만감을 주게 되므로 다이어트식품으로 적당하다. 양배추의 섬유질은 당분의 흡수 속도를 느리게 하여 혈당수치가 급격하게 상승하는 것을 방지하는 효과도 있다. 양배추는 적당한 볼륨과 조직감이 있어 샐러드로 만들기에도 적합한 소재이다.

양배추에서 가장 주목 받는 성분은 비타민U이다. 비타민U는 1950년 양배추에서 발견되었으며, 동물실험에서 위의 궤양(ulcer)을 치유하는 효과가 있어서 비타민U라고 명명되었다. 현재는 비타민으로 취급하지 않고 있으나, 아직도 관습적으로 비타민U라고 부르고 있다. 비타민U는 손상된 조직을 복구하는 작용이 있어 위궤양과 십이지장궤양을 예방하고 치료하는 약의 원료로 사용된다. 일반적으로 널리 알려진 '캐비진(cabbagin)'이란 위장약의 주성분은 비타민U이다.

양배추는 세계적으로 널리 분포되어 서로 다른 기후조건에서 재배되고 있으므로 품종이 매우 다양하다. 양배추 중에 적채(赤菜, red cabbage), 빨간양배추, 적양배추, 루비볼(Ruby Bowl) 등으로 불리는 것이 있으며, 안토시아닌(anthocyanin)이란 색소를 다량 함유하여 붉은색을 띤다. 빛깔이 독특하여 샐러드에 넣어 예쁜 색을 내는 등의 장식용으로 많이 사용된다.

최근에는 방울토마토만큼 작은 크기의 '방울다다기양배추(Brussels sprouts)'가 인기를 끌고 있다. '방울양배추'라고도 하며, 16세기부터 벨기에의 브뤼셀 지방에서 재배되어오다가 19세기 이후에 모든 유럽 지역에 본격적으로 보급되었고, 전 세계로 전파되었다. 작고 귀여운 모양에 일반 양배추보다 영양 성분도 많이 함유하고 있어 생식이나 샐러드로 이용된다.

12.
상추

    상추(lettuce)의 원산지는 서아시아 및 지중해 연안으로 추정되며, 재배 역사가 매우 오래된 작물이다. BC 4500년경의 고대 이집트 피라미드 벽화에 상추가 그려져 있으며, BC 550년에 페르시아 왕의 식탁에 올랐다는 기록도 있다. 그리스•로마시대에는 중요한 채소로 재배되었으며, 중국에는 5~6세기에 전파되었고, 우리나라는 6~7세기에 인도, 중국 등을 통해 전래되었다.

    상추는 배추와 많이 닮아서 배추와 가까운 종류로 아는 사람이 많지만, 사실은 국화과 왕고들빼기속의 식물이다. 우리말 상추의 어원은 중국어의 '생채(生菜, shēngcài)'가 변한 것이다. 1988년까지는 '상치'가 표준어였기에 상치라고 불렸고, 아직도 상치로 기억하는 사람들이 많지만 현재는 상추가 표준어이다. 상추의 순우리말은 '부루'였으며, 지금도 제주도를 비롯한 일부

지역의 방언으로 남아있다.

상추의 영양성분은 다른 엽채류들과 비슷하며, 풍부한 섬유질은 장내환경 개선과 변비 해소에 효과가 있다. 상추에는 락투카리움(lactucarium)이라는 성분이 함유되어 있으며, 이 성분은 심신을 안정시켜 스트레스와 통증, 불면증을 완화하는데 도움을 주는 것으로 알려져 있다. 상추를 많이 먹으면 졸린 현상이 나타나는 것도 이 성분의 신경안정 작용에 기인한 것이다.

우리나라에서 상추는 엽채류 중에서는 배추 다음으로 많이 재배되고 있으며, 여러 가지 쌈용 채소 중에서 가장 많이 소비되고 있다. 외국에서는 주로 샐러드의 재료로 사용되는 데 비하여 우리나라에서는 오래전부터 고기나 밥 등을 싸서 먹는 용도로 사용하였다. 상추쌈은 우리의 전통적인 식문화이며, 외국에서는 찾아보기 힘든 식사 방식이다.

상추는 다양한 품종이 있으며 보통 결구상추, 버터헤드상추, 로메인상추, 잎상추, 줄기상추, 라틴상추 등 6종류로 분류한다. 우리나라에서는 잎상추, 로메인상추, 결구상추가 재배되고 있으며, 다른 3종류는 거의 재배되지 않는다. 결구상추와 버터헤드상추는 '양상추(head lettuce)'라고 부르기도 한다.

■ 결구상추(crisp head lettuce): '통상추'라고도 하며, 공처럼 뭉친 모양의 상추이다. 잎은 비교적 단단하며 아삭아삭한 식감이 있다. 겉 잎은 초록색이며, 속잎은 흰색부터 크림색에 가까운 노랑에 이르기까지 다양하다. 잎 가장자리가 깊이 패어 들어간 모양이고 물결 모양을 이룬다.

■ 버터헤드상추(butter head lettuce): 반결구형 상추이며, 주로 유럽에서 재배되고 우리나라에서는 거의 재배되지 않아 찾아보기 힘들다. 잎이 부드럽고 고소하며, 입속에서 녹는 듯하여 '버터(butter)'라는 명칭이 붙었다.

■ 로메인상추(romaine lettuce): 반결구형 상추이며 '코스상추(cos lettuce)'라고도 한다. 우리나라에서는 '배추상추'라고 부르기도 한다. 잎은 길고 숟가락 모양을 하고 있으며, 많은 부분은 녹색이나 결구된 부분은 노란색이다. 잎의 조직은 비교적 거친 편이나 쓴맛이 적고 감칠맛이 있어 거부감이 없다.

■ 잎상추(leaf lettuce): 우리나라에서 주로 재배하는 품종이며, 잎의 모양에 따라 치마상추와 축면(縮緬)상추로 나뉜다. 치마상추라는 명칭은 잎의 모양이 치마처럼 긴 타원형이라 하여 붙여진 것이며,

잎 모양이 매끈하다. 축면상추는 잎이 넓고 뽀글뽀글한 상추이고 '오그라기상추'라고도 한다.

치마상추는 계속해서 잎을 한 잎씩 따서 수확하고, 축면상추는 포기상추(반결구상추)로서 심어서 단번에 수확을 끝내는 형의 품종이다. 일명 '포기찹상추'는 포기로도 수확할 수 있고 낱장으로도 수확할 수 있는 포기상추이다. 치마상추와 축면상추는 다시 잎의 색깔에 따라 담녹색과 암적색으로 구분되어 청치마상추, 적치마상추, 청축면상추, 적축면상추 등 4가지로 분류한다.

■ 줄기상추(stem lettuce): '아스파라거스상추(asparagus lettuce)' 또는 '셀투스(celtus)'라고도 하며, 주로 이집트와 중국에서 즐겨 먹는다. 잎은 긴 모양으로 많이 겹쳐 있으며 잎이 증가함에 따라 조금씩 줄기가 자란다. 잎을 차례로 뜯어먹거나 줄기를 아스파라거스처럼 먹기도 한다.

■ 라틴상추(latin lettuce): 유럽 품종이며, 잎은 로메인상추처럼 약간 길쭉하고 두텁다. 맛은 버터헤드상추처럼 부드럽다.

13.
무

　무(radish)는 오랜 옛날부터 우리 민족의 식탁을 장식한 기본적인 반찬으로 이용된 채소이다. 또한 변변한 간식거리가 없던 어려웠던 시절에는 아이들의 간식으로도 애용되었다. 무는 뿌리와 잎을 모두 이용하지만 뿌리의 이용이 훨씬 많다. 무는 주로 김치의 주재료로 이용되는 외에 단무지, 무말랭이, 시래기 등으로 가공되어 사용되기도 하며, 무밥과 무시루떡 등 응용식품도 많이 있다.

　무는 배추와 마찬가지로 겨자과에 속하는 식물이며, 무의 원산지에 대해서는 여러 가지 설이 있으나, 지중해 연안이 원산지인 야생종이 전 세계로 전파되면서 변종이 발생하고, 각 지역에 따라 용도에 적합한 종(種)이 선발·육성되어 현재와 같이 다양한 재배종이 탄생한 것으로 추정된다. 이집트의 피라미드에도 무에 대한 기록이 있으며, 중국에서는 기원전 2세기경에 편찬되었다는 『이아(爾雅)』라는 책에 무에 관한 기록이 있는 등 인류가 무를 재배하기 시작한 시기는 상당히 오래전의 일이다.

무가 우리나라에 도입된 시기는 분명하지 않으나 기원전인 삼국시대 초기부터 재배되었을 것으로 추정되고 있다. 현재 재배되고 있는 개량무는 1907년 일본에서 '궁중(宮重)' 등의 품종이 도입되면서 재배되기 시작하였으며, 해방 이후에는 유럽계의 무가 도입되었다.

1930년대 후반부터 재래종의 개량에 대한 연구가 시작되었으며, 전국 각 지방별로 형질이 다른 재래종이 많았으나 그 특성을 활용하기 전에 일본에서 도입된 무의 재배가 확대되었다. 1970년대 이후에는 재래종과의 교배종이 보급됨에 따라 재래종은 유전자를 확보하지 못한 채 사라지게 되었다.

중국의 옛 문헌에 무 종류를 의미하는 한자로 '나복(蘿葍)'과 '만청(蔓菁)'이 나오며, 나복은 지금의 무를 가리키고, 만청은 순무를 가리킨다. 때로는 무 종류와 배추를 구분하지 않고 '무청(蕪菁)'이라고 부르기도 하였다. 1596년 명(明)나라의 이시진(李時珍)이 쓴 『본초강목(本草綱目)』에 "昔人以蕪菁, 萊拔二物混注"이란 내용이 나오며, 이를 번역하면 "옛사람들이 무청(蕪菁)과 내복(萊拔)을 혼동하여 썼다"이다.

이는 과거에 식물의 분류나 품종이라는 개념이 없었기 때문에 생긴 현상이다. 현대 중국어에서 무청(蕪菁/芜菁, wújīng)은 순무를 의미한다. 우리말 '무'는 무청(蕪菁)에서 비롯된 것으로 보이며, 과거에는 무수, 무시, 무우 등으로도 사용하였다. 전에는 '무우'가 표준어였으나, 1989년에 '무'를 표준어로 바꾸었다. 현재도 지역의 방언으로는 무수, 무시, 무우 등이 사용되고 있다. 나복(蘿蔔)은 나복(蘿菔), 내복(萊菔), 노복(蘆菔) 등으로도 썼으며, 나박김치의 어원이 바로 나복이다.

무의 영양성분은 잎과 뿌리에 따라 차이가 있으며, 뿌리보다는 잎(무청)에 비타민과 미네랄이 훨씬 많이 들어있다. 특히 무청에는 비타민A, 비타민C, 칼슘 등이 풍부하게 들어 있다. 식이섬유의 경우는 잎과 뿌리에 큰 차이가 없으며, 함량은 다른 채소에 비하여 많은 편이다. 품종에 따라서도 영양성분의 차이가 있으나, 함량에서 차이가 있을 뿐 대체적인 경향은 비슷하다.

무의 뿌리에는 전분을 가수분해하는 효소인 아밀레이스(amylase)의 일종인 다이아스테이스(diastase)가 들어있어 소화를 돕는다. 특히 우리나라와 같이 전분이 많은 쌀을 주식으로 하는 경우는 아주 유용하다 하겠다. 이와 관련하여 재미있는 에피소드가 있다.

1964년 12월 7일에 치러진 1965년도 서울지역 전기 중학입시 공동출제 선다형 문제에 "엿기름 대신 넣어서 엿을 만들 수 있는 것은 무엇인가?"라는 것이 있었다. 정답은 ①번인 디아스타제(다이아스테이스)였으나 보기 중 ④번에 '무즙'이 있어 문제가 되었다.

한 문제 차이로 불합격된 학생의 학부모들은 무즙으로 만든 엿을 들고 입시관련 기관에 찾아가 "엿 먹어라"라고 외치며 항의를 하였고, 결국 서울시교육감, 문교부차관 등이 사표를 내고 ④번을 선택한 학생들도 추가로 합격시키게 되었다. 이 사건 이후에 "엿 먹어라"는 속어로 '혼 좀 나봐라', '고생 좀 해봐라', '입 다물어라' 등의 의미를 갖는 욕설이 되었다고 하는 것이 널리 알려진 유래이다.

그러나 이 사건 이전에도 "엿 먹어라"라는 표현은 있었으며, 사회적으로 큰 이슈가 된 사건이었으므로 대중에게 널리 알려지게 된 계기가 되었을 뿐이다. 예로서, 《조선일보》 1930년 12월 30일의 '부동층(浮動層)'이란 창작소설에 "룡서는 사장이 초조해 하는 것을 내심에 엿 먹어라 하면서도"라는 표현이 나온다.

그리고 《동아일보》 1938년 10월 1일자 칼럼기사에는 "계집애들은 두 발을 동동거리며 소리소리 높게 發惡(발악)한다. 그러나 새떼는 亦是(역시) "엿 먹어라"式(식)으로 한 번 날러 앉기만 하면 一二分(일이분) 동안은 꼼짝 않는다. 벼이삭 익을 때 들녘에 모여드는 새들이란 겁이라곤 조금도 없다"라는 내용이 있으며, 《경향신문》1954년 8월 22일자 칼럼기사에는 "지금 巷間(항간)에서 무관한 친구 사이에 가당치 아니한 말을 하면 「듣기 싫어 엿 먹어라」고 하는 말이 종종 있다"는 내용이 있다.

무의 뿌리에는 다이아스테이스 외에도 단백질 분해효소인 프로테이스(protease)가 있어 고기를 양념할 때 무즙을 함께 넣으면 고기가 연해지는 효과가 있다. 또한 지방 분해효소인 라이페이스(lipase) 및 체내에서 발생하는 과산화수소를 분해하는 카탈레이스(catalase) 등도 소량 함유되어 있어 무는 천연의 종합소화제라고 할 수 있으며 속 쓰림, 위산과다, 위 더부룩함, 숙취 등에 효과가 있다.

무는 세계적으로 다양한 품종이 분화되어 있으며, 우리나라에서 흔히 볼 수 있는 백색에 수분이 많고 큰 무는 극동아시아 지역에서 발달한 것이다. 우리나라에서 재배되고 있는 것은 크게 중국무(Chinese radish), 일본무(Japanese radish), 서양무(radish)로 분류된다.

중국무는 중국을 통하여 전래된 무로서 일반무, 총각무, 열무 등이 있다.

■ 일반무: 깍두기나 김치용 무로 보통 '무'라고 하면 일반무를 의미한

다. 주요 품종에는 진주대평무, 중국청피무, 용현무, 의성반청무 등이 있다.

■ 총각무: 크기가 작은 무로서 '총각무'가 표준어이지만 '알타리무'로 더 잘 알려져 있으며, '알무' 또는 '달랑무'라고도 한다. 재배하는 기간이 비교적 짧아서 파종한 뒤 90일 정도 지나면 수확할 수 있다.

■ 열무: 열무는 뿌리가 성숙하기 전에 수확한 어린 무이며, 뿌리보다는 잎을 주로 이용한다. 열무라는 명칭은 잎이 연하여 '여린 무'라고 부른 것에서 유래하였다. 영어명도 어린 무를 뜻하는 'young radish'이다. 재배하기가 비교적 간단하고 생육 기간도 짧아서 겨울에는 60일 전후, 봄에는 40일 전후, 제철인 여름에는 25일 전후면 수확하므로 1년에 여러 번 재배할 수 있다.

일본무는 중국무를 일본에서 개량한 것이 우리나라에 들어온 것이며, '왜무' 또는 '개량무'라고도 한다. 일반무에 비하여 가늘고 긴 것이 특징이며, 육질이 물러서 김치용으로는 부적합하고 주로 단무지용으로 사용된다. 대표적인 품종으로는 미농조생무, 청수궁중무가 있다.

서양무는 우리나라에 전래된 것이 최근이고 우리가 흔히 알고 있는 무와 색깔과 모양이 다르기 때문에 보통 '래디시(rad-ish)'라고 불리고 있다. 그러나 래디시는 무의 원형이라고 할 수 있으며, 원래는 채소인 무를 총칭하는 단어이다. 뿌리 모양은 지름이 2~2.5cm 정도인 구형(球形)이고, 색은 적색, 백색, 황색, 자주색 등 다양하다. 시장에서는 '적환(赤圜)무', '20일무', '홍무(빨간무)' 등으로도 불린다. '20일무'는 기온이 적당하면 20일 만에 수확이 가능하다고 하여 붙여진 이름이다.

14.
당근

　주황색의 탐스러운 색깔이 먹음직스러운 당근은 녹황색채소의 대명사이며, 비타민A의 주요 공급원으로서 건강식품으로 잘 알려진 채소이다. 또한 보통의 채소는 가열하면 색이 변하는데 당근은 열을 가하여도 붉은색이 뚜렷하여 요리의 시각적인 효과를 위하여도 자주 이용되는 친숙한 채소이기도 하다.

　당근(carrot)의 야생종은 유럽, 아프리카 및 아시아에 걸쳐서 널리 분포하고 있으며 원산지에 대하여도 여러 가지 주장이 있으나, 아프가니스탄이 원산지라는 설이 가장 많은 지지를 받고 있다. 유럽에는 12~13세기에 아랍으로부터 도입되었으며, 중국에는 원(元)나라 초기에 중앙아시아를 거쳐 전래된 것으로 알려져 있다.

　우리나라에 처음으로 당근이 도입된 시기는 명확하지 않으며, 중국에 전래된 시기보다는 훨씬 늦은 16세기경으로 추정된다. 문헌상으로는 정조(正祖) 때의 실학자 이만영(李晩永)이 1798년에 집필한 백과사전 성격의 책인『재물보(才物譜)』에 실린 것이 가장 오래된 기록이다.

당근(唐根)이라는 이름은 '중국(唐)에서 들어온 뿌리(根)'라는 뜻이며, 당근의 다른 이름인 '홍당무(紅唐무)' 역시 '붉은색(紅)의 중국(唐) 무'라는 의미이다. 일부 자료에서는 "당(唐)나라 때에 전래되어 당근(唐根)이라고 하였다"고도 하나, 당나라는 중국에 당근이 전해지기도 전에 존재하였던 국가이므로 시기적으로 맞지 않는다. 중국 역사상 당(唐) 왕조는 한(漢) 왕조 이후 가장 번성하였고 강대한 왕조였으므로 후세에 중국을 대표하는 이름이 되었으며, 당(唐)은 당나라 외에 중국이라는 의미를 포함하고 있다.

당근의 가장 중요한 영양소는 베타카로틴(β-carotene)이며, 모든 녹황색채소 중에서도 당근은 베타카로틴 함량이 가장 높다. 베타카로틴은 우리 몸속에서 비타민A로 전환될 수 있으며, 베타카로틴은 그 자체로 강한 항산화제로 작용하여 항암효과를 나타낸다. 또한 베타카로틴은 비타민A와는 달리 과잉 섭취에 따른 부작용이 거의 없어 매우 안전한 형태의 비타민A라고 할 수 있다.

오렌지색 또는 붉은색을 나타내는 지용성 색소의 하나인 카로틴(carotene)이란 이름은 1831년 당근에서 처음 발견되어 당근의 영어명인 'carrot'에서 유래된 것이다. 카로틴에는 알파(α), 베타(β), 감마(γ) 등이 있으며, 자연계에는 약 600여 종이 존재한다.

당근은 지질이나 단백질의 함량이 적어 열량이 낮은 편이지만 비타민이나 무기질은 골고루 들어있다. 특히 우리나라 식생활에서 결핍되기 쉬운 칼슘이 비교적 많은 편이다. 또한 수분의 함량이 높으며, 섬유질이 비교적 많이 있어 다이어트식품으로서 적당하다.

당근에는 비타민C를 파괴하는 산화효소인 아스코비네이스(ascorbinase)가 있어 날것이나 즙을 내어 비타민C가 많은 다른 식품과 함께 먹는 것은 바람직하지 않다. 그러나 아스코비네이스는 산과 열에 약한 특성을 가지고 있으므로 식초를 조금 치거나 가열하여 요리하면 이 효소의 작용이 억제된다.

당근의 품종은 크게 서양계와 동양계로 분류할 수 있다. 서양계는 터키의 서부지방을 원산지로 하며 여름 기온이 서늘한 유럽을 중심으로 발달한 품종으로 베타카로틴 함량이 많아 등황색이며, 당근 특유의 냄새가 강한 것이 특징이다. 동양계는 중앙아시아를 원산지로 하고 중국의 북부지방을 중심으로 재배되고 있으며, 주로 적자색과 백색이 많다.

우리나라에서 재배되고 있는 당근의 품종은 수백 종에 이르며, 뿌리의 크기를 기준으로 장근종, 중근종, 단근종으로 분류하기도 하고, 뿌리의 형태에 따라 원추형과 원통형으로 구분하기도 한다. 우리나라에서는 주로 뿌리가 주황색이고 원추형인 5촌 계열의 당근이 가장 많이 재배되고 있다. 당근 품종에는 '5촌'이란 이름이 많은데, 전통 도량형에서 1촌(寸)은 약 3.3cm이며, 5촌 품종은 크기가 15~17cm 정도인 당근을 일컫는 말이다.

당근 중에서 가장 작은 '베이비캐럿(baby carrot)'은 '미니당근' 또는 '꼬마당근'이라고도 불리며, 당근 하나의 크기가 어른 손가락 정도이다. 당근심이 적고 육질이 연하여 샐러드나 스낵류의 가공품으로 이용되지만 일부 농가에서 재배될 뿐 널리 보급되지는 않았다.

당근은 수입품이 국내 전체 소비량의 약 50%를 차지하고 있다. 2010년 한•아세안 자유무역협정(FTA)이 발효된 이후 베트남산이 수입되기 시작하여 중국산에 대체되고 있으나 아직은 수입 당근의 대부분은 중국산이다. 최근에는 주황색 외에 노란색, 보라색의 당근도 시판되고 있다.

15.
시금치

시금치(spinach)는 추위에 강하여 예로부터 비타민이 부족하기 쉬운 겨울철 최고의 채소로서 영양적 가치가 뛰어나 호평받았으며, 전 세계에서 건강식품으로 사랑 받는 녹색채소의 대표이다. 시금치는 미국의 시사주간지인 《타임(Time)》이 2002년 1월에 발표한 '몸에 좋은 10가지 식품'에 선정되기도 하였다.

시금치의 원산지는 아프가니스탄을 중심으로 한 서아시아 지역인 것으로 추정되며, 지금도 아프가니스탄, 이란, 아르메니아, 투르크메니스탄 등에 걸쳐 야생 시금치가 자생하고 있다. 유럽에는 11세기경에 전해졌고, 아메리카 대륙에는 16세기 이후 유럽으로부터 도입되었다. 한편 중국에는 7세기 당(唐)나라 때에 전래되었으며, 우리나라에는 고려 말에 중국을 통해 전해진 것으로 추정된다.

문헌상 시금치가 나오는 것은 고려 말인 14세기에 작성된 것으로 추정되는 『노걸대(老乞大)』라는 중국어 회화 학습교재이며, '적근(赤根)'이라고 표기하였다. 조선 중종(中宗) 때의 어문학자인 최세진(崔世珍)은 1517년경에 『노걸대』를 한글로 풀이한 『번역노걸대(飜譯老乞大)』에서 '시근치'라고 번역하였다. 또한 최세진이 1527년에 지은 어린이용 한자 학습서인 『훈몽자회(訓蒙字會)』에서는 '릉(蔆)' 자를 '시금치 릉'이라고 하고, "세속에서 파릉채(菠蔆菜), 적근채(赤根菜), 파채(菠菜)라 부른다"고 하였다.

시금치의 어원은 중국어인 적근채(赤根菜)에서 왔다고 보는 것이 대부분의 견해이다. 적근채는 시금치의 뿌리가 붉은색을 띠기 때문에 붙여진 이름이다. 적근채의 현재 중국어 발음은 '츠건차이(chìgēncài)'이나, 시금치가 우리나라에 전해진 근세의 중국어에서는 '적(赤)'을 '츠'가 아닌 '시'로 발음하였다고 한다. '근(根)'의 발음인 'gēn'은 우리말의 '건'과 '근'의 중간쯤에 해당한다. 따라서 적근채(赤根菜)를 부르는 당시의 우리말이 '시근채(시근치)'가 되었다.

그 후 '적(赤)'의 중국어 발음이 '시'에서 '츠'로 바뀌게 되자 시근채라는 우리말과 맞지 않게 되었으며, 이에 따라 시금치를 의미하는 한자도 시근채(是根菜), 시근채(時根菜) 등으로 변하게 된다. 1609년 명나라 사신이 왔을 때의 영접 기록인 『영접도감의궤(迎接都監儀軌)』에 나물로서 시근채(是根菜)가 나오며, 김창

협(金昌協; 1651년~1708년)이 시금치를 주제로 쓴 '파릉(菠薐)'이라는 한시(漢詩)에서 파릉이 시근채(時根菜)라고 주(註)를 달아 놓았다.

한자 '채(菜)'는 우리말의 여러 단어에서 '추'나 '치'로 발음이 변하였으며, '배추'나 '상추/상치'가 그 예이다. 배추는 '백채(白菜)'가 변한 말이고, 상추는 '생채(生菜)'가 변한 말이며 사투리로는 '상치'라고도 한다. 비슷한 변화 과정을 거쳐 '시근채'가 '시근치'가 되었으며, 다시 '시금치'로 변화하여 오늘에 이르게 되었다.

시금치는 흔히 '철분의 왕'이라고 하며, 철분이 특별히 많이 함유되어 있다는 것이 상식으로 되어있다. 이런 오해는 1870년 각종 식품의 영양성분을 분석하는 시험을 하던 에리히 폰 볼프(Erich von Wolf) 박사가 시금치의 철분을 표기하는 과정에서 소수점을 잘못 찍어 함량이 10배나 많게 발표된 것에 기인한다.

그 후 1940년대에 다른 연구자들에 의해 이 분석치가 잘못되었다는 것이 확인되었으나, 이미 널리 알려져 버린 시금치에 대한 일반인의 '상식'은 정정되지 않고 오늘날까지 이어지고 있다. 시금치의 철분 함량은 실제보다 부풀려져 오해가 있었으나, 정정된 수치도 여전히 다른 채소류에 비하여 높은 편이며, 시금치 100g 중에는 청소년의 일일 권장섭취량의 15~20%가 함유되어 있다.

시금치가 몸에 좋다는 인식을 심어주는 데에는 '뽀빠이(Popeye)'의 영향이 크다. 뽀빠이는 1929년 미국의 만화가 엘지 시가(Elzie Segar)가 미국의 한 신문에 연재하였던 한 줄짜리 만화의 주인공이었으며, 1933년에 '뱃사람 뽀빠이(Popeye the Sailor)'라는 제목의 만화영화로 만들어져 세계 각국의 TV를 통해 방영되어 유명해졌다.

뽀빠이는 평상시에는 평범한 뱃사람이나, 시금치 통조림을 먹은 후에는 힘이 세어져 악당들을 물리치는 캐릭터이다. 이 만화영화는 미국 보건당국이 어린이에게 시금치를 많이 먹게 하려고 제작하였다고도 하며, 이 만화영화의 영향으로 '시금치는 몸에 좋다'는 인식이 전 세계 어린이에게 심어졌으며, 1930년대 미국에서는 시금치 소비가 이전보다 33%나 증가하였다고 한다.

시금치에는 철분 외에도 칼슘, 마그네슘, 요오드 등의 무기질이 많이 있으며, '비타민의 보고(寶庫)'라고 불릴 만큼 비타민A, 비타민C, 비타민E, 비타민K 등 여러 비타민이 풍부하다. 폴라신(folacin)이라고도 불리는 비타민B9은 1941년 시금치의 잎에서 처음 추출되어 엽산(葉酸, folic acid)이란 명칭이 붙었다. 시금치 100g 중에는 엽산 일일 권장섭취량의 약 50%가 들어있다. 이외에도 시금치에는 식이섬유를 비롯하여 루테인(lutein),

제아잔틴(zeaxanthin), 사포닌(saponin) 등의 성분이 들어있어 예로부터 항암효과가 있는 건강식품으로 여겨져 왔다.

시금치를 오래 삶거나 끓일 경우 베타카로틴이 삶은 물에 유출되고, 비타민C와 엽산이 파괴되기 때문에 살짝 데쳐 나물로 무쳐 먹거나 기름에 살짝 볶아서 먹는 것이 좋다. 베타카로틴을 비롯하여 비타민E, 비타민K 등은 모두 지용성이므로 시금치를 나물로 무칠 경우 참기름이나 들기름을 넣으면 흡수율을 높일 수 있다. 시금치나물 한 접시의 열량은 약 40kcal로서 살찔 걱정이 없는 저칼로리 식품이다.

시금치에는 유기산으로 수산(oxalic acid), 사과산(malic acid), 구연산(citric acid) 등이 있는데, 수산이 체내의 칼슘과 결합하면 녹지 않는 수산칼슘(CaC_2O_4)으로 변하게 된다. 이 때문에 시금치를 많이 먹으면 수산칼슘이 생겨 요도결석을 가져오게 된다는 주장도 있으나, 결석이 되는 데 필요한 수산의 양은 매일 시금치를 500g 이상 먹을 경우에 해당하며, 통상적으로 섭취하는 시금치의 양으로는 문제가 될 것이 없다.

시금치의 품종은 크게 동양종과 서양종으로 나눈다. 최근에는 계통 내 교잡 또는 동양종과 서양종 간의 교잡으로 육성한 일대잡종도 널리 보급되고 있다. 개량종은 재래종에 비해 재배 기간도 짧고 단위면적당 수확량도 많기 때문에 점차 재배가 증가하고 있다. 우리나라에서 많이 재배되는 품종은 주로 잎이 주름지고 암녹색이며, 잎의 형태는 동양종에 가까운 모양이 많다.

- 동양종: 대체로 크기가 작으며 잎 끝이 뾰족하고 잎 가장자리는 들쑥날쑥한 모양이다. 서양종에 비하여 잎의 색이 연하며 뿌리와 잎줄기가 붉은색을 띤다. 주로 가을과 겨울에 재배되기 때문에 '겨울시금치'라고도 한다.

- 서양종: 동양종에 비해 크며 잎이 두껍고 광택이 있으며 잎 표면이 주름져 있다. 주로 봄에서 여름까지 재배되므로 '여름시금치'라고도 한다.

지역명을 딴 시금치 중에 전국적으로 유명한 것이 있다. '포항초'는 경상북도 포항에서 재배되는 것으로 1980년대부터 알려지기 시작하였다. 1990년대 중반부터는 전라남도 신안의 '섬초'가 알려지기 시작하였으며, 2000년대 중반부터는 경상남도 남해의 '남해초'가 알려지기 시작하였다. 모두 바다 옆의 밭이라는 공통점이 있으며 맛이나 출하시기도 비슷하다. 처음에는 재래종 시금치였으나 요즘은 개량종을 주로 심는다.

16.
호박

　호박(pumpkin)은 척박한 토양에서도 잘 자라고 저장이 간편하여 예전부터 전국적으로 재배되어 온 채소이다. 품종에 따라 그 맛이나 용도가 다양하여 죽, 반찬, 간식 등으로 널리 이용되었다. 최근에는 건강식품으로 인식되면서 샐러드, 음료, 케이크, 요구르트, 피자, 아이스크림, 푸딩 등으로 그 쓰임새가 더욱 다양해지고 있다.

　호박의 원산지에 대해서는 인도, 아프리카, 동남아시아 등 여러 가지 설이 있었으나, 야생종의 분포로 보아 현재는 동양계 호박을 포함해 모두 아메리카 대륙이 원산지인 것으로 인정되고 있다. 우리나라에 처음 호박이 들어온 시기는 확실하지 않으며, 16세기말 또는 17세기 초로 추정된다. 우리나라에 처음 호박이 들어온 시기에 대하여 인터넷에 자주 인용되는 글로는 다음과 같은 것이 있다.

"최남선은 임진왜란 이후 고초와 함께 일본을 통해
들어왔다고 하였고, 이춘녕은 1605년으로 추정하고 있다."

"최남선은 호박의 한명(漢名) 남과(南瓜)는 남만(南蠻)에서
전래되었다는 것을 의미한다고 하였는데, 오랑캐로부터
전래된 박과 유사하다 하여 호박이라 부르게 된 것으로
추정된다."

"호박은 임진왜란 이후 선조 때 중국에서 우리나라에
들어왔는데, 승려가 먹는 채소라는 뜻의 '승소(僧蔬)'라고
불려지다가 세상에 널리 알려지게 되었다."

"우리나라 호박이 중국의 호박과 유사하다는 점에서
병자호란(1636~1637년)을 겪은 이후 1644년 명나라의
멸망과 함께 청나라에 억류되어 있던 사신이 환국하면서
가져온 것으로 추정될 뿐이다."

앞에 나오는 최남선(崔南善) 관련 글은 모두『고사통(故事通)』
을 근거로 하고 있다. 최남선은 시인이면서 역사학자였으며, 그
가 쓴 역사책인『고사통』은 1943년에 삼중당(三中堂)에서 발행
하였다. 같은『고사통』을 인용하였다 하면서 하나는 일본을 통
해 전래되었다고 하고, 다른 하나는 남만(중국)에서 전래되었다
고 하여 어느 것이 진실인지 알 수 없다.

호박의 전래 경로로는 중국 전래설과 일본 전래설이 있으나,

우리나라의 재래종이 중국의 호박과 같은 동양계이며 일본의 서양계 호박과는 차이가 난다는 점에서 일본보다는 중국에서 전래되었다는 것이 합리적이다. 호박이란 이름은 '호(胡)에서 온 박'이란 의미이다. '호(胡)'는 '오랑캐'라는 의미이며, 몽골족이 세운 원(元)나라나 만주족이 세운 청(淸)나라를 뜻하기도 한다. 우리말에서는 호떡, 호주머니 등과 같이 원나라나 청나라 때에 전래된 사물에 '호'를 붙인 것이 많이 있다.

호박의 전래 시기와 관련하여『동의보감(東醫寶鑑)』은 시사하는 바가 크다. 이 책은 선조(宣祖)의 지시에 따라 1596년부터 여러 명의 한의사가 함께 만들다가 중간부터는 허준(許浚) 단독으로 만들어 광해군(光海君) 때인 1610년에 완성한 의학서로, 시대적으로 먼저 출간된『본초강목(本草綱目)』을 참고했음에도 불구하고 호박을 기록하지 않았다.

그 이유는 어떤 작물인 줄 몰랐거나, 중국에서 나는 작물이라는 것은 알고 있었지만 조선의 백성들이 구할 수 없는 재료였기 때문에 누락시켰을 수도 있다.『본초강목』은 중국 명(明)나라의 이시진(李時珍)이 27년 동안 집필하여 1578년에 완성한 중국의 전통 약물에 관한 백과사전 성격의 책이며, 호박의 여러 효능에 대한 기술이 있다.

『동의보감』에 "호박이 산후의 붓기를 빼는 데 좋다"는 내용이 나온다고 하며, 실제로 산후 몸조리에 호박죽이나 호박즙을 먹는 사람도 있다. 그러나 이는 잘못 알려진 민간요법이며, 호박은 이뇨작용이 있으나 출산 직후의 부종을 빼려고 호박을 먹으면 오히려 신장에 무리를 줄 수 있다.

『동의보감』에 호박이 "산후에 어혈로 반진이 돋거나 아픈 것을 치료하고, 소변을 잘 나오게 한다"고 적혀있는 것은 사실이다. 그러나 이는 광물성 약재와 발음이 같아 오해에서 비롯된 것이다. 『동의보감』에 나오는 호박은 먹는 채소가 아니라 송진이 뭉쳐 굳어진 광물로서 보석으로도 쓰이는 '호박(琥珀)'을 말한 것이다.

호박에 대한 최초의 문헌은 『홍길동전(洪吉童傳)』의 저자인 허균(許筠)이 1618년에 완성한 『한정록(閑情錄)』의 '치농(治農)'편에 재배 관련 기록이 나온다. 이는 병자호란보다 훨씬 전의 일로서 병자호란 이후에 호박이 전래되었다는 것은 시기적으로 맞지 않는다. 연대적으로 보면 임진왜란(1592년~1598년) 이후라고 하는 것이 타당하나, 1600년대 초기에는 아직 널리 퍼지지는 않고 절을 중심으로 일부에서만 재배되다가 병자호란 이후에 일반에게도 널리 전파된 것으로 추정된다.

호박은 익을수록 단맛이 증가하는데 이는 당분이 많아지기 때문이다. 호박의 탄수화물은 전분, 설탕, 포도당 등이 주성분으로 소화·흡수가 잘되어 노약자나 환자의 식사에 적합하다. 호박은 비타민과 미네랄이 풍부한 편이며 식이섬유도 비교적 많이 함유하고 있어 쉽게 포만감을 주므로 다이어트식품으로 적당하다.

호박은 품종과 성숙도에 따라 영양성분에 차이가 있으나 탄수화물, 단백질, 비타민, 미네랄 등이 골고루 함유되어 있어 균형 있는 영양소 공급에 도움을 주는 식품으로서 손색이 없다. 호박은 녹황색 채소의 대표로서 특히 비타민A와 비타민C의 함량이 높고 저장성이 좋아 겨울철에 부족하기 쉬운 비타민을 공급하는 데 유용하였다.

속이 노란 호박일수록 비타민의 함량이 높은 편이며, 특히 단호박의 경우는 다른 호박보다 비타민의 종류와 함량이 높다. 단호박에는 다른 호박에는 거의 없는 엽산(비타민B₉), 비타민E, 비타민K 등이 포함되어 있다. 애호박은 완전히 성숙하지 않은 것을 식용으로 하기 때문에 다른 호박에 비하여 당분이나 비타민 등 영양소가 다소 부족한 편이나 비타민B₁만은 가장 많이 들어있다. 쥬키니호박에는 비타민C가 특히 많이 함유되어 있다.

우리나라 사람들은 김치, 된장찌개 등 짠 음식을 자주 먹기 때문에 세계보건기구(WHO)의 일일섭취제한 권장량(2,000㎎)

보다 약 2배나 되는 나트륨을 섭취하고 있다고 한다. 따라서 나트륨과 칼륨의 적정 비율을 유지하기 위해서는 나트륨 섭취를 줄이고 칼륨 섭취를 늘릴 필요가 있다. 호박에는 나트륨은 아주 적은 데 비하여 칼륨의 함량이 매우 높아 고혈압 등 나트륨 과잉섭취에 따른 질병을 예방하는 데 도움이 된다.

현재 전 세계에서 재배되고 있는 호박의 종류는 매우 많으나 크게 멕시코 남부 원산의 동양계호박(*Cucurbita moschata*), 남아메리카 원산의 서양계호박(*Cucurbita maxima*), 멕시코 북부와 북아메리카 원산의 페포계호박(*Cucurbita pepo*) 등 3종류로 나뉜다. 때로는 미성숙한 과실을 주로 이용하는 것(청과용 호박)과 성숙한 과실을 이용하는 것(숙과용 호박)으로 구분하기도 한다.

서양계호박은 일제강점기인 1920년대에 이주 일본인에 의해 도입돼 한때 재배가 많이 됐으나, 해방 후 '왜호박'이라 불리며 배척되었다가 1980년대 중반 들어 일본에 수출되면서 재배 면적이 차츰 넓혀졌다. 시간이 흘러 1990년대에 이르러서는 민족감정을 자극하는 '왜호박'이라는 이름 대신 단맛을 강조하는 '단호박'으로 불리며 일반화되었다. 페포계호박인 쥬키니(Zucchini)는 1955년에 국내에 도입되었다. 우리나라에서 주로 재배되는 호박으로는 다음과 같은 것이 있다.

■ 애호박: 동양계호박으로 우리나라에서 가장 많이 재배되는 종류이다. 오이처럼 긴 원통형으로 생겼고 연녹색을 띠며 꼭지와 표면에 털이 있다. 주로 미숙과를 이용하며 국이나 찌개, 전 등 요리 재료로 활용된다.

■ 풋호박: 동양계호박이며 애호박과 비슷한 종류이나 모양이 구형(球形)이나 계란형인 청과용 호박을 말한다. 주로 국이나 찌개, 나물용으로 이용된다.

■ 청둥호박: 동양계호박으로 '늙은호박' 또는 '맷돌호박'이라고도 불린다. 모양은 둥글넓적하고 주름이 많으며, 주황색으로 익은 성숙과를 이용한다. 애호박보다 단맛과 깊은 맛이 있고, 산모나 성형수술 직후 붓기 빼기 및 체력회복에 도움이 된다는 속설이 있어 이용되거나, 죽을 쑤어 먹기도 한다.

■ 단호박: 서양계호박으로 청둥호박의 축소판 같은 외관을 지니나 청둥호박이 주황색인데 비하여 단호박은 보통 암녹색이다. 성숙과를 이용하며 단맛이 강해 주로 쪄서 먹지만 청둥호박처럼 죽을 쑤기도 하며 떡, 과자, 빵, 아이스크림, 샐러드 등 다양한 식품의 재료로 이용되기도 한다.

■ 쥬키니호박: 페포계호박으로 '마디호박' 또는 '돼지호박'이라고도
한다. 대체로 애호박보다 더 길고 녹색이 짙으며 털이 없고 매끈해
서 애호박과 구분된다. 용도는 애호박과 동일하며 가격이 싸기 때
문에 애호박의 대체용으로 사용되나, 애호박보다 맛이 부족하고
육질이 무르다.

17.
오이

    등산을 할 때면 배낭 속에 오이를 챙기는 등산객이 많다. 등산길에 목이 마르거나 입이 심심해질 때 꺼내서 먹으면 갈증이 가시면서 속이 든든해져 산행길이 가뿐해지기 때문이다. 오이는 박과(科)의 한해살이 덩굴식물로 수분이 많고 맛이 깔끔하여 전 세계적으로 재배되고 있는 중요한 식용작물의 하나이다. 오이는 생으로도 먹지만 피클, 소박이, 장아찌 등 여러 요리에 쓰인다.

    오이(cucumber)의 원산지는 인도 서북부 히말라야 남쪽 산기슭에서 오이의 야생종이 발견되고 인도에서 기원전부터 재배되고 있었다는 점 등을 근거로 인도를 원산지로 보는 것이 정설로 받아들여지고 있다. 인도의 오이는 고대 그리스에 전해져 점차 유럽 전체로 전파되었으며, 중국에는 BC 126년 한(漢)나라의 장건(張騫)이 사신으로 서역에 갔다가 귀국할 때 가져왔다고 한다.

우리나라에 도입된 시기는 정확히 알 수 없으며, 오이의 전래와 관련되어 인터넷에서는 "『고려사』에 의하면 남북국시대에 오이(黃瓜)의 재배에 관한 기록이 있고 『해동역사』의 기록 등으로 보아 한국에 오이가 도입된 시기는 약 1,500년 전으로 추정된다"는 인용이 가장 많다.

남북국시대(南北國時代)는 신라가 백제와 고구려를 멸망시킨 후 고구려의 유민인 대조영(大祚榮)이 발해를 세워 남과 북이 대치하던 시기(698년~926년)를 말한다. 그런데, 지금(2000년대)부터 1,500년 전이면 500년경으로 삼국시대에 해당하고, 발해가 건국된 해는 698년이므로 연대적으로 맞지 않는다.

현재 사적 375호로 지정된 광주광역시 광산구 신창동(新昌洞) 유적지에서는 벼를 비롯하여 밀, 보리, 호밀 등의 곡물과 오이, 참외 등 채소류의 씨앗이 발견되었다. 이 유적지는 초기 철기시대인 기원전 1세기경의 것으로 추정되었으며, 이는 우리나라에 오이가 전래된 시기가 삼국시대 초기이거나 그 이전일 수도 있음을 시사한다.

신라 말기의 저명한 스님인 도선(道詵)은 승려로서보다는 음양풍수설의 대가로서 널리 알려져 있으며, 『도선비기(道詵秘記)』라는 책을 저술하기도 하였다. 그는 827년에 태어났는데 그

의 탄생설화에 오이가 등장한다. 그리고『고려사(高麗史)』'열전
(列傳)'에 나오는 고려의 건국공신이며 898년에 태어난 '최웅(崔
凝)'과 관련된 태몽에서도 오이가 나온다. 이로써 신라 말에는
오이가 널리 재배되어 일상 속에 자리 잡았음을 알 수 있다.

　오이가 도입된 경로도 중국을 통해서인지 해상을 통해 인도
에서 전해진 것인지 확실하지 않다.『삼국유사(三國遺事)』의 '가
락국기(駕洛國記)'에는 가락국의 시조인 수로왕(首露王)이 인도
아유타국(阿踰陁國)에서 온 허황옥(許黃玉)을 왕비로 삼았다는
내용이 나온다. 이는 당시에 한 무리의 인도인들이 집단적으로
이주하였음을 알려주며, 그들이 오이의 씨를 가지고 왔을 가능
성도 시사한다. 어쩌면 해상을 통해 남쪽으로 전래된 것과 중
국을 통해 북쪽으로 전래된 것이 모두 존재할 수도 있다.

　오이란 명칭의 어원도 확실히 밝혀진 것이 없으며, 일부에서
는 인도 타밀어에서 유래된 것이라고 추정하기도 한다. 중국에
서는 오이가 서역에서 전래되었다고 하여 '호과(胡瓜)'라고 부르
다가 나중에 '황과(黃瓜, huángguā)'로 바뀌어 지금까지 쓰이고
있다. 우리의 옛 문헌에서도 '호과(胡瓜)'나 '황과(黃瓜)'라는 표현
이 나온다.

　그러나 민간에서 전해져 온 오이의 옛말은 '외' 또는 '물외'였
다. 외의 흔적은 요즘도 사용되는 '외씨버선'에 남아있다. 외씨

버선은 '오이씨처럼 볼이 좁고 갸름하여 맵시가 있는 버선'을 말한다. 이 외가 2음절인 오이로 변한 것이다. 물외는 단맛이 있는 참외와 구분하여 부르던 것이다.

오이는 영양학적으로 수분이 많아 칼로리가 낮고, 비타민류와 미네랄이 골고루 들어있으나 칼륨 외에는 함량이 낮은 편이다. 오이의 높은 수분 함량은 갈증을 없애주는 역할을 하고, 오이의 이뇨효과는 주로 칼륨에 의한 것이다. 독특한 향미와 씹히는 감촉 때문에 오이냉국, 생채무침 등으로 이용된다. 그러나 오이의 향은 호불호(好不好)가 심하여 향 때문에 오이를 싫어하는 사람도 있다.

오이의 꼭지부분을 먹으면 쓴맛이 나는데, 이것은 쿠쿠르비타신(cucurbitacin)이라는 성분 때문이다. 이것은 항염증 작용, 항암 효과 등이 있다고 하나 쓴맛 때문에 식용으로 하는 일은 거의 없다. 이 물질은 산에 약하기 때문에 오이를 잘라 묽은 식초에 담그거나, 초절임 또는 피클로 가공하면 없어진다.

또한 오이에는 비타민C를 분해하는 아스코비네이스(ascorbinase)가 있어 날것이나 즙을 내어 비타민C가 많은 다른 식품과 함께 먹는 것은 바람직하지 않다. 아스코비네이스는 산이나 염에 약한 특성을 가지고 있으므로 식초나 식염을 첨가하여 요리하면 이 효소의 작용이 억제된다.

오이는 주로 덜 익은 미숙과를 이용하나 노각오이처럼 완숙과를 이용하기도 한다. 일반 오이도 수확하지 않고 그대로 두면 노랗게 변하고 이것도 노각오이(늙은오이)라고 부르기도 하나 완숙과를 목적으로 품종 개량된 노각용 오이에 비하여 과육도 얇고 식감도 떨어진다. 오이의 품종은 크게 화남형(華南型), 화북형(華北型), 유럽형 및 잡종군의 4계통으로 구분된다.

■ 화남형: 화남형은 중국의 화남(華南)과 화중(華中), 동남아시아, 일본 등에서 적응·발달된 품종군으로 남지형(南支型)이라고도 한다. 화남형의 오이는 대체로 원통형이다.

■ 화북형: 중국의 화북(華北), 중앙아시아, 우리나라 등에서 적응·발달된 품종군으로 북지형(北支型)이라고도 한다. 화북형은 과실 표면에 주름과 가시가 많고, 가늘고 긴 형태이며, 육질이 치밀하다.

■ 유럽형: 유럽과 미국 등지에서 적응되어 발달한 품종군으로 온실형, 슬라이스형, 피클형으로 구분된다. 온실형은 영국에서 온실용으로 재배되기 시작한 품종들로서, 과실이 굵고 긴 것이 특징이다. 슬라이스형은 지중해지방의 서늘한 기후에 적응된 것으로 노지재배용 품종이며, 과실은 가늘고 길다. 피클형은 육질이 단단하여 절

임용으로 이용되는 품종군으로 잎이 작고 마디가 길다.

■ 잡종군: 잡종군 오이는 화남형과 화북형 오이의 교잡에 의하여 이루어진 것으로 두 계통의 단점들을 보완하고 있다.

우리나라에서 재배되고 있는 품종은 크게 겨울 오이인 취청, 여름 오이인 청풍과 가시오이, 봄·가을 오이인 다다기 등 4가지로 분류된다.

■ 취청오이: 남부지방에서 주로 재배되는 화남형 오이로서 가시가 흑색이고 큰 것이 특징이고 오이색은 청록색이며, 크기는 25~30cm 정도이다.

■ 다다기오이: 중부지방에서 주로 재배하는 품종으로 화남형에 속한다. 꼭지 부위는 녹색을 나타내지만 중간 부위부터는 흰색 내지 엷은 녹색을 나타내는 반백색이며, 크기는 20~23cm 정도이다. '다다기'는 '열매가 마디마다 다닥다닥 달린다'고 하여 붙여진 명칭이다.

■ 가시오이: 경남지역에서 한여름에 재배되는 화북형 오이이다. 과실

표면에 주름이 많고 요철이 심하며, 크기는 30~35cm 정도로서 큰 편이다. 가시가 많아 가시오이라고 불린다.

■ 청풍오이: 대부분 강원도에서 여름철에 재배되고 있으며, 화북형 오이이다. 짙은 녹색이며 표면에 붙은 가시가 아주 작아 미끈하고 광택이 있는 게 특징이다. 크기는 23~25cm 정도이다.

18.
가지

가지(eggplant)는 우리나라에서 과기부터 재배되어온 채소로
서 주로 반찬으로 이용하여 왔으며, 우리 민족의 명절인 정월
대보름에 오곡밥과 함께 먹던 나물에는 가지가 반드시 포함되
었다. 선명하고 광택이 있는 짙은 보라색의 가지는 보기에 먹음
직스럽고, 쫄깃하고 부드러운 식감은 사랑을 받기에 충분하다.

가지의 원산지는 인도로 추정되고 있으며, 세계 각지에 150여
종이 분포하고 있다. 우리나라에 전래된 시기는 정확히 알 수
없으나, 중국 송(宋)나라 때인 1195년에 구종석(寇宗奭)이 발간
한 『본초연의(本草衍義)』에 신라에서 재배되고 있는 가지에 대
해 "꼭지가 길쭉하고 끝은 달걀 모양인데, 맛이 달다"는 기록이
있는 것으로 보아 통일신라시대 또는 그 이전부터 재배된 것으
로 보인다.

우리나라는 중국을 통하여 가지가 전래된 것으로 여겨진다.

가지의 어원은 중국어에서 가지를 가리키는 '치에쯔(茄子, qiézi)'에서 온 것으로, 한자인 '茄子'를 우리말 발음으로 '가자'라고 하던 것이 변하여 '가지'가 된 것이다. 참고로, 일본어에서는 같은 한자를 쓰면서 '나스(茄子, なす)'라고 발음한다.

가지는 겉보기와는 달리 수분이 93% 이상으로 다른 채소에 비하여 비교적 많아 칼로리가 낮은 편이며, 비타민이나 미네랄도 다른 채소류에 비해 적게 들어있어 영양학적으로 별로 주목받지 못하였다. 그러나 요즘은 다이어트식품이나 건강식품으로서 새롭게 인식되고 있다.

가지의 보라색 껍질에는 안토시아닌(anthocyanin)이란 색소가 풍부하게 함유되어 있다. 안토시아닌은 식물의 꽃이나 열매 등에서 적색, 청색 또는 보라색을 나타내는 색소이다. 안토시아닌은 항산화 작용이 뛰어나 노화방지는 물론 각종 성인병과 암을 예방하는 효과가 있으며, 눈의 피로를 풀어주고 야맹증 환자의 시력을 향상시키는 것으로 알려져 있다.

가지는 일반적으로 내부 씨앗이 커지거나 단단해지기 전인 미숙 상태에서 수확한다. 익히지 않은 가지에는 솔라닌(solanine)이라는 독성 물질이 있다. 솔라닌이라는 이름은 가지속(屬)의 학명인 'Solanum'에서 유래한 것이다. 가지 외에도 감자, 고추, 담배, 토마토 등 가지속 식물은 대부분 솔라닌을 가지고 있다. 솔라닌은 수용성이 아니기 때문에 물에 담가 놓아도 제거되지도 않고, 285℃가 넘어야 분해되기 때문에 삶거나 끓인다고 파괴되지도 않는다.

솔라닌은 주로 감자에 많이 들어있기 때문에 '감자독'이라고도 불리며, 솔라닌을 많이 섭취하면 구토, 현기증, 복통 등의 증상을 나타내는 식중독에 걸릴 수 있다. 가지에 들어있는 솔라닌은 양이 적기 때문에 가지를 먹어도 아린맛을 느끼는 정도이다. 가지를 날로 먹으면 떫은맛이 나는데 이것은 타닌(tannin)이라는 성분 때문이다. 타닌은 물에 녹기 쉬운 수용성이기 때문에 요리하기 전에 가지를 절단하여 물에 담가두면 제거할 수 있다.

가지는 품종에 따라서 열매의 모양이나 색깔에 차이가 있다. 가지의 형태는 달걀 모양, 공 모양, 긴 모양 등이 있으며, 우리나라에서는 보통 긴 모양의 가지가 재배되고 있다. 우리나라에서 주로 재배되는 품종은 다음과 같다.

■ 쇠뿔가지: 우리나라에서 가장 많이 재배하고 있는 재래종으로서 쇠뿔처럼 끝이 뾰족하게 생긴 가지이다. 껍질은 두껍고 흑자색(黑紫色)이며, 과육은 단단하다. 크기와 모양은 지역에 따라 조금씩 차이가 있다.

■ 흑진주: 껍질은 흑자색으로 윤이 나며, 과육은 연하다. 크기는 30cm 정도이다.

■ 신흑산호: 껍질은 짙은 흑자색을 띠며 광택이 강하고, 꼭지 부위까지 완전히 착색된다. 크기는 30cm 정도이다.

■ 가락장가지: 껍질은 광택이 있는 흑자색이며, 과육은 부드럽다. 과실의 상하 굵기가 일정하며, 크기는 25~30cm 정도이다.

19.
참깨

참깨(sesame)는 고소한맛의 대명사로서 우리의 식생활에서 중요한 역할을 담당하고 있다. 서양인의 요리에 올리브유가 자주 이용되듯이 고소함을 즐기는 우리의 식탁에서 참기름과 볶음참깨는 빠질 수 없는 양념이다. 고소한맛은 우리나라 사람만이 느낄 수 있는 맛으로 다른 나라에는 고소한맛에 해당하는 단어가 없다.

참깨의 원산지는 아프리카 열대지방이라는 설과 인도라는 설이 있다. 30여 종의 참깨 근연(近緣) 야생종이 아프리카에서 발견되었으나, 최근의 연구 결과 인도 서부의 야생종이 참깨(Sesame indicum)의 직접 선조로 밝혀져서 인더스강 유역을 참깨의 기원지로 보고 있다. 인류가 참깨를 재배한 역사는 매우 오래되었으며, BC 3000년 이전으로 추정된다.

중국에 참깨가 전래된 시기는 확실하지 않고, BC 138년 장건

(張騫)이 서역에서 들여왔다고도 하며, 늦어도 중국에 불교가 도입된 기원전 1세기 무렵 불교와 함께 전래되었을 가능성이 있다. 그러나 남아시아와 중국 사이의 작물 교환이 기원전 2000년경부터 여러 루트를 통해 존재하였기 때문에 그 이전에 이미 참깨가 중국에 전래되었을 수도 있다. 문헌상 가장 오래된 기록은 기원전 1세기경에 작성된 『신농본초경(神農本草經)』에 나오는 '호마(胡麻)'이다.

우리나라의 참깨 전래는 확실치 않으나, 일본 문헌에 6세기에 백제로부터 불교가 도입될 무렵 참깨도 함께 도입되었다는 기록이 있어, 삼국시대 이전부터 재배돼 온 것만은 확실하다. 우리나라에서 참깨에 대한 기록이 나오는 최초의 문헌은 고려 말인 1236년경에 간행된 『향약구급방(鄕藥救急方)』이다.

옛 문헌에 참깨는 한자로 '호마(胡麻)', '지마(芝麻)', '지마(脂麻)', '유마(油麻)', '향마(香麻)' 등으로 썼고, 가장 많이 사용된 것은 호마(胡麻)이다. 참깨가 전래되기 전에도 한반도에서는 들깨를 식용으로 하고 있었으며, 참깨는 들깨보다 더 좋은 기름을 짤 수 있으므로 '참깨'라 부르게 되었다. '임(荏)' 또는 '임자(荏子)'는 원래 들깨를 의미하는 한자였으나, 참깨에 '참 진(眞)'을 붙여 '진임(眞荏)', '진임자(眞荏子)' 등으로 부르기도 하였다. 검은 참깨를 '흑임자(黑荏子)'라고 하는 것도 같은 이유다.

참깨는 주로 기름을 짜서 이용하지만, 단백질도 약 20% 함유되어 있어 양질의 단백질을 얻을 수 있다. 다른 나라에서는 그냥 기름을 얻는 종자로서 인식하여 말린 참깨 그대로 기름을 추출하여 이용하고 있으나, 우리의 선조들은 참깨를 적당히 볶았을 때 고소한 향과 맛이 난다는 것을 발견하였다. 참기름을 고소한 맛을 부여하는 조미료로 이용하는 것은 우리나라뿐이다.

참깨는 예로부터 불로장생의 영약으로 귀하게 여겼으며, 젊음을 유지시켜 주는 식품으로 취급되었다. 또한 『아라비안나이트(Arabian Night)』의 '알리바바와 40인의 도적'에 나오는 동굴을 여는 유명한 주문이 "열려라 참깨(Open, Sesame)"였을 만큼 주술적·종교적 의미도 지니고 있었다.

참깨에는 45~55% 정도의 기름이 함유되어 있으며, 인류가 기름을 얻기 위한 수단으로 재배한 유지작물(油脂作物) 중에서 재배 역사가 가장 긴 것으로 알려져 있다. 참기름의 지방산 조성은 팔미트산 7~12%, 스테아르산 3~6%, 올레산 35~46%, 리놀레산 35~48%, 리놀렌산 0~2%, 기타 0~1% 등으로 옥수수유와 유사하다.

참기름이 불포화지방산의 함량이 많으면서도 다른 식용유보다 산화안정성이 높은 것은 리그난(lignan)이란 성분이 존재하기 때문이다. 리그난은 폴리페놀(polyphenol)의 일종으로서 참깨에는 세사민(sesamin), 세사몰린(sesamolin), 세사몰(sesamol), 세사미놀배당체(sesaminolglucoside) 등의 리그난이 비교적 많이 함유되어 있다.

세사민 등 리그난 성분은 강력한 항산화 효과가 있어서 과산화지질의 생성을 억제하여 노화를 지연시키고, 암세포의 증식을 억제한다. 또한 혈중 콜레스테롤 수치를 떨어뜨리며, 알레르기를 억제하고, 면역기능을 향상시키는 것으로 알려져 있다. 이런 효능들 때문에 참깨의 리그난 성분은 새로운 건강기능식품의 소재로 주목을 받고 있다.

국내에서 재배되고 있는 참깨의 품종은 10여 종이 있으며, 크게 흰깨와 검은깨로 구분된다. 우리나라의 참깨 자급률은 약 10%로서 대부분을 수입에 의존하고 있기 때문에 국산 참깨의 품종은 큰 의미가 없고, 국산이냐 수입산이냐가 더욱 큰 관심사일 수밖에 없다. 참깨는 기계화가 쉽지 않은 작물이어서 인도, 중국, 미얀마, 탄자니아, 나이지리아, 에티오피아 등 비교적 노동력이 풍부하며 인건비가 상대적으로 낮은 국가들이 주요 생산국이다.

20.
들깨

들깨(perilla)의 원산지는 우리나라를 비롯하여 중국, 일본 등 동부아시아라는 설과 인도의 고지(高地)와 중국 중남부 등이 원산지라는 설이 있으나, 오래전부터 식용으로 한 곳은 우리나라밖에 없다. 다른 나라에서는 등잔불용 기름을 짜기 위한 유지작물(油脂作物)로 재배하였거나, 약용식물로 여겼을 뿐이다.

요즘은 참깨와 들깨를 통틀어 '깨'라 부르고 있으나, 원래 깨는 들깨를 지칭하던 것이었다. 우리나라에서 들깨는 오랜 옛날부터 들판에 자생하던 식물이었으며, 삼국시대 이전에 이미 재배하였을 것으로 추정된다. 나중에 참깨가 전래됨에 따라 두 작물을 구분하기 위해 '참깨'와 '들깨'로 부르게 된 것이다.

들깨와 참깨는 이름도 비슷하고, 고소한 맛을 내는 조미료로 사용되는 공통점이 있어 유사한 식물로 오해될 수도 있으나, 들깨는 꿀풀과(Laviatae)에 속하고 참깨는 참깨과(Pedaliaceae)에 속하여 전혀 다른 식물이다. 들깨는 길이 2.5㎜, 폭 2.3㎜ 정도 되는 둥근 모양이고, 참깨는 길이 3㎜, 폭 1.8㎜, 두께 0.8㎜ 정도의 뾰족하고 긴 모양이다. 잎의 모양도 들깨는 크고 넓적한 데 비하여 참깨의 잎은 좁고 길쭉하다.

옛 문헌을 보면 들깨는 한자로 임(荏), 임자(荏子), 자소(紫蘇), 소엽(蘇葉), 소자(蘇子), 야소(野蘇), 백소(白蘇), 유마(油麻), 수임자(水荏子), 수소마(水蘇麻) 등으로 기록되어 있다. 옛날에는 식물 분류에 대한 개념이 없었기 때문에 들깨와 차조기의 구분이 명확하지 않았으며, 자소(紫蘇), 소엽(蘇葉), 소자(蘇子) 등은 차조기에 해당하는 명칭이다.

차조기는 들깨속(Perilla)의 식물로 들깨와 비슷하며, 주로 한방 약재로 사용되고, 잎을 식용으로 하기도 한다. 들깨와는 아주 가까운 근연종(近緣種)으로 서로 교배가 가능하여 품종개량에 이용되기도 한다. 들깨와 차조기의 가장 큰 차이는 색깔로서 들깨는 잎과 줄기가 녹색인 데 비하여 차조기는 전체적으로 자주색이다. 차조기의 잎에는 털이 거의 없고 테두리가 톱니처럼 생겼으며, 들깨에 비하여 향이 짙다.

들깨에는 약 40%의 지질이 있으며, 들기름에는 다른 식물성 식용유에는 별로 없는 오메가3 지방산인 리놀렌산이 약 63%나

들어있어 영양학적으로 주목을 받고 있다. 또한 들깨에는 비타민B₁, 비타민E 등의 비타민과 칼슘, 철분, 마그네슘 등의 미네랄이 많이 포함되어 있다.

쌈용으로 먹는 채소인 깻잎은 참깨의 잎이 아니라 들깨의 잎을 말하는 것이다. 깻잎은 들깨를 수확하기 전에 일괄적으로 채취하기도 하나, 요즘은 깻잎의 수확을 목적으로 깻잎 전용 품종을 재배하는 것이 일반적이다. 깻잎은 전용 품종을 비닐하우스에서 재배하여 연중 생산이 가능하며, 파종 후 40~50일이면 수확이 가능하다.

깻잎은 잎 모양이 하트형이고, 초록색으로 윤기가 있으며, 뒷면은 보라색이 선명한 것이 좋다. 다 자란 깻잎은 쓴맛이 나기 때문에 어린 줄기에 달린 작은 잎이 좋다. 깻잎에는 베타카로틴(비타민A), 비타민C, 비타민E 등의 비타민과 철분, 칼슘, 칼륨, 아연, 마그네슘 등의 미네랄이 많이 포함되어 있다. 특히 철분은 '철분의 왕'이라고 하는 시금치보다도 많이 함유되어 있다.

깻잎에는 페릴알데하이드(perillaldehyde), 페릴라케톤(perillaketone), 리모넨(limonen) 등의 방향성 정유성분이 들어있으며, 그 독특한 향은 돼지고기나 생선회를 먹을 때 느끼한 맛이나 비린내를 없애주고 입맛을 돋우어 준다. 깻잎은 쌈채소로 먹기도 하지만 깻잎김치, 깻잎장아찌 등으로 이용하기도 한다.

들깨의 품종은 종자의 크기에 따라 소립종, 중립종, 대립종으로 구분하기도 하고, 색깔에 따라 백색종, 회색종, 갈색종으로 구분하기도 한다. 주로 재배되는 것은 갈색종이다. 전국적으로 재래종이 많이 재배되고 있으며, 개량종으로는 들깨용이 20여 품종, 깻잎용이 10여 품종 보급되어 있다.

21.
고추

세계에서 한국을 대표하는 특색 있는 식품으로 평가받고 있는 김치와 고추장의 주원료로 사용되는 고추는 우리의 식생활에서 빼놓을 수 없는 향신료이다. 고추가 우리나라에 도입된 역사는 길지 않으나, 인구 기준 소비량으로 볼 때 우리나라는 세계에서 고추를 가장 많이 소비하는 국가 중의 하나이다.

고추는 가지과에 속하는 식물로서 남아메리카 아마존강 유역이 원산지이며, 남아메리카 원주민들은 BC 4000년 이전부터 고추를 재배하였다고 한다. 유럽에는 콜럼버스가 1493년에 신대륙을 발견하고 귀국길에 고추씨를 스페인으로 가져간 이후 전파되었다.

우리나라에 고추가 도입된 시기나 경로에 대해서는 관련된 학자들의 연구내용이 서로 상충되는 것들이 많으며, 아직 명확하게 결론이 나지 않았다. 일반적으로는 임진왜란 무렵 일본을 통하여 들어왔다는 설이 지지를 받고 있으나, 이외에도 명(明)나라 말기에 중국을 통해 도입되었다는 설과 원래부터 우리나라에 자생하고 있었다는 설이 있다.

고추에 관한 우리나라 최초의 기록은 1614년 이수광(李睟光)이 편찬한 『지봉유설(芝峯類說)』이며, 여기에 '남번초(南蕃椒)' 또는 '왜개자(倭芥子)'라고 쓰인 기록이 있다. 1610년에 편찬된 『동의보감』이나 1596년에 편찬된 중국의 『본초강목』에는 고추가 나오지 않는다. 고추의 전래 경로에 대해서는 이견이 있으나, 고추가 급속도로 퍼지기 시작한 것은 임진왜란(1592년~1598년) 이후였다.

섭취 가능한 모든 것이 총망라돼 있다는 『본초강목』에 고추가 기록되지 않았다는 것은 당시에 중국에는 고추가 아직 전래되지 않았거나, 전래되었더라도 널리 퍼지지는 않았다는 것을 의미한다. 중국에서 고추에 대한 기록은 1620년경 황봉지(黃鳳池)의 『당시화보(唐詩畵譜)』에 나오는 '남번초(南蕃椒)'이다. 이런 점들을 고려할 때 중국에 고추가 전해진 것은 명나라 말인 16세기 말~17세기 초로 추정되어 우리나라에 고추가 재배되기 시작한 시기와 비슷하다. 따라서 시기적으로 중국에서 우리나라로 고추가 전래되기는 어려웠을 것이다.

고추가 일본에서 유입됐다는 설은 『지봉유설』의 기록에 근거한다. 『지봉유설』에 "남번초에는 독이 있다. 왜국에서 처음 온 것이며, 속칭 왜개자(倭芥子)라 한다"는 내용이 나온다. 또한 1943년에 출판된 최남선의 『고사통(故事通)』에서도 "고초(苦椒)의 초전(初傳)도 연초(烟草)와 함께 일본군(日本軍)을 따라 들어온 것이오"라고 적고 있다. 즉, 고추도 담배와 함께 일본군이 가지고 왔다는 것이다.

한국식품연구원 권대영 박사 등이 2009년에 고추의 일본 전래설을 반박하는 연구 내용을 발표하였다. 권박사님의 연구에 의하면 임진왜란 이전에도 우리나라에 고추가 존재하였다는 근거가 될 기록들이 있다고 하였다. 그 예로 세종(世宗) 15년(1433년)의 『향약집성방(鄉藥集成方)』, 세조(世祖) 6년(1460년)의 『식료찬요(食療簒要)』, 성종(成宗) 18년(1487년)의 『구급간이방(救急簡易方)』, 중종(中宗) 22년(1527년)의 『훈몽자회(訓蒙字會)』 등의 문헌을 제시하였다.

그러나 이 연구는 크게 두 가지 문제점이 지적되고 있다. 하나는 우리나라에 고추가 자생하고 있었다고 하였는데 현존하는 야생 고추종의 DNA 기원은 전부 남미이며, 아시아권에 기원을 둔 고추종은 없다는 점이다. 다른 하나는 위의 문헌들에 나오는 '고쵸', '椒' 등이 고추를 의미하는 것인지 불확실하다는 것이다. 한자 '초(椒)'는 산초(山椒), 천초(川椒), 호초(胡椒) 등 매운맛이 있는 향신료를 통칭하는 것이며, '고쵸'는 고추가 아니라 후추 또는 산초를 의미한다는 반론이 있다.

고추가 일본에서 전래되었다는 것을 부정하는 측은 오히려 임진왜란 무렵 조선에서 일본으로 고추가 전래되었다는 기록이 일본 문헌에 나오며, 일본에서 고추를 '고려후추(高麗胡草)'라고 불렀고, 지금도 고추를 '도오가라시(唐辛子, とうがらし)'라고 부르는 것이 그 증거라고 한다. 일부 일본 문헌에 그런 표현이 있는 것이 사실이기는 하나 대부분의 일본 문헌은 일본에서 조선으로 고추가 전래되었다는 것을 정설로 보고 있다.

참고로, 주류를 이루는 일본 문헌에 의하면 일본에 고추가 전래된 시기는 1542년 또는 1552년 포르투갈인 선교사에 의해 전해졌으며, 조선에는 임진왜란 이전에 왜구(倭寇)를 통하여 전해졌을 것이라 추정하고 있다. '唐辛子'란 이름에 대해서도 단어의 의미는 '당(唐)'에서 전래된 겨자(辛子)'가 맞으나, '당(唐)'은 '외국'을 지칭하는 것이지 '중국'에 한정되지는 않는다고 한다.

고추의 어원에 대하여는 고초(苦椒)가 변하여 고추가 되었다는 것이 일반적이다. 오늘날에는 '고(苦)'가 '쓰다'는 뜻으로 쓰이나 조선시대에는 '맵다'는 뜻으로도 쓰였고, 따라서 '苦椒'는 '매운 초(椒)'라는 의미이다. 일부에서는 '苦椒'가 아니라 '고초(苦草)'가 어원이라고 하나, 이는 '쓴(매운) 풀'이라는 의미로 주로 열매를 이용하는 고추의 어원으로는 부적절하다.

영어로 고추는 'hot pepper'이다. 'red pepper'라고도 하나 이는 영어권에서는 주로 빨간 피망이나 파프리카를 가리키는 단어이다. 피망이나 파프리카는 모두 고추(*Capsicum annuum*)와 같은 종(種)이며, 품종만 다를 뿐이다. '피망(piment)'은 프랑스어이고 '파프리카(paprika)'는 네덜란드어이며, 모두 고추의 일종인 작물을 가리키는 말이다.

프랑스어에서 'piment'은 고추류 일반을 말하며, 우리가 피망이라고 부르는 것을 프랑스어로는 '뿌아브롱(poivron)'이라고 한다. 영어에서는 피망과 파프리카를 모두 'bell pepper' 또는 'sweet pepper'라고 한다. 한국원예학회에서 발간한 『원예학 용어집(1994)』에서는 피망과 파프리카를 모두 '단고추'로 분류하고 있다. 피망은 주로 녹색 상태인 미숙과로 수확하나, 파프리카는 대부분 착색된 후에 수확한다.

우리나라에서 생산된 파프리카는 상당부분 일본으로 수출되며, 피망과 파프리카를 다른 작물로 인식하게 된 것은 일본의 영향을 받았기 때문이다. 일본에서는 상업적으로 차별화하기 위해서 파프리카와 피망을 구분하여 부르고 있다. 먼저 일본에 들어온 피망은 프랑스어인 'piment'을 일본식으로 발음해 '피망(ピーマン)'이라 불렀고, 피망의 개량종으로 나중에 수입된 파프리카에는 네덜란드어인 '파프리카(パプリカ)'라는 명칭을 붙였다.

고추의 장점을 이야기 하면서 흔히 비타민A와 비타민C가 풍부한 식품이라고 하지만 건조한 붉은고추, 말리지 않은 붉은고추, 녹색의 풋고추를 뭉뚱그려서 말하는 것은 올바른 표현이라 할 수 없다. 비타민A는 풋고추에는 미량이 있을 뿐이고, 성숙하여 붉게 되었을 때 증가하게 되며, 건조하면 함유량은 더욱 높아지게 된다.

비타민C의 경우 풋고추에도 비교적 많이 들어있고, 익어가면서 함량은 2배 이상 높아지게 된다. 그러나 건조하게 되면 급격히 감소하여 풋고추보다도 적어진다. 우리의 식문화를 볼 때 말리지 않은 붉은고추는 사용 빈도가 낮고, 양념으로는 주로 고춧가루(말린 붉은고추)가 사용되며, 생식용으로는 풋고추가 이용된다. 따라서 '고추'라고 일반화하여 말하는 것은 부당하며, 건조하지 않은 생(生)고추에는 비타민C가 많다고 하여야 할 것이다.

고추의 매운맛은 캡사이신(capsaicin)이라는 성분 때문이며, 고추의 여러 가지 효능은 주로 이 성분의 역할이다. 캡사이신은 풋고추보다는 붉게 익은 고추에 많으며, 과피(果皮)보다는 종자나 종자가 붙어있는 흰 부분에 많이 들어있다. 우리나라에서 재배되고 있는 일반고추의 성숙과에는 100g당 40~50㎎ 정도 들어있다. 캡사이신은 건조과정에서 열에 의해 손실되며, 말린 고추의 캡사이신은 100g당 약 30㎎ 정도이다. 맵기로 유명한 청양고추의 캡사이신은 100g당 250~300㎎ 정도로서 일반고추의 6~7배이며, 풋고추에 비하여는 12~15배에 해당하는 양이다.

캡사이신은 암을 예방하거나 치료하는 효과가 있는 것으로 알려져 있다. 또한 캡사이신은 신진대사를 촉진하고 체지방을 줄여 비만을 예방한다고도 한다. 그러나 캡사이신의 항암 효과 및 다이어트 효과는 아직 실험실적인 것이며, 일상적인 식사를 통하여 섭취하는 수준의 캡사이신 함량 정도로는 어떤 효과를 기대하기 어렵다. 유효성분을 추출·농축한 건강기능식품 또는 약품의 형태가 되어야 가능할 것이다.

고추의 품종은 수천 종이 있으나 크게 매운맛의 신미종(辛味種)과 매운맛이 약하고 단맛이 있는 감미종(甘味種)으로 구분하며, 우리나라에서는 감미종이 주로 이용된다. 풋고추가 익으면 홍고추가 되지만 주 수확 목적에 따라 크게 조미료로 쓰이는 건고추(홍고추)용 품종과 생식용으로 쓰이는 풋고추용 품종으로 나누어지며, 건고추용 품종이 대부분을 차지한다.

홍고추는 과실이 진홍색으로 착색되고 표면이 주름졌을 때가 매운맛 성분인 캡사이신이 가장 많아서 수확의 적기이다. 수확한 홍고추는 수분 함량이 높아 그대로 장기간 저장하면 잘 썩고, 무게가 있어 수송에도 불편하며 많은 비용이 들므로 대부분 바로 건조하게 된다.

건조 방법에는 햇볕에 말리는 천일건조, 비닐하우스를 이용하는 하우스건조, 열풍건조 등이 있으며, 천일건조나 하우스건조는 건조 시간이 많이 소요되고 건조 기간 중 부패할 위험이 크므로 대부분 열풍건조를 한다. 천일건조한 고추는 '양건(陽乾)고추'라고도 하며, 열풍건조한 고추는 '화건(火乾)고추'라고도 한다.

고추는 품종마다 매운맛과 단맛에 차이가 있는데 품종이 워낙 다양하여 소비자가 품종별로 선택할 수 있는 경우는 거의 없다. 고추는 서로 다른 품종이 바람에 의한 수정으로 쉽게 교잡종을 만들고, 고춧가루 가공공장에서도 품종의 구별 없이 수매하므로 특정 품종의 고춧가루를 구입한다는 것은 거의 불가능하다 할 수 있다.

고추의 맛을 결정하는 요소로 품종 외에 재배지의 환경이 있다. 우리나라 농가에서는 해마다 잡다한 종자를 그대로 심어왔기 때문에 지방에 따라 여러 특산 품종이 생겨나서 약 100여 종에 이르고 있다. 이것들은 주로 산지의 명칭을 따서 불리고 있으며 각기 특색을 가지고 있다. 그 가운데 비교적 널리 알려진 홍고추는 다음과 같다.

■ 음성고추: 충청북도 음성군(陰城郡)은 한강과 금강이 나누어지는 분수령으로 지역이 청정하며 배수가 양호한 사질 토양과 충분한 일조량, 밤낮의 적정한 일교차 등 고추 재배에 적합한 조건을 지니고 있다. 음성 지역에서 생산되는 고추는 매운맛과 향기가 강한 고추 특유의 맛이 있으며, 껍질이 두꺼워 고춧가루가 많이 나오는 특징이 있다. 특히 색깔의 광택이 곱고 선명하며, '음성청결고추'란 고유 브랜드로 전국에 판매되고 있다.

■ 영양고추: 경상북도 영양군(英陽郡)은 해발고도가 높고 일교차가 큰 지역으로서 예로부터 품질 좋은 재래종 고추가 재배되던 곳이었으며 특히 수비면(首比面)의 '수비초'와 일월면(日月面) 칠성리(七星里)의 '칠성초'가 유명하다. 수비초는 매우면서도 달콤한 맛과 아삭아삭한 식감이 과일을 연상케 한다. 칠성초는 짧고 붕어 모양처럼 생겼다고 해서 일명 '붕어초'라고 불리며, 과피가 두꺼워 고춧가루가 많이 나오고, 비교적 매운맛이 약하다.

■ 청양고추: 청양고추는 두 가지로 구분하여 말해야 한다. '청양에서 재배한 고추'와 매운맛이 강한 품종인 '청양고추'이다. 지명과 품종명이 같아서 일어나는 혼동이다. 일반적으로 청양고추라 하면 거의가 품종으로서의 청양고추를 말한다. 충청남도 청양군(靑陽郡)에

서 생산되는 고추는 주로 고춧가루용 고추로서 과피가 두껍고 단맛이 강한 특징이 있다.

품종으로서의 청양고추는 중앙종묘(현재는 몬산토코리아)에서 개발하여 1983년에 품종 등록을 한 고유의 상표명이다. 제주산 재래종과 태국산 고추를 잡종 교배하여 개발하였으며, 풋고추용 품종이다. 개발 당시 경상북도 북부 지역인 청송(靑松)과 영양(英陽)에서 임상재배에 성공하여 청송의 '청(靑)'과 영양의 '양(陽)'을 따서 '청양고추'라는 상표명으로 등록하였다. 이름과는 달리 실제 재배는 주로 경상남도에서 하고 있으며, 밀양(密陽)에서 전국 생산량의 70% 정도를 생산하고 있다.

풋고추용 품종은 열매의 특성에 따라 크게 녹광형(일반계), 청양형(신미계), 꽈리형, 할라페뇨형, 오이형 등으로 나눌 수 있다.

■ 녹광형: 가장 많이 재배되는 대표적인 풋고추 품종으로 매운맛이 적고 광택이 우수하다. 크기는 12~14cm 정도이다.

■ 청양형: 재래종과 유사한 고유의 얼큰한 매운맛과 감칠맛을 지닌 품종으로 크기는 7~9cm 정도이다. 매운맛이 강하며, 대표적인 품종으로 청양고추가 있다.

■ 꽈리형: 1960년대 말에 일본에서 전해진 고추이며, 명칭은 표면이 꽈리처럼 쭈글쭈글하게 생겼다 하여 붙여졌다. 육질이 연하고 부드러워 풋고추 및 조림용으로 알맞으며, 크기는 일반 풋고추보다 작은 5~7cm 정도이다.

■ 할라페뇨형: 모양은 포탄형이고 과피가 두꺼우며, 과육이 치밀하고 아삭하다. 매운맛이 적당해서 생식용 또는 절임용으로 사용되며, 크기는 약 7cm 정도이다.

■ 오이형: 녹광형 고추와 피망을 교잡해 만든 개량종이다. 녹광형 고추와 모양은 비슷하나 훨씬 크며, 색상은 짙은 녹색이다. 매운맛이 거의 없어 '오이고추'라고 부르기도 하고, 껍질이 연하고 과육이 부드럽고 아삭거린다고 하여 '아삭이고추'라 불리기도 한다.

22.
마늘

  마늘(garlic)은 백합과(百合科, Liliaceae) 부추속(*Allium*)의 식물로서 우리의 식탁에서 없어서는 안 될 중요한 양념으로 사용되어 왔으며, 동양의학에서는 오래전부터 약리효과가 인정되어 각종 질병의 치료에 활용되어 왔다. 서양의 경우에는 얼마 전까지만 해도 육류의 비린내를 없애고 음식의 향을 돋우는 향신료로서만 취급되었으나, 최근에는 항암을 비롯한 다양한 효능이 알려지면서 건강식품으로 주목을 받고 있다. 2002년 미국의 시사주간지인 《타임(Time)》이 선정한 '10대 건강식품'에 꼽히기도 하였다.

  마늘은 야생종이 중앙아시아 지역을 중심으로 분포되어 있으므로 이곳을 마늘의 원산지로 추정하고 있다. 그러나 선사시대에 이미 지중해 연안까지 전파되어 이집트를 중심으로 널리 재배하였으므로, 오늘날 마늘의 원산지는 이집트로 보기도 한다. BC 2500년경에 축조된 이집트의 피라미드 벽면에 노무자에게 나누어준 마늘의 양에 관한 기록이 있다고 하며, 이미 이 시기에 마늘이 일상생활에 널리 사용되었음을 알 수 있다.

부추속의 식물은 전 세계에 수백 종이 있으며, 중국에서는 100여 종이 발견되고 있다. 『본초강목』에는 "중국에는 산에 산산(山蒜), 들에 야산(野蒜)이 있었고, 재배한 것을 산(蒜)이라 하였다. 한나라의 장건(張騫)이 서역에서 산의 새로운 품종을 가져오게 되니 이것을 대산(大蒜) 또는 호산(胡蒜)이라 하고, 전부터 있었던 산은 소산(小蒜)이라 하여 서로 구별하게 되었다"는 기록이 있다.

마늘이 우리나라에 도입된 시기는 정확히 알 수 없으나, 단군신화에 마늘이 등장하고 있는 것으로 보아 우리민족이 한반도에 정착할 때 이미 마늘을 이용하였던 것으로 추정된다. 그런데 단군신화에 나온 마늘을 야생에서 자생하던 달래로 보는 의견도 있다. 단군신화는 『삼국유사(三國遺史)』에 실려 있으며, 원문에는 '산(蒜)'으로 표기되어 있다. 한자 산(蒜)은 마늘, 달래, 파, 부추 등 부추속 식물을 총칭하는 단어이며, 이 산의 해석에 따라 의견이 나뉘는 것이다.

옛날에는 체계적인 식물분류가 있었던 것이 아니기 때문에 문헌마다 조금씩 내용이 다르게 기록되어 있는 경우가 많다.

『훈몽자회』에서는 "산(蒜)은 마늘, 소산(小蒜)은 달래, 야산(野蒜)은 족지"라 했고, 『동의보감』에서는 "대산은 마늘, 소산은 족지, 야산은 달랑괴"로 구분하였다.

위의 기록들을 보면 『본초강목』과 『동의보감』에서는 대산을 마늘로 보았고, 『본초강목』에서는 산과 소산을 같은 것으로 보았으나, 『훈몽자회』에서는 다른 것으로 보았다. 『훈몽자회』에서는 소산을 달래로 보았으나, 『동의보감』에서는 소산을 족지로 보았다. 그런데 다른 문헌을 보면 족지를 산달래로 풀이하기도 하고, 달랑괴가 달래의 옛말이라고도 하여 혼란을 더욱 부추긴다.

마늘과 달래는 모두 부추속의 식물로 마늘의 학명은 '*Allium sativum* Linne'이고, 달래의 학명은 '*Allium monanthum* Maxim'이다. 장건에 의해 오늘날의 마늘과 같은 종자인 대산이 도입되기 전의 산(소산)은 달래와 유사한 것이었을 수도 있다. 그런데 달래는 최근까지도 재배되지 않고 산과 들에 자생하는 것을 채취하여 식용으로 하였으며, 우리나라에서 달래가 재배되기 시작한 것은 1990년대이다. 『본초강목』에서 산은 재배하는 것이라 하였으니 달래가 아니라 마늘의 한 품종일 가능성을 배제할 수 없다.

문헌에 확실한 기록이 발견되지 않아 우리나라에서 지금의 마늘을 언제부터 재배하기 시작하였는지는 알 수 없다. 일부에서는 『삼국사기(三國史記)』에 기록된 "신라에서는 매년 입추(立秋) 후 해일(亥日)에 산원(蒜園)에서 후농제(後農祭)를 지냈다"는 내용에 근거하여 신라시대에 마늘을 재배하였다고 주장하기도 한다. 그들은 '산원(蒜園)'을 '마늘밭'으로 해석한 것이다.

그런데 후농(後農)은 '농경(農耕)의 신'이며, '오곡(五穀)의 신'인 후직(后稷)의 별칭이므로 추수철인 가을에 제사를 지내는 것은 이해할 수 있으나, 왜 하필이면 마늘밭이냐는 의문이 생긴다. 한자 '원(園)'은 '밭'이란 의미 외에도 '뜰'이나 '동산'이란 뜻도 있으며, 산원(蒜園)은 마늘밭이 아니라 '달래가 많이 자라는 언덕'에서 유래된 지명(地名)일 수도 있는 것이다.

마늘이 전래된 시기뿐만 아니라 '마늘'이란 단어의 어원도 정확히 밝혀진 것이 없다. 인터넷에서 가장 많이 이용되는 것은 몽골어인 '만끼르(manggir)'에서 유래되었다는 설이다. 그 내용은 "만끼르(manggir)에서 'gg'가 탈락된 마닐(manir) → 마ⓥ → 마늘의 과정을 겪은 것으로 추론된다"는 것이다.

그런데 이 주장은 어떤 근거도 제시하고 있지 못하고, 심지어 중간에 '마ⓥ'와 같이 명백한 오류가 있음에도 똑같은 내용을 단순히 퍼 나르고 있을 뿐이다. 또는 알타이어의 고어인 '메늘(ménr)'에서 유래되었다는 설도 있는데, 이는 만끼르 유래설보다도 신빙성이 없어 보인다.

고종(高宗) 7년(1870년) 황필수(黃泌秀)가 저술한『명물기략(名物紀畧)』에는 마늘의 어원에 대해 "한자로는 '산((蒜)'이라 하고, 맛이 매우 날(辣)하므로 속언으로 '맹랄(猛辣)'이라 하였고, 이것이 변하여 '마랄'이 되었고, 다시 '마늘'이 되었다"고 풀이하고 있다. 그런데, 옛 문헌에 마늘을 '맹랄(猛辣)'로 표기한 예를 찾아볼 수 없고, 기원전부터 재배하였을 것으로 추정되는 식물에 우리말 고유어가 없었다는 것도 상상하기 어려우므로 이 설명은 신빙성이 매우 낮다.

마늘의 성분상 특징은 각종 미네랄이 풍부하다는 점이다. 그런데, 마늘의 기본적인 역할은 고기 등의 비린내를 제거하여 음식의 맛을 내는 향신료이며, 요리에 사용되는 양을 고려할 때 일반적인 성분은 큰 의미가 없다. 마늘의 대표적인 성분은 알리인(alliin)이라는 유황화합물이며, 마늘 조직이 상처를 입게 되면 알리이네이스(alliinase)라는 효소의 작용으로 알리신(allicin)이란 매운맛 물질로 변화한다. 마늘은 백합과 식물 중에서 매운맛이 가장 강하며, 마늘 특유의 냄새는 알리신에 기인한 것이다.

마늘은 향신료로서의 본래의 역할 외에도 예로부터 건강식품이나 각종 질병의 예방과 치료제로 사용되어 왔다. 동서양을 막론하고 마늘의 대표적인 효능은 정력 증강 및 스태미나 보강 작용이다. 고대에서 현대에 이르기까지 마늘은 인체에 이롭다는 기록과 문헌은 있으나 해롭다는 내용은 찾아볼 수 없으며, 마늘은 인체의 건강을 종합적으로 보강해주는 부작용이 없는 식품이다.

마늘 100g에는 약 1mg의 아연(Zn)이 함유되어 있으며, 아연은 정자나 난자의 생성을 촉진시키는 미네랄이며, 마늘을 먹으면 발기력 증강에 도움이 되는 것으로 알려져 있다. 이 때문에 마늘을 먹으면 음심(淫心)이 생긴다고 하여 수행하는 스님들의 금기식품(禁忌食品)으로 취급되고 있다.

최근에는 마늘이 피로회복, 항암작용, 항노화작용, 혈전용해, 살균 등의 효과가 있는 것으로 밝혀져 예로부터 전통적으로 내려오던 약리효과가 과학적으로 입증되고 있다. 이런 효과는 마늘 중에 포함되어 있는 여러 종류의 황화알릴화합물(allyl sulfides)을 비롯하여 셀레늄(Se), 게르마늄(Ge) 등의 미네랄 때문이다. 양념갈비 등에서와 같이 육류를 마늘과 함께 버무려두면 오래 보관하여도 상하지 않는 것은 알리신의 살균효과 때문이다.

마늘의 각종 효능을 제대로 발휘하게 하려면 마늘을 썰거나 다져서 마늘의 세포를 파괴한 후 10분 정도 두었다가 요리에 사용하는 것이 좋다. 마늘의 유효성분인 알리신이나 각종 황화합물은 세포가 파괴되어 효소가 활성화되어야만 생성되므로 이런 화학반응이 이루어질 충분한 시간이 필요하기 때문이다. 요즘은 다진마늘이 상품으로 판매되기도 하며, 마늘을 갈거나 다져서 냉동보관하고 필요시마다 조금씩 꺼내어 사용하는 주부들도 많은데 마늘을 이용하는 방법으로는 아주 좋은 방법이라고 볼 수 있다.

통마늘 상태에서는 유효성분이 생성되지 않고, 냄새도 나지 않으므로 향신료로서의 기능도 못한다. 마늘을 굽거나 삶으면 냄새가 나지 않는 것은 알리이네이스가 열에 의해 불활성화되기 때문이다. 생마늘을 썰거나 다져서 일단 알리신 등의 유효성분이 형성된 이후에는 가열하여도 효소만 기능을 상실할 뿐이고 유효성분의 기능은 거의 그대로 유지된다.

우리나라에서 재배되는 마늘은 보통 중북부지방에서 재배되는 한지형(寒地形)과 남부지방에서 재배되는 난지형(暖地形)으로 구분한다. 한지형 품종은 우리나라 재래종으로 마늘의 쪽수가 6쪽 내외이므로 '6쪽마늘'이라고도 부른다. 서산종, 의성종, 단양종 등이 있다. 난지형은 일부 재래종도 있으나 대부분 외국에서 도입된 품종이며, 다음과 같은 것이 있다.

■ 남도마늘: 중국 상하이 지방에서 재배하는 마늘을 도입해 개량시킨 것으로 한지형 마늘보다 매운맛이 덜하고 저장성이 약하여 주로 풋마늘용이나 햇마늘용으로 이용한다. 마늘 쪽수는 9~11개 정도이다.

■ 대서마늘: 스페인에서 도입된 품종이며 남도마늘과 겉모습이 비슷하며, 매운맛이 덜하여 장아찌를 담그는 데 많이 사용하므로 '장아찌마늘'이라고도 한다. 쪽은 작고 크기가 일정하지 않으며, 쪽의 수는 보통 12쪽 이상이다.

■ 자봉마늘: 인도네시아에서 도입된 품종이며 다른 마늘에 비해 매우 일찍 성숙하는 조생종이다. 주로 풋마늘용이나 햇마늘용으로 이용된다. 마늘 쪽수는 10~11개 정도이다.

■ 제주종 및 해남종: 재래종으로 마늘 쪽수는 9~10개 정도이다.

마늘은 주로 많은 영양성분을 저장하고 있어 비대해진 땅속의 비늘줄기를 식용으로 하지만, 마늘의 꽃줄기 역시 장아찌를 담그거나 볶음 등으로 이용한다. 마늘의 꽃줄기는 흔히 '마늘쫑'이라 하지만 '마늘종'이 표준어이다. '마늘싹' 또는 '마늘속대'

라고도 하며, 한자로는 '산대(蒜薹)'라고 한다.

마늘종은 마늘의 부산물이고 마늘종을 제거해 주어야 마늘의 발육이 잘 된다. 마늘종은 마늘을 수확하기 20~30일 전에 채취하게 된다. 아직 마늘종 수확을 주목적으로 재배하는 경우는 없으므로 제철이 아닌 계절에 유통되는 마늘종은 수입산이다. 수입은 대개 중국산이며 뉴질랜드산이 일부 있다.

23.
파

우리나라 음식의 요리법에서 자주 접히는 깃이 "파, 마늘, 간장 등 갖은양념을 넣고"라는 설명이다. 그만큼 파는 한국음식에서는 빼놓을 수 없는 재료이다. 김치의 양념에 기본이 되는 등 주로 음식의 보조재로서 사용되지만 파김치, 파무침, 파전 등 주재료로 이용되기도 한다. 예로부터 한방에서는 감기에 좋다고 전해져 오는 대표적인 식품의 하나이다.

파(spring onion)는 마늘과 마찬가지로 백합과에 속하는 다년생 초본식물이며, 파의 원산지는 중국 서부로 추정되고 있다. 중국을 비롯한 동아시아에서는 옛날부터 중요한 채소로 재배하고 있으나 서양에서는 거의 재배하지 않는다. '파'의 어원은 알 수 없으며, 한자로는 '총(蔥)'이라고 한다.

우리나라에 파가 전래된 시기는 알 수 없으며, 문헌상 최초로 파(蔥)가 보이는 것은 고려시대인 1236년에 편찬된 『향약구급방(鄕藥救急方)』이고, 1241년에 고려 후기의 문신인 이규보(李奎報)의 시를 모아 편집한『동국이상국집(東國李相國集)』에도 파를 소재로 한 시가 실려 있다. 이로써 최소한 고려시대 이전에는 우리나라에서 파가 재배되었던 것으로 보인다.

파의 영양성분은 품종에 따라 다소 차이는 있으나 대체로 유사하며, 백색부분보다는 녹색부분에 더 많은 영양성분이 들어 있다. 파는 수분이 90% 이상이고, 단백질이나 지질은 거의 없으나 탄수화물 및 섬유질은 비교적 많은 편이다. 파를 다듬다 보면 단맛이 나고 미끈미끈한 점질성 물질이 나오는데 이는 식이섬유의 복합물이 수분을 흡수하여 팽윤(膨潤)된 것에 과당, 포도당, 설탕 등의 당류가 녹아있는 것이다. 이들 수용성 탄수화물류는 파의 녹색부분보다는 백색부분에 많이 함유되어 있다.

파의 성분을 보면 칼슘, 인, 철, 칼륨 등 미네랄류가 많은 것이 특징이다. 비타민 중에는 비타민A와 비타민C가 비교적 풍부하지만, 이들 비타민은 주로 녹색부분에 들어있고 백색부분에는 거의 없다. 마늘의 주요 약효성분인 알리인(alliin)은 함유량은 적으나 파에도 들어있다. 파의 자극적인 냄새는 이 알리인에서 유래된 알리신과 황화합물인 황화알릴(allyl sulfide) 때문이다.

파는 보통 대파, 쪽파, 실파 등으로 구분하며, 대파는 주로 백색 줄기 부분을 이용하고 쪽파와 실파는 줄기와 잎 전체를 이용한다. 실파는 생김새가 실처럼 가늘다고 하여 붙여진 명칭이며, 실파가 성숙하면 대파가 된다. 실파는 가늘고 길게 쭉 뻗은 뿌리 부분을 제외하면 쪽파와 유사하게 생겨 쪽파 대용으로 흔히 쓰는데, 쪽파보다 매운맛이 덜하다. 쪽파의 생김새는 잎줄기는 실파처럼 생겼고, 땅속줄기는 작은 양파처럼 둥글게 생긴 것이 특징이다.

파의 품종은 크게 씨앗으로 번식하는 대파(실파)와 영양번식(營養繁殖)하는 쪽파로 구분된다. 쪽파는 영양번식하므로 마늘처럼 생긴 씨쪽파(種球, 종구)를 구해서 심어야 한다. 대파는 땅속에 있는 마디에서 새로운 줄기가 나오는 분얼(分蘗)의 유무에 따라 외대파와 분얼파로 구분하기도 한다.

■ 외대파: 한 개의 모종이 굵기와 길이만 자라고 분얼이 되지 않으며, 크기에 따라 길이가 30cm 정도인 실파, 중간 크기의 엇파, 길이가 40cm 이상으로 큰 대파로 나눈다. 봄부터 가을까지 생장이 계속되나 동절기에는 휴면하므로 '여름파'라고도 한다. 가장 많이 재배되고 있는 품종이며, 주로 흰 줄기를 길고 굵게 재배한 대파를 식용으로 하므로 '줄기파'라고도 한다.

■ 분얼파: 우리나라 재래종 파로서 '조선파'라고도 하며, 점점 재배면적이 줄고 있다. 겨울이 되어도 휴면하지 않는 품종이어서 '겨울파'라고도 하며, 따뜻한 지방이 아니면 생육이 불가능하다. 한 개의 모종에서 4~5개에서 많은 경우는 9~12개의 줄기가 생길 때도 있다. 분얼파는 외대파에 비하여 흰 줄기가 가늘고 짧으며 잎이 가늘다. 잎이 부드럽고 맛이 좋은 편이어서 주로 푸른 잎을 식용으로 하므로 '잎파'라고도 한다.

24.
양파

양파(onion)는 백합과에 속하는 식물로서 전 세계적으로 널리 재배되는 채소이다. 양파는 재배 역사가 가장 오래된 작물 중의 하나로서 선사시대부터 이용되었다. 양파가 이처럼 오래 전부터 재배될 수 있었던 것은 타 작물에 비하여 저장하여도 잘 부패하지 않고, 단단하여 운반이 용이하며, 다양한 토양과 기후에서도 기르기 쉬운 장점이 있기 때문이다.

양파의 원산지에 대하여는 이란, 파키스탄 등 서아시아 지방이라는 설, 타지키스탄, 우즈베키스탄 등 중앙아시아 지방이라는 설, 지중해 연안이라는 설 등이 있으나 아직 야생종이 발견되지 않아 확인되지 않고 있다. 그러나 BC 4000년경 고대 이집트의 피라미드에 양파에 대한 기록이 남아있고, 성경의 구약성서에도 양파에 대한 글이 여러 곳에서 나오고 있으므로 재배 작물로서의 원산지는 지중해 연안이라고 추정된다.

중국에는 중동과의 교역이 빈번했던 당(唐)나라 때인 7세기 초에 중동이나 인도를 통해 전파된 것으로 추정된다. 우리나라는 1610년에 편찬된 『동의보감』에 '자총(紫蔥: 적양파)'에 대한 기록이 있어 늦어도 16세기 후반에서 17세기 초반에는 양파가 전래된 것으로 보인다. 그러나 널리 재배되지는 않았고, 실질적인 도입은 20세기 초 개화기에 일본이나 미국을 통해 들어온 것으로 보인다.

1908년에 발행된 『한국중앙농회보(韓國中央農會報)』에 1906년 뚝섬에 설치된 원예모범장(園藝模範場)에서 양파를 시험 재배한 결과에 대한 기록이 있다. 양파는 일본식으로 '다마네기(玉蔥, たまねぎ)'라고 불리기도 하였으나, 현재는 '서양에서 들어온 파'라는 의미의 '양파(洋파)'가 일반적인 호칭이 되었다. 파는 잎의 녹색부분과 줄기의 백색부분을 모두 이용하나, 양파의 경우는 비늘줄기가 발달한 둥근 부분만 이용하고, 녹색의 잎 부분은 거의 식용으로 하지 않는다.

양파의 주 용도는 향신료로서 음식에 풍미를 부여하는 것이나, 다양한 요리에 소재로 사용되기도 하며, 즙을 내거나 생식으로도 이용되고 있다. 양파의 영양성분은 품종, 수확시기, 토양, 기후 등에 따라 다소 차이는 있으나 대개 수분 약 90%, 탄수화물 약 8%, 단백질 약 1% 정도이고, 지방은 거의 없다. 양파는 포도당, 과당, 설탕, 맥아당 등의 당분이 있어 생식을 하여도 단맛이 난다.

양파는 마늘과 마찬가지로 유황화합물을 함유하고 있어서 톡 쏘는 특유의 냄새를 낸다. 양파를 가열하게 되면 효소가 불활성화되어 매운맛은 사라진다. 양파를 가열하면 단맛이 더욱 강해지는데, 이는 양파의 냄새 성분 중 하나인 아릴디설파이드(allyldisulfide)가 분해되어 설탕보다 약 50배 단맛이 강한 프로필메르캅탄(propylmercaptan)이란 물질로 변하기 때문이다.

양파에도 마늘에 있는 알리인(alliin)이란 성분이 있기 때문에 항암작용, 항산화작용, 혈전용해, 살균 등의 약리적 효과가 있다. 기름진 음식을 매일 먹는 중국인들이 성인병에 잘 걸리지 않는 것은 양파가 중국음식에 빠지지 않고 들어가 거의 끼니마다 양파를 먹기 때문이라고 한다.

지금까지 알려진 양파의 유효성분은 150여 종에 이르나 그 모두의 효능이 증명된 것은 아니며, 그중에는 평상시 식용으로 하는 부분과 관계없는 것도 있다. 예로서, 양파의 강력한 항산화성분으로 잘 알려져 있는 퀘르세틴(quercetin)이란 물질은 플라보노이드(flavonoid) 색소의 일종으로서 양파의 갈색 껍질 부분에 들어있는 것이다. 퀘르세틴이 아무리 효능이 좋다고 하여도 식용으로 하지 않는다면 아무 효과가 없으며, 양파의 효능을 강조하면서 퀘르세틴을 언급한다면 공허하게 들릴 뿐이다.

또한 양파와 건강에 관한 연구는 대개 매일 50g의 양파를 섭취하는 것을 기준으로 하는 경우가 많은데, 이는 양파를 평소에 많이 소비하는 국가의 경우에 해당하는 것으로, 그와 같은 실험의 결과를 그대로 인용하여 양파의 효능을 설명하는 것은 무리가 있다.

보통 크기의 양파 1개는 150~200g 정도로서, 50g은 양파 1/4~1/3개에 해당하며 우리나라의 식생활 현실과는 거리가 있다. 양파는 건강에 유용한 성분이 포함되어 있는 채소이므로 평소에 적극적으로 섭취하려는 노력을 하는 것은 좋으나, 너무 양파에만 의존하려는 태도는 경계하여야 한다.

양파는 품종이 다양하여 현재 종자협회에 등록 또는 생산판매신고가 되어 있는 품종은 1천 종이 넘으며 색상, 맛, 숙기(熟期) 등에 따라 구분하기도 한다. 양파의 껍질 색깔은 농도에 차이는 있으나 백색계통, 적색계통 및 황색계통으로 분류하고 있다. 백색계통의 양파는 국내에서 거의 재배되지 않고 있으며, 적색계통 품종도 매우 한정적으로 재배되고 있고, 대부분 황색계통의 품종이다.

양파의 품종은 단 양파와 매운 양파로 구분할 수도 있으며,

우리나라에서는 대부분 매운 양파를 재배하고 단 양파는 생식용으로서 극히 일부에서 재배하고 있다. 종묘회사에서 내놓은 자료에 의하면 품종에 따른 맛 차이가 일부 표시되어 있기는 하지만 겉모습으로 구분하기 힘들고, 농협의 수매 현장에서도 품종의 차이는 중요하게 여기지 않는다. 따라서 소비자가 품종을 선택하여 구입하는 것은 불가능하다.

우리나라에서 재배되는 양파는 숙기에 따라서 조생종과 만생종으로 구분하기도 한다. 조생종은 주로 제주도와 남부해안 지역에서 재배되고 있으며, 만생종은 전국적으로 재배되고 있다. 전에는 조생종은 편평형, 만생종은 구형의 양파가 주류였으나 최근에는 조생 및 만생의 구분 없이 구형에 가까운 품종 위주로 개발되고 있으며, 조생종은 만생종에 비해 상대적으로 매운맛이 약하다.

25.
부추

부추는 우리나라에서는 오래전부터 식용으로 하여 온 채소로서 부추김치, 부추된장국, 부추전 등을 비롯한 다양한 요리의 주재료 및 부재료로 사용되었다. 부추는 독특하고 강한 맛 때문에 일상적으로 이용되지는 못하였으나, 최근에는 건강식품으로 새롭게 인식되어 소비가 늘고 있다.

부추의 원산지는 동북아시아로서 중국의 동북부에는 지금도 부추가 자생하고 있는 곳이 있다고 한다. 중국에서는 기원전부터 부추가 재배되었으며, 우리나라에서는 삼국시대부터 재배된 것으로 추정되고 있다. 현재도 부추는 중국을 비롯하여 우리나라, 일본, 태국, 필리핀 등 동아시아에서 주로 재배되고 있으며, 서양에서는 거의 재배하지 않고 있다. 부추는 영어로 'Chinese leek'라고 하며, 'Chinese chive' 또는 'Korean leek'로 번역되기도 한다.

부추는 백합과(Liliaceae) 부추속(*Allium*)의 식물이며, 마늘이나 파와 식물분류상 매우 가까운 종류이다. 백합과 식물의 특징은 땅속의 비늘줄기가 여러 겹 합쳐져 있다는 점이며, 비늘줄기가 백여 개 모여 있다는 의미로 '백합(百合)'이라 부르게 된 것이다.

부추는 작물로서 재배하기 오래전부터 산이나 들에서 자생하던 것을 채취하여 식용으로 하였다. 부추가 표준어이나 지방에 따라 졸, 솔, 정구지, 소풀, 부채, 부초, 난총 등으로 나양하게 불린다. 한자로는 '구(韭)', '구채(韭菜)', '난총(蘭葱)' 등으로 표기되었다. 구(韭)는 구(韮)라고도 썼으며 땅 위로 돋아난 부추의 이파리 모양을 본뜬 글자이고, 난총(蘭葱)은 잎이 난과 비슷하고 비늘줄기가 파를 닮아서 붙인 이름이다.

우리의 문헌에서 부추가 나오는 것은 1236년에 나온 『향약구급방(鄕藥救急方)』이 처음이다. 『향약구급방』은 약재나 병의 한어명(漢語名)에 해당하는 우리말(鄕名)을 차자(借字)로 기록하여 민간인들이 쉽게 알 수 있도록 하였다. 차자(借字)는 한자 본래의 뜻과는 관계없이 음이나 훈(訓)을 빌려다 쓰는 한자를 말한다. 약재에 대한 설명에서 부추를 한자로 '구(韭)'라고 적고, 차자(借字)로 '후채(厚菜)'로 기록하였다.

부추의 영양성분은 다른 채소류에 비하여 섬유질이 많고, 철

및 비타민A(베타카로틴), 비타민C 등의 비타민류가 풍부한 것이 특징이다. 부추는 알리인(alliin)을 비롯한 유황화합물을 함유하고 있어 독특한 향미가 있으며, 강장(强壯) 효과가 우수한 것으로 알려져 있다.

부추는 예로부터 '양기(陽氣)를 북돋워주는 풀'이라고 하여 '기양초(起陽草)' 또는 '장양초(壯陽草)'라고 하였다. 또한 정력을 위하여 집을 허물고라도 가꾸는 채소라 하여 '파옥초(破屋草)'라고도 한다. 방언인 정구지 역시 '정력(精力)을 오래 유지시켜준다'는 뜻의 '정구지(精久持)'에서 유래된 것이다.

특히 봄에 처음 나는 부추가 정력에 가장 좋은 것으로 여겨졌으며, 이와 관련하여 "봄 부추는 아들 대신 사위에게 준다"는 속담이 있다. 이는 정력에 좋은 부추를 아들에게 주면 좋아할 사람은 며느리이니 딸을 위해 사위에게 먹이겠다는 의미가 숨어 있는 것이다.

부추는 불교에서 수양을 하는 스님들이 금해야 할 오신채(五辛菜)에 속하는 식물이다. 오신채는 마늘, 파, 부추, 달래, 홍거(興渠) 등 다섯 종류의 강한 자극이 있는 채소를 말한다. 홍거를 제외하면 모두 백합과 부추속의 식물이며, 정력을 증진시켜 음욕(淫慾)을 일으키므로 수행을 방해한다 하여 금기시한 것이다.

흔히 홍거를 우리나라 들이나 산에서 자라는 무릇이라고 설명하고 있으나, 홍거의 학명은 'Ferula assafoetida'이며, 무릇의 학명은 'Scilla scilloides'로서 홍거와 무릇은 전혀 다른 식물이다. 홍거는 인도 이외에는 거의 재배되지 않는 향신료의 일종으로서 마늘이나 파와 유사한 맛을 내는 식물이다.

부추는 오래전부터 재배되면서 여러 재래종이 생겼다. 이 재래종 부추들은 '조선부추'라고 하며, 잎의 폭이 비교적 좁은 편이다. 중국에서 들어온 부추는 '호부추' 또는 '중국부추'라고 하며 조선부추에 비하여 길이가 길고 두툼한 편이다. 시장에서 흔히 볼 수 있는 부추는 대부분 일본에서 개발된 품종이다. 시장에서는 재래종과 외래종의 구분 없이 '일반부추'라는 이름으로 판매되고 있다.

부추 중에서 경기도 양주(楊州) 지역에서 주로 재배하는 재래종 품종은 일반부추보다 영양성분이 뛰어나다 하여 '영양부추'라고 한다. 잎의 폭이 아주 좁아 솔잎 모양을 하고 있어 '솔부추' 또는 '실부추'라고도 하며, 일반부추와는 눈으로 금방 식별이 가능하다.

영양부추는 거친 환경에서도 잘 죽지 않으며, 일반부추와 달리 씨앗 번식이 되지 않아 주로 줄기로 번식시키고 있다. 일반부추는 1년에 6~7번 수확을 할 수 있는 데 비해 영양부추는

2~3회밖에 거두지 못하여 수확량이 떨어지며, 가격은 비싼 편이다. 영양부추는 조직이 단단하기 때문에 아삭한 느낌이 있어 샐러드용으로 적당하다.

26.
미나리

우리나라는 세계적으로 미나리를 가장 많이 생산하고 소비하는 국가이다. 일본이나 중국에서도 미나리를 식용으로 하지만 가장 즐겨먹는 민족은 한국인이다. 미나리는 독특한 향기와 쌉쌀한 맛이 있어 해산물의 비릿한 맛을 없애줄 뿐만 아니라 피를 맑게 해준다고 하여 예로부터 귀하게 여겨온 채소이다. 전골이나 매운탕 같은 요리에는 미나리가 빠지면 제 맛이 나지 않는다고 하였다.

미나리는 산형화목(繖形花目) 산형과(繖形科) 미나리속(Oenanthe)의 여러해살이풀이다. 미나리의 원산지는 분명하지 않으나, 중국에서는 기원전 국가인 하(夏)나라 시대에도 양쯔강 유역을 중심으로 미나리가 성했다고 알려지고 있으므로 동아시아 지역이 원산지로 추정된다. 우리나라를 비롯하여 중국, 일본, 동남아시아, 오세아니아 등의 지역에 널리 분포하고 있다.

미나리는 순우리말이며, 한자로는 '근(芹)', '근채(芹菜)', '수근(水芹)' 등으로 표기하였다. 미나리는 주로 습지에서 자라며, 미나리라는 이름도 '물에서 자라는 나리'라는 의미를 담고 있다. '미'는 '물'을 의미하는 고어(古語)였으며, '나리'는 백합(百合)의 순수한 우리말이다. 미나리와 백합은 전혀 다른 식물이지만, 미나리의 꽃이 백합과 닮았다고 하여 미나리라 부르게 된 것이다.

흔히 백합(lily)하면 하얀색의 나팔처럼 생긴 꽃을 연상하여 '흰 백(白)'의 '백합(白合)'이라고 여기기 쉽지만, 백합의 한자는 '일백 백(百)'의 '백합(百合)'이다. 나리를 백합(百合)이라 부르게 된 것은 땅속의 비늘줄기가 여러 겹 합쳐져 있기 때문이다. 백합은 마늘이나 파와 같이 백합과에 속하는 식물이다. 흰색의 백합이 원예작물로 일찍 개량되어 널리 대중화되었기 때문에 백합하면 하얀 꽃을 떠올리게 되지만, 백합속(Lilium)의 꽃에는 노란색, 붉은색, 자주색 등 다양한 색상이 있다.

서양에서는 미나리를 요리에 이용하는 경우는 드물고, 미나리 대신에 주로 셀러리(celery)를 이용한다. 미나리는 영어로 'water dropwort'라고 하며, 'water parsley' 또는 'water celery'로 번역되기도 한다. 2021년 배우 윤여정이 제93회 아카데미 시상식에서 '미나리'란 영화로 여우조연상을 수상하면서

'minari'라는 이름도 널리 알려지게 되었다.

미나리는 물이 있는 곳이라면 우리나라 전국 어디든 척박한 곳에서도 잘 자란다. 과거부터 자생하던 야생의 미나리를 이용하여 왔으며, 재배가 시작된 시기는 알 수가 없다. 문헌상으로는 『고려사』에 '근전(芹田)'이란 표현이 나오는 것으로 보아 늦어도 고려시대에는 키워 먹었던 것으로 짐작 된다. 그러나 본격적인 재배가 시작된 것은 최근인 1980년대 이후의 일이다.

미나리는 향도 좋지만 영양학적으로는 섬유질 및 각종 비타민과 미네랄이 풍부한 채소이다. 미나리에는 비타민D를 제외한 모든 종류의 비타민류가 풍부하게 들어있어 종합비타민제라고 불러도 손색이 없을 정도이다. 또한 철, 칼륨, 마그네슘 등의 미네랄도 많이 함유되어 있다.

미나리는 예로부터 중금속과 독성물질을 해독하는 것으로 알려져 있으며, 따라서 독이 있는 복어로 탕을 끓일 때에는 미나리가 빠지지 않았다. 그러나 구전되고 있는 미나리의 약리효과들은 아직 과학적으로 증명되지 않았으며, 연구가 필요한 과제로 남아있다.

미나리의 주된 이용 목적은 약리효과보다는 독특한 향에 있다. 송근섭 등이 1990년 8월 《한국영양식량학회지》에 발표한 논문에 의하면, 미나리의 향기성분을 분석한 결과 63종이 분리되었고, 주성분은 리모넨(limonene), 플레곤(pulegone), 게르마크렌D(germacrene D) 및 베타피넨(β-pinene) 등이었다고 한다.

미나리의 품종 육성은 지금까지 이뤄지지 않았으며, 지역별로 자생하고 있는 미나리를 전통적인 방법으로 번식・재배하고 있을 뿐이다. 미나리의 품종은 따로 없으며, '논미나리'와 '밭미나리'도 품종이 따로 있는 것이 아니라 논에 심으면 논미나리가 되고 밭에 심으면 밭미나리가 된다.

논미나리는 '물미나리'라고도 하며, 연녹색으로 부드럽고 향이 약하다. 키가 크고 줄기가 통통하며 속이 비어 있다. 밭미나리는 '돌미나리'라고도 하며, 논미나리에 비해 향이 강하고 붉은색을 띄고 있다. 돌미나리는 원래 야생의 미나리를 뜻하는 것이었지만, 지금은 보통 밭에서 재배된 밭미나리를 가리킨다. 돌미나리는 줄기가 작고 단단하며 속이 차 있어 씹는 질감이 좋다.

27.
생강

생강(ginger)은 생강과에 속하는 다년생 식물로서 주로 덩어리 모양의 뿌리를 이용한다. 중국, 태국, 인도, 이집트, 이라크 등의 열대 및 아열대 지역에 분포하며 전 세계인이 애용하는 향신료 중의 하나이다. 우리나라에서도 오래전부터 식용 및 약용으로 사용하여 왔다.

생강의 원산지는 인도, 말레이지아 등 동남아시아의 열대지역으로 추정되고 있으나 야생 생강이 발견된 적이 없기 때문에 확인되지는 않았다. 중국에서는 기원전부터 재배한 것으로 추정된다. 공자(孔子: BC 551년~479년)의 언행, 제자들과의 대화, 문답 내용 등을 수록한 책인 『논어(論語)』에 공자가 "한꺼번에 많이 먹지는 않았지만, 꾸준히 생강을 먹었다(不撤生薑 不多食)"는 기록이 있다.

생강이 우리나라에 도입된 시기는 명확하지 않으나, 문헌상 최초의 기록이 보이는 것은 『고려사(高麗史)』이다. 『고려사』에는 고려 현종(顯宗) 9년(1018년) 이후부터 "북쪽 변방에서 싸우다 죽은 군사들의 부모와 처자에게 차, 생강, 옷감을 차등 있게 나눠주었다"는 기록이 있어 고려에서는 생강이 생필품으로 널리 사용되고 있었음을 짐작하게 한다. 1236년경 고려 말에 편찬된 의학서인 『향약구급방(鄕藥救急方)』에는 약용식물로 기록되어 있다.

생강은 한자인 '生薑'을 우리말 발음으로 읽은 것이며, 중국을 통해 전래되었다. 사투리로는 '새앙'이라고도 한다. 현대 중국식 표기인 간체자(簡體字)로는 '生姜'이라고 쓰고, 일본어에서는 '生姜'과 '生薑'이 모두 사용된다. 생강은 '강(薑)'이라고도 썼으며, 주로 한약재로 사용되는 말린 생강은 '건강(乾薑)'이라고 한다.

국내에서는 충청남도 서산, 태안지역에서 주로 생산되고 있으나 유통되는 대부분의 생강은 중국산이며, 국내산과 중국산의 영양성분에 큰 차이는 없다. 생강은 영양성분보다는 특유의 알싸한 매운맛과 강렬한 향 때문에 생선의 비린내나 육류의 누린내를 없애는 향신료로 사용되어 왔다.

생강의 매운맛을 내는 주성분은 진저론(zingerone), 진저롤(gingerol), 쇼가올(shogaol) 등이며, 이들은 강력한 항염증 작용이 있고, 감기나 기관지염 등의 원인인 병원성 세균에 대한 살균효과가 뛰어난 것으로 알려져 있다. 또한 혈액순환을 활성화시켜주고, 위액의 분비를 증가시켜 소화를 촉진하는 작용이 있다고 하여 오래전부터 한약재로 사용되어 왔다.

생강은 원래 다년생 식물이며, 열대 지방에서는 꽃이 피고 열매를 맺어 영양번식을 하지만, 우리나라에서는 겨울철 저온의 영향으로 꽃이 피지 못하고 일년생처럼 재배된다. 우리나라에서는 씨앗을 얻을 수 없어 품종개량을 할 수 없었으며 재래종을 계속 재배하여 왔다. 요즘은 대부분 중국에서 종자를 가져다가 재배하며, 때로는 식용으로 수입한 생강을 심기도 한다. 생강의 품종은 덩굴줄기의 크기에 따라 소생강(小生薑), 중생강(中生薑), 대생강(大生薑)으로 나눈다.

■ 소생강: 덩이줄기는 가늘고 섬유질이 많지만, 수분이 적고 매운맛이 강하다. 겉껍질은 회황색 또는 담황색을 띤다.

■ 중생강: 덩이줄기는 중간 정도 크기이며, 육질이 연하고 매운맛은 약한 편이다. 겉껍질은 회황색을 띤다.

■ 대생강: 중국에서 도입된 품종으로 덩이줄기가 크며, 겉껍질은 회백색을 띤다. 육질이 연하고 매운맛이 약하며, 저장성도 나빠서 주로 제과 및 건강(乾薑)의 원료로 재배된다

28.
겨자

겨자(mustard)는 인류가 오랜 옛날부터 이용해 온 향신료이
자 채소이다. 우리나라에서 김치를 담그거나 쌈채소로 이용하
는 갓이 바로 겨자이며, 겨자라고 할 때에는 주로 향신료인 겨
자씨(mustard seed)를 의미한다. 겨자는 그 자체로는 매운맛이
나지 않으며 물에 개게 되면 효소의 작용으로 비로소 매운맛이
나타난다. 겨자씨 자체로 판매되는 일은 드물며, 시장에서는 주
로 미리 개어놓은 상태인 '연겨자' 또는 '머스터드소스'로 판매되
고 있다.

겨자는 십자화과(十字花科)에 속하는 식물이다. 'mustard'라
고 불리는 식물은 약 40종이나 있으며, 종(種)과 변종(變種)이
많아 종종 혼동을 일으키기도 한다. 일반적으로 겨자라고 할
때에는 주로 이용되는 흑겨자(black mustard), 백겨자(white
mustard), 갈색겨자(brown mustard) 등 세 종류를 의미한다.

일부 자료에서는 겨자를 흑겨자와 백겨자로 나누고, 흑겨자가 '동양겨자'이며 백겨자는 '서양겨자'라고 하면서, 갈색겨자의 존재를 무시하고 갈색겨자에 해당하는 기원이나 특징 등을 흑겨자나 백겨자에 억지로 꿰맞추어 설명하는 오류를 범하고 있기도 하다.

■ 흑겨자(*Brassica nigra*): 원산지는 지중해 연안 및 남부 유럽으로 추정되며, 씨앗의 색깔은 검정색이나 짙은 갈색이다. 일부 자료에서는 '동양겨자'로 소개하고 있기도 하나 동양겨자는 갈색겨자를 지칭하는 것이다. 세 종류의 겨자 중에서 매운맛이 가장 강하고, 쓴맛이 느껴지기도 한다.

종전에는 겨자소스를 만들기 위해 유럽을 중심으로 많이 재배하였으나, 점점 재배면적이 줄어들고 있다. 그 이유는 기계로 수확이 가능한 갈색겨자와는 달리 인간의 노동력에 의해 수확하여야 하기 때문에 생산비가 높기 때문이다. 현재는 유럽에서도 주로 갈색겨자가 재배되고 있다.

■ 백겨자(*Sinapis alba*): 흑겨자와 마찬가지로 지중해연안을 원산지로 보고 있으며, '서양겨자'라고도 한다. 종전에는 흑겨자나 갈색겨자와 같이 유채속(*Brassica*)으로 분류하여 '*Brassica alba*'라고도

하였으나, 현재는 들갓속(*Sinapis*)으로 분류하고 있다.

백겨자는 황겨자(yellow mustard)라고도 하며, 종자의 색깔은 연노랑색이다. 백겨자는 유럽, 북아프리카, 중동아시아 및 중앙아시아 지역에서 널리 재배되고 있으며, 향이 부드럽고 덜 매워 서양 요리에 많이 쓰인다. 종자는 주로 소스(mustard sauce)를 만드는 데 사용되고, 잎은 샐러드 등의 요리에 사용된다.

■ 갈색겨자(*Brassica juncea*): 중앙아시아 또는 중국이 원산지로 추정되며, 지금은 전 세계 대부분의 지역에서 재배되고 있다. 영어로는 brown mustard, oriental mustard, Indian mustard, Chinese mustard, vegetable mustard, leaf mustard 등 다양한 이름으로 불린다. 종자의 색깔은 갈색이며, 매운맛은 흑겨자에 비해 조금 약하다.

우리나라에서 일반적으로 겨자라고 할 때에는 갈색겨자를 의미한다. 겨자는 중국을 통하여 전래되었을 것으로 추정되나, 정확한 전래 시기는 알 수가 없다. 겨자는 한자로 '개채(芥菜)', '신채(辛菜)' 등으로 표기하였다. 우리말 겨자는 '겨자의 씨'를 의미하는 '개자(芥子)'의 발음이 변한 것이다.

겨자와 '와사비(わさび)'를 혼동하는 사람도 있는데, 와사비는 우리말로 '고추냉이'라고 하며, 영어로는 'horseradish'라고 한다. 겨

자와 같이 십자화과의 식물이지만 고추냉이속(*Eutrema*)에 속하며, 학명은 '*Eutrema japonicum*'이라고 한다. 겨자는 씨앗을 갈아서 이용하지만, 와사비는 뿌리를 갈아서 이용하는 점도 다르다.

순수한 와사비 뿌리를 간 것은 흰색이며, 우리가 흔히 보는 녹색의 와사비는 녹색 식용색소를 사용했기 때문이다. 와사비의 매운맛 성분은 시니그린(sinigrin)이란 물질이며, 이는 겨자의 매운맛 성분이기도 하다. 백겨자에는 시날빈(sinalbin)이라는 성분이 있으며, 이런 성분들은 미로시네이스(myrosinase)라는 효소의 작용으로 분해되어야 자극성이 있는 매운맛을 낸다.

29.
후추

후추(pepper)는 후추과에 속하는 덩굴식물의 열매이며, 인도 남부가 원산지이다. 후추는 동서양을 가릴 것 없이 예로부터 입맛을 돋우고 방부효과를 주는 귀한 향신료로서 취급되었으며, 서양 문화권에서는 거의 모든 종류의 요리에 예외 없이 후추가 들어간다. 후추는 특유의 매운맛이 있어 오늘날 세계에서 가장 많이 사용되는 향신료이다.

후추는 선사시대부터 인도에서 양념으로 사용되었으며, 아주 오래전부터 주요 무역 상품의 하나였다. BC 1213년에 사망한 고대 이집트의 왕인 람세스2세의 미라를 조사하던 중 코에서 후추가 발견되었다. 이는 이미 이 시기에 후추의 거래가 있었으며, 향신료로서뿐만 아니라 육체의 부패를 방지하기 위한 방부제로도 쓰였다는 사실을 말해준다.

후추는 고기의 부패를 방지하고 누린내를 잡아주는 향신료로서, 육식을 주로 하는 민족에게는 매우 귀중한 식재료이자 사치품이었다. 로마시대 이래 후추는 유럽의 귀족과 부자들에게 없어선 안 될 향신료이자 부의 척도였다. 따라서 후추의 가격은 같은 무게의 금에 맞먹었다고 하며, 종종 화폐 대신으로 사용되기도 하여 '검은 금(black gold)'이라 불렸다.

인도를 비롯한 동남아시아에서 생산되는 후추는 아랍 상인들이 독점적으로 유럽에 공급하였으며, 가격을 마음대로 조정하였다. 이에 유럽인들은 인도와의 직접 거래를 추구하게 되었으며, 이것이 15세기부터 시작된 대항해시대(大航海時代, Age of Discovery)의 계기가 되었다. 후추로 인해 시작된 유럽 열강의 해양 진출은 인도항로의 개척 및 아메리카 대륙의 발견이라는 세계사적 변혁을 이끌어내었다.

중국에는 기원전 2세기에 비단길을 개척한 한(漢)나라의 장건(張騫)에 의해 도입되었다고 하며, '서역에서 온 초(椒)'라는 의미로 '호초(胡椒)'라고 하였다. 우리말 후추는 이 호초의 발음이 변한 것이다. 후추나무는 열대지방에서 자라는 식물이므로 우리나라에서는 재배할 수 없었고, 예나 지금이나 후추는 100% 수입에 의존하고 있다.

우리의 문헌에 후추가 처음 나오는 것은 1260년 고려 때의 문신인 이인로(李仁老)가 지은 『파한집(破閑集)』이다. 또한 『고려사』에는 "공양왕(恭讓王) 1년(1389년)에 유구(琉球)의 사신이 후추 300근을 가져왔다"는 기록이 나온다. 유구는 지금의 일본 '오키나와(沖繩)'를 말하며, 고려 말에는 중국에서뿐만 아니라 해양을 통해 남쪽에서도 후추가 공급되었던 것을 알 수 있다.

후추는 지름이 5~6㎜ 정도 되는 후추나무의 열매이며, 덜 익었을 때에는 녹색이지만 익을수록 검붉게 변하고, 열매 안에는 한 개의 씨가 있다. 녹색의 열매를 소금물 또는 식초가 담긴 캔이나 병에 넣어 유통하기도 하고, 인도나 태국에서는 신선한 열매를 송이채로 팔기도 하나 대부분은 가공하여 판매하며, 흑후추와 백후추로 구분된다.

■ 흑후추(black pepper): 완전히 익기 전의 초록색 열매를 따서 햇볕에 말린 것이며, 열매가 쪼그라들어 주름진 모양이 되고, 색도 짙어져서 검은색이 된다. 톡 쏘는 향과 매콤하고 알싸한 맛이 강하게 난다. 후추의 매운맛은 피페린(piperine)이라는 성분 때문이다. 가장 일반적으로 사용되는 후추이며, 보통 후추라고 할 때에는 흑후추를 말한다.

■ 백후추(white pepper): 완전히 익은 열매를 수확하여 과육을 제거하고 하얀 씨앗만 말린 것이다. 피페린이 많이 포함되어 있는 과육

을 제거하여 매운맛은 약하지만 향은 풍부하다. 주로 흑후추의 검은색이 신경 쓰이는 마요네즈, 크림소스 등 밝은 색상의 소스를 비롯하여 으깬 감자, 흰살 생선, 닭고기, 수프 등의 요리에 사용된다.

30.
향신료

　향신료(香辛料, spice)는 음식에 풍미를 부여하거나 식욕을 촉진시킬 목적으로 사용하는 식물성 원료를 말한다. 향신료는 원래 고기를 주식으로 삼는 유목민족이 쉽게 부패되어 좋지 않은 냄새를 내는 육류의 단점을 극복하기 위하여 개발하게 되었을 것으로 추정되며, 대체적으로 향이 강한 특징이 있다.

　오늘날 전 세계적으로 사용되고 있는 향신료의 종류는 매우 많으며, 우리나라에서 요리에 자주 사용하는 고추, 마늘, 파, 양파, 부추, 미나리, 생강, 겨자, 후추 등도 향신료의 일종이다. 동서양의 여러 나라에서 카레를 비롯한 여러 음식에 사용하는 대표적인 향신료는 다음과 같은 것이 있다.

■ 코리앤더(coriander): 미나리과의 식물로서 원산지는 지중해 연안이며, 그 역사가 매우 깊은 향신료이다. 구약성서의 출애굽기에 만

나(manna)를 설명하는 말로 "It was white like coriander seed(이 것은 코리앤더 씨와 같이 희다)"라는 내용이 나온다. 모세가 이스라엘 민족을 이끌고 이집트에서 나온 것이 늦어도 기원전 13세기로 추정되고 있으며, 이미 그 시절에 코리앤더가 널리 사용되고 있었음을 알 수 있다.

코리앤더는 우리나라에서도 오래전부터 재배하던 것으로 '고수' 또는 '빈대풀'이라고 부른다. 한자로는 '원유(芫荽)', '호유(胡荽)', '향유(香荽)', '향채(香菜)' 등으로 썼다. 중국어에서는 '샹차이(香菜, xiāngcài)'라고 하며, 아랍어로는 '갓(gad, كزبرة)'이라고 한다. 한글로 된 성경에서 'coriander seed'를 '깟씨(갓씨)'라고 번역한 것은 아랍어에서 온 것이다.

코리앤더는 잎, 줄기, 뿌리, 씨앗까지 모든 부분을 이용하며, 동양에서는 주로 잎과 줄기를 먹고, 서양에서는 씨앗을 향신료로 사용한다. 중국요리에서 샹차이(香菜)는 고기의 누린내를 없애는 데 거의 빠지지 않고 첨가되는 중요한 향신료이다. 동남아시아에서도 각종 수프에 사용되며, 베트남 쌀국수에 얹어서 먹는 야채가 바로 코리앤더이다.

코리앤더의 향은 아주 강하며, 사람에 따라서 호불호(好不好)가 갈린다. 우리나라에서는 식용으로 일반화되어 있지 않기 때문에 일반적으로 싫어하는 사람이 많다. 코리앤더에 거부감이 있는 사람들은 비누나 세제와 같은 인공적인 향이 난다거나 빈대나 노린 재와 같은 벌레에서 나는 역한 냄새가 난다고도 한다. 코리앤더를 빈대풀이라고 하는 이유도 이런 냄새에서 유래한 것이다.

코리앤더는 특유의 향 때문에 싫어하는 사람이 많지만, 자주 접해서 익숙해지면 그 매력에 빠져 헤어 나오기 힘든 강력한 중독성을 가지고 있기도 하다. 코리앤더의 향을 좋게 표현하면 미나리의 향을 몇 백배 농축한 듯한 것이며, 기름기가 많은 고기를 먹을 때 느끼한 맛을 잡아주고, 밋밋한 국물 음식에는 독특한 향으로 생기를 불어넣는다. 이것이 자극적인 향의 코리앤더가 세계에서 가장 널리 쓰이는 향신료의 하나가 된 이유이기도 하다.

코리앤더는 잎과 씨앗이 모두 이용되나 향신료로는 주로 씨앗이 사용된다. 코리앤더의 씨앗은 갈색이며, 3.5~5mm 정도의 둥근 모양으로 세로로 줄무늬 홈이 있는 것이 특징이다. 코리앤더의 불쾌한 냄새는 주로 잎과 미숙과에서 나는 것이며, 완숙과에서는 이런 냄새가 사라지고 레몬과 세이지를 섞은 듯한 상쾌하고 달콤한 향과 함께 희미한 매운맛이 느껴진다.

■ 쿠민(cumin): 미나리과에 속하는 키가 작은 한해살이 식물이며, 지중해 동부와 이집트 북부가 원산지이다. 쿠민은 구약과 신약에 여러 번 언급될 정도로 오래된 스파이스 중의 하나이며, 그리스•로

마시대부터 육류요리에 뿌려서 먹었다. 유럽이나 아랍 요리에서는 가장 일반적인 향신료 중 하나이며, 카레에는 빠져서는 안 될 향신료이기도 하다.

쿠민은 주로 씨앗을 향신료로 사용이며, 씨앗은 황갈색으로 길이 5~7㎜, 지름 1~1.5㎜ 정도의 가늘고 긴 형태이다. 모양이나 크기가 캐러웨이와 비슷하게 생겼지만, 쿠민이 더 길고 가늘며 색이 조금 더 흐린 편이다. 씨앗을 건조하여 원형 그대로 또는 가루로 하여 사용한다.

쿠민은 독특하며 다른 냄새를 모두 감출 정도로 강한 향과 약간의 매운맛과 쓴맛을 갖고 있으며, 식품뿐만 아니라 화장품의 원료로도 사용된다. 양고기와 닭고기 요리에 많이 사용되며, 카레분이나 칠리파우더의 특징적인 향미는 쿠민에서 기인된 경우가 많다. 쿠민의 주성분인 쿠민알데히드(cumin aldehyde)는 방향성(芳香性)이 강한 향기 물질이다.

■ 펜넬(fennel): 지중해 연안이 원산지이고, 미나리과의 향이 강한 채소이며 줄기와 잎, 씨앗 등을 모두 식용으로 한다. 잎의 향미는 셀러리와 매우 비슷하며, 향신료로는 주로 길이 10㎜, 폭 2.5㎜ 정도 크기의 세로로 긴 홈이 있는 갈색 씨앗을 사용한다. 또한 펜넬은 다양한 약리작용을 지니고 있으며, 한의학에서도 옛날부터 약재로

사용하여 왔다.

펜넬은 전 세계적으로 널리 이용되고 있으며, 나라에 따라 다양한 호칭으로 불리고 있다. 우리나라에서는 '회향(茴香)', '소회향(小茴香)', '야회향(野茴香)', '토회향(土茴香)' 등으로 불리기도 하고, 일부에서는 '산미나리'라고도 한다. 그러나 산미나리의 학명은 'Aegopodium podagraria'이고, 펜넬의 학명은 'Foeniculum vulgare'로서 같은 미나리과의 식물이기는 하나 속(屬)이 다른 별도의 식물이다.

펜넬의 향미는 달콤하면서 상쾌한 향과 약간의 쓴맛이 있는 것이 특징이며, 주성분은 아네톨(anethole)이다. 펜넬은 주로 고기요리나 생선요리에 사용된다. 한자 이름 회향(茴香)은 '상해가는 육류나 생선에 사용하면 원래의 향과 맛이 돌아온다'고 하여 붙인 이름이라고 한다. 회향의 '회(茴)'는 '돌아올 회(回)'에서 유래한 한자이다.

■ 딜(dill): 지중해 연안이 원산지인 미나리과의 식물로 포기 전체에서 독특한 향이 나기 때문에 꽃, 잎, 줄기, 씨앗을 모두 사용하는데 각각 향미는 조금씩 다르다. 특히 씨앗의 향이 강하여 향신료로 사용된다. 씨앗은 황갈색의 원추형으로 길이 5㎜, 폭 2.5㎜ 정도이며 펜넬과 비슷한 자극적인 방향과 함께 약하게 매운맛을 느낄 수 있다.

잎의 형태는 펜넬과 비슷하나 달콤한 향은 느껴지지 않으며, 풀향기가 난다.

서양에서는 생선요리에 거의 필수적으로 사용되는 향신료이지만, 우리나라에서는 잘 알려져 있지 않다. 한자로는 '시라(蒔蘿)'라고 하지만 잘 사용되지 않고 보통 딜이라고 한다. 딜(dill)이라는 이름은 스칸디나비아어의 '딜라(dilla)'에서 유래되었으며, 딜라는 '진정시키다' 또는 '달래다'라는 뜻을 가지고 있는데, 오래전부터 딜에는 진정작용과 최면효과가 있는 것으로 알려졌다.

■ 캐러웨이(caraway): 아시아 서부와 유럽이 원산지인 미나리과의 식물로 잎, 뿌리, 씨앗을 이용할 수 있으나 향신료로는 주로 씨앗이 사용된다. 씨앗은 길이 3~7㎜, 지름 1.5~2㎜ 정도의 길쭉한 형태로 쿠민과 육안상 구별이 어렵다. 한자로는 '장회향(藏茴香)' 또는 '갈루자(葛縷子)'라고 한다.

캐러웨이는 딜과 비슷한 상쾌한 향미를 가졌으나 매운맛은 딜에 비해 약한 편이다. 캐러웨이는 씹으면 약간의 단맛과 쓴맛을 느낄 수 있으며, 주로 단맛을 내기 위해 사용한다. 후추의 맛을 연상시키는 독특한 향기가 있기 때문에 고기요리, 빵, 과자, 치즈 등에 쓰인다.

■ 아니스(anise): 지중해 연안이 원산지인 미나리과의 식물이다. 주로 씨앗을 향신료로 사용하고, 씨앗을 증류해서 얻은 아니스오일 (anise oil)은 향료나 약재로 사용된다. 아니스는 BC 3000년경 이집트에서 미라를 만들 때 방부제로 사용하였을 만큼 재배 역사가 오래되었다.

씨앗은 길이 5㎜, 직경 3㎜ 정도의 계란형이며 녹갈색으로 광택은 없다. 아니스의 씨앗(anise seed)은 보통 줄여서 아니시드 (aniseed)라고 불린다. 아니스는 감초(甘草)와 비슷한 향미가 있으며, 달콤한 향은 주성분인 아네톨(anethole)에 의한 것이다. 과자, 빵, 카레, 알콜음료 등에 광범위하게 사용된다.

■ 셀러리(celery): 지중해 연안이 원산지인 미나리과의 식물이다. 원래는 약초로 이용되던 것이었으나 지금은 채소(허브)로 재배하고 있으며, 잎도 먹지만 주로 줄기를 식용으로 한다. 향신료로 사용할 경우에는 담갈색의 1.5㎜ 정도 크기의 씨앗을 이용하며, 전형적인 풋내와 쓴맛이 특징이다.

우리나라에서는 셀러리 줄기를 샐러드로 이용하거나 마요네즈에 찍어 먹는 정도로 사용하고 있으나, 서양 요리에서는 가장 많이 쓰이는 채소이다. 양파, 당근, 셀러리를 큼직큼직하게 잘라 올리브유나 버터에 볶은 것을 미르포아(mirepoix)라고 하며, 프랑스 요리의 기본 베이스로서 스톡, 수프, 스튜 등의 향미를 내는 데 사용한다. 셀러리 줄기에는 호불호가 갈리는 특유의 향이 있어서 싫어하는 사람은 전혀 못 먹지만, 좋아하는 사람은 그 향과 아삭아삭한 식감을 즐긴다.

■ 파슬리(parsley): 지중해 연안이 원산지인 미나리과의 식물이며, 우리나라에서는 '양미나리'라고도 불린다. 다른 미나리과 식물과는 다르게 주로 잎을 향신료로 사용한다. 기원전 3~4세기에 그리스에서 재배하였다는 기록이 남아있을 정도로 굉장히 오래전부터 재배된 채소이다.

파슬리는 넛메그와 유사한 독특한 향이 있으며 샐러드, 수프, 소스 등 대부분의 서양요리에서 널리 사용된다. 서양의 요리에 가장 많이 사용되는 3대 향신료를 꼽으면 월계수잎, 후추와 함께 파슬리가 들어갈 정도로 기초 향신료이다. 요리용이 아니라 장식용으로도 자주 이용되며, 돈가스나 햄버그스테이크 등을 담은 접시에 모양을 내기 위해 곁들여지기도 한다.

■ 타임(thyme): 지중해 연안이 원산지인 꿀풀과의 식물로 꽃과 함께 부드러운 잎이 붙어있는 부분 10cm 정도를 잘라 향신료로 사용한다. 특유의 상쾌한 방향과 쓴맛이 있으며, 강한 향기는 장기간 저

장해도 손실되지 않는다. 방부작용, 항균작용 등 다양한 효능이 있어 고대부터 시체를 보관하거나 항생제로 사용하였다.

타임을 흔히 '백리향(百里香)'이라고도 하는데, 백리향은 우리나라에서도 자생하고 있는 식물로서 향기가 백리까지 간다고 하여 이런 이름을 얻었다. 타임과 백리향은 같은 백리향속(*Thymus*)의 식물이기는 하나, 타임의 학명은 '*T. vulgaris*'이고 백리향의 학명은 '*T. quinquecostatus*'로서 형태와 향이 유사한 근연종일 뿐 같은 식물은 아니다.

타임의 향은 로즈마리와 비슷하며, 깊은 숲속에서 느낄 수 있는 상큼한 향이 난다. 이 강하고 독특한 향 때문에 향신료로 사용하면 입안을 향긋하게 하는 효과가 있으며, 화장품의 원료로 사용되기도 한다. 타임은 소고기, 양고기 등의 구이요리에 애용되며, 고기나 생선의 국물요리에도 널리 사용된다.

■ 세이지(sage): 지중해 연안이 원산지인 꿀풀과의 식물로서 예전에는 만병통치약으로 쓰이던 약용식물이며, '약용 샐비어'라고도 한다. 샐비어(salvia)는 'scarlet sage'라고도 하고, 우리말로는 '깨꽃'이라고 불리며, 일본어로는 '사루비아(サルビア)'라고 한다.

흔히 세이지와 샐비어를 혼동하여 세이지가 샐비어와 같은 식물이라고 설명하는 자료들이 많은데, 샐비어는 남아메리카의 브라질이 원산지인 식물로 학명은 '*Salvia splendens*'이고, 세이지의 학명은 '*Salvia officinalis*'로서 매우 가까운 근연종이기는 하나 서로 다른 식물이다.

향신료로는 주로 잎과 부드러운 줄기가 사용되며, 건조한 세이지는 쑥과 비슷한 신선한 향이 있고, 약간 쌉싸름한 맛이 있다. 세이지는 향이 강하여 양고기나 내장요리 등의 누린내를 없애는 데 유용하며, 돼지고기나 뱀장어와 같이 기름진 음식에도 잘 어울린다. 또는 각종 음료수, 차(茶), 식초 등에 넣어 향을 부여하는 데 사용된다.

■ 오레가노(oregano): 지중해 연안이 원산지인 꿀풀과의 식물로서 우리말로는 '꽃박하'라고도 불린다. 꽃도 식용으로 할 수 있으나 주로 잎을 말려서 향신료로 사용하며, 수확시기에 따라 품질에 차이가 있고, 꽃이 핀 후에 바로 수확한 것이 좋다. 오레가노의 잎은 암갈색으로 마저럼과 비슷하나 좀 더 크고 단단하다.

건조한 오레가노 잎은 박하와 유사한 톡 쏘는 향기가 특징이며, 달콤하지만 약간 매콤한 맛이 난다. 샐러드, 파스타, 치즈, 육류요리 등에 주로 사용한다. 오레가노오일(oregano oil)의 주성분인 티몰(thymol)은 방부제, 살균제, 구충제 등의 원료로 쓰인다.

■ 마저럼(marjoram): 지중해 연안이 원산지인 꿀풀과의 식물로서 '마조람'이라고도 한다. 마저럼은 오레가노와 아주 유사하여 예전에는 오레가노와 같은 종류로 여겼으나 현재는 별개의 식물로 구분되고 있다. 잎, 줄기, 꽃 등을 모두 식용이나 약용으로 사용하며, 향신료로는 주로 잎을 사용한다.

타임이나 오레가노에 들어있는 향기성분을 많이 함유하고 있어서 두 향신료를 혼합해놓은 듯한 향이 특징이다. 타임보다는 단맛이 강하게 느껴지고, 오레가노보다 향이 약하다. 수프, 소시지, 소스, 생선요리, 육류요리, 가금류요리, 채소요리 등 모든 요리에 두루 사용된다.

■바질(basil): 인도를 비롯한 열대아시아가 원산지인 꿀풀과의 식물로 잎과 줄기를 이용할 수 있으나 향신료로는 주로 잎이 사용된다. 잎은 녹색 또는 회녹색으로 광택이 있고, 개화 직전에 잎을 잘라내어 건조한다. 건조시키거나 열을 가하면 향이 날아가므로 사용량을 늘려야 한다.

바질은 잎을 뜯기만 해도 주변에 향이 퍼질 정도로 달콤하고 강한 향을 가지고 있다. 바질은 특유의 상큼한 향이 있으며 약간의 매운맛이 나지만, 코리앤더나 박하처럼 호불호가 갈리는 향신료는 아니다. 바질은 전 세계적으로 50여 가지의 품종이 있으며, 향이

나 색상 등에서 약간의 차이가 나타난다.

바질은 인도가 원산지이기는 하나 정작 인도에서는 요리에 사용되는 예는 드물고 주로 차로 달여 마신다. 바질을 이용한 요리는 이탈리아나 중국에서 발달하였으며, 중국에서는 바질을 '라륵(羅勒)'이라고 한다. 바질은 토마토와 잘 어울리며 파스타, 피자, 육류요리, 생선요리, 수프 등에 사용되고 있다.

■ 로즈메리(rosemary): 남유럽 지중해 연안이 원산지인 꿀풀과의 식물로서 '로즈마리'라고도 한다. 향신료로는 주로 잎을 사용한다. 로즈메리의 잎은 가늘며, 표면은 녹색이고 뒷면은 담황색~백색을 띠고 있다. 풋냄새가 강하고 녹차와 비슷한 달콤한 향이 난다. 약간의 쓴맛도 느껴지며, 향기의 지속성이 강한 것이 특징이다.

주로 돼지고기, 양고기, 닭고기, 칠면조고기와 같은 육류요리의 비린내를 없애고 맛과 향을 더하는 데 사용되는 향신료이다. 옛날 유럽에서는 향기가 뇌를 활성화시킨다고 하여 약재로 사용하였다. 한의학에서도 로즈메리는 '미질향(迷迭香)'이라고 부르며 기억력 증진에 효과가 있는 한약재로 취급하고 있다.

■ 박하: 박하는 꿀풀과 박하속(薄荷屬, *Mentha*)의 식물을 총칭하는 이름이다. 박하의 원산지는 동부아시아로 추정되고 있으나 확실하

지 않으며, 아주 오랜 옛날부터 전 세계에 널리 퍼져 자생하였다. 동양보다는 서양에서 많이 이용되고 재배되었으며, 향신료로서는 주로 잎을 사용한다.

박하의 상쾌하고 투명한 듯한 청량감은 주성분인 멘톨(men-thol)에 의한 것이며, 향이 지나치게 강하여 호불호가 갈리는 향신료이다. 아이스크림, 사탕, 껌, 담배 등의 기호식품에 첨가물로 사용되고, 화장품이나 치약 등에도 사용된다. 박하의 향을 좋아하는 사람은 차로 마시기도 한다.

박하는 교잡이 잘 되고 번식력도 좋아서 종류가 굉장히 많다. 박하속 식물은 전 세계에 약 600종이 있고, 재배되고 있는 것만 25종이 넘는다. 그중에서 대표적인 것이 서양 품종인 스피아민트(spear mint), 페퍼민트(pepper mint), 애플민트(apple mint)이다.

스피아민트는 학명이 'M. spicata'이며, 다른 종류에 비해 잎사귀가 날카롭게 생겼고 멘톨 성분은 적으나 달콤하고 상쾌한 향이 강하다. 페퍼민트는 학명이 'M. piperita'이고, 후추와 같은 매운맛이 있어서 '페퍼(pepper)'라는 이름이 붙었으며 멘톨 성분이 많다. 애플민트는 학명이 'M. suaveolens'이고 둥글둥글한 잎사귀에 사과향이 난다.

■ 강황: 생강과에 속하는 다년생 식물로서 인도를 중심으로 한 열대

아시아가 원산지이다. 주로 인도를 비롯하여 중국, 동남아시아 등지에서 많이 재배되며, 우리나라에서도 일부 재배되고 있다. 생강과 유사한 모양의 뿌리줄기를 식용 및 약용으로 사용한다. '강황(薑黃)', '강황(姜黃)', '울금(鬱金)', '심황(深黃)' 등 여러 가지 이름으로 불리며, 영어로는 터메릭(turmeric)이라 한다.

약간의 쓴맛을 가지고 있으나 향신료로서는 맛보다는 주로 착색용으로 사용된다. 뿌리줄기의 겉은 연한 노랑색이고 속은 주홍빛이며, 카레의 주원료로서 카레가 노란색으로 보이는 이유이기도 하다. 강황의 노란색은 커큐민(curcumin)이라는 색소성분 때문이며, 커큐민은 최근에 항암, 항염증, 항산화 등의 효능이 있는 것으로 알려져 주목을 받고 있다.

■ 카르다몸(cardamom): '카르다몬(cardamon)'이라고도 하며, 한자로는 '소두구(小豆蔲)'라고 한다. 인도가 원산지인 생강과의 식물로, 다른 생강과 식물은 주로 뿌리를 향신료로 사용하는 데 비하여 씨앗을 향신료로 사용하는 점이 특이하다. 1.5cm 정도의 계란형 열매 속에 암갈색의 씨앗이 15~20개 들어있으며, 완전히 여물기 전에 수확한다.

생강같이 맵고 레몬처럼 상큼한 맛이 특징이며, 육류요리나 야채요리를 비롯하여 과자, 빵, 피클, 햄, 소시지, 카레, 수프 등 다양한 음식에 사용된다. 카르다몸은 세계적으로도 가격이 비싼 향신료 중 하나이며, 향신료 외에도 의약품, 화장품, 향수 등의 원료로도 사용된다.

■ 계피: 녹나무과 녹나무속(*Cinnamomum*)에 속하는 상록수의 껍질에서 거칠거칠한 겉껍질은 제거하고 내측의 연한 속껍질만 건조시킨 것으로서 '계피(桂皮)' 또는 '육계(肉桂)'라고 한다. 계피는 약간의 매운맛과 단맛이 있고, 청량감이 있는 독특한 방향이 있는 것이 특징이며, 우리나라에서도 오래전부터 수정과의 맛을 내는 데 사용하여 왔다. 한자가 같아서 '계수(桂樹)나무'의 껍질로 오해되기도 하나, 계수나무는 계수나무과에 속하는 낙엽수로서 식물분류상 과(科)에서 구분되는 전혀 다른 나무이다.

계피나무는 중국남부와 베트남이 원산지인 육계나무(*C. cassia*)와 스리랑카 및 인도남부가 원산지인 실론계피나무(*C. verum*)의 두 종류가 있다. 육계나무에서 얻은 계피는 '동양계피'라고 하며, 영어로는 카시아(cassia)라고 한다. 실론계피나무에서 얻은 계피는 '서양계피'라고 하며, 영어로는 시나몬(cinnamon)이라 한다.

카시아와 시나몬은 구분 없이 사용하기도 하지만, 종(種)이 다른 만큼 차이점도 많이 있다. 우선 외관에서 카시아는 두꺼운 껍질이 한 겹으로 말려 있으나, 시나몬은 껍질이 돌돌 말려 여러 겹으로 채워져 있다. 카시아는 어두운 갈색 혹은 회색빛이 도는 갈색이며, 시나몬은 붉은색 혹은 밝은 갈색을 띠고 있다.

카시아에는 장뇌(樟腦, camphor) 성분이 있어 특유의 자극적인 냄새가 있으며, 매운맛 성분인 쿠마린(coumarin)이 시나몬보다 수십 배나 들어있어 매운맛이 강하다. 이에 비하여 시나몬은 카시아에는 거의 없는 유게놀(eugenol) 성분이 풍부하여 향긋하고 단맛이 강하다. 일반적으로 카시아보다는 시나몬이 향이 부드럽고 자극적이지 않아 높게 평가받으며, 가격도 더 비싸다.

■ 월계수잎(bay leaf): 지중해 연안이 원산지인 녹나무과 상록수의 잎을 말한다. 나무는 월계수(月桂樹, laurel)라고 하며, 잎은 베이리프(bay leaf)라고 한다. 월계수는 승리와 영예의 상징이며, 고대 그리스에서는 경기의 승자에게 월계수 가지와 잎으로 만든 월계관(月桂冠)을 씌워주었다. 또한 영국 왕실에서는 뛰어난 시인에게 월계관을 내리는 관습이 있는데, 이를 받은 시인을 계관시인(桂冠詩人, poet laureate)이라고 한다.

말리지 않은 생잎을 그대로 사용하기도 하며, 생잎은 향이 더 강하지만 쓴맛이 나고 저장이나 유통에 불리하기 때문에 향신료로는 주로 건조한 잎을 사용한다. 건조시키면 쓴맛은 사라지고 단맛과 함께 향긋한 향이 난다. 달콤한 향기가 진하게 풍기기 때문에 각종 요리나 차에 두루 사용된다.

■ 산초: 감귤류와 같이 운향과(芸香科)에 속하는 산초나무의 열매를 말하며, 식용으로 하거나 한방의 약재로도 사용한다. 산초나무는 약 3m 정도까지 자라는 작은 나무이며, 지름 약 4㎜의 열매는 녹색에서 붉은색으로 익어가며, 완전히 익으면 봉숭아처럼 터져서 검은색의 씨앗을 날려 보낸다.

　원산지는 우리나라를 비롯하여 중국 북부, 일본 등 극동아시아이다. 우리나라 전역에서 자생하고 있으며, 분지나무, 산추나무, 상초나무라고도 부른다. 한자 '초(椒)'는 고추, 후추 등 매운맛을 내는 향신료에 사용되었으며, '산에서 나는 초(椒)'라는 의미로 '산초(山椒)'라고 부른다. 옛 우리말로는 '고쵸' 또는 '분디'라고 하였으며, 영어로는 'Chinese pepper' 또는 'Japanese pepper'라고 한다.

　산초와 모양과 쓰임새가 비슷하여 자주 혼동되는 것으로 '초피'가 있다. 산초나무와 초피나무는 같은 초피나무속(*Zanthoxylum*)에 속하며, 산초나무의 학명은 '*Z. schinifolium*'이고, 초피나무의 학명은 '*Z. piperitum*'이다. 두 나무를 구분하는 방법은 잎과 가시를 보면 알 수 있다. 산초나무는 잎과 가시가 어긋나게 나며, 초피나무의 잎과 가시는 서로 마주보며 쌍을 이루고 있다.

　초피나무도 우리나라가 원산지이므로 전국에 자생하고 있고, 예로부터 산초와 초피는 구분 없이 사용하여 왔다. 이에 따라 옛 문헌을 보아도 명칭에 많은 혼선이 있었으며, 산초 또는 초피를 뜻하는 한자로는 천초(川椒), 한초(漢椒), 촉초(蜀椒), 화초(花椒), 파초(巴椒), 대초(大椒), 진초(秦椒), 남초(南椒) 등이 사용되었다.

산초와 초피가 구분 없이 사용되기는 하나 매운맛이나 향에 있어서는 초피가 더 강한 편이다. 따라서 요즘은 향신료로는 주로 초피를 사용하고, 산초는 한방 약재로 사용하는 산초기름을 추출하는 용도로 이용한다. 향신료로 사용하는 초피의 매운맛과 향은 주로 열매의 껍질에 있으며, 초피가루는 씨앗을 간 것이 아니라 열매의 껍질을 간 것이다.

산초나 초피는 매운맛과 함께 감귤류에서 느낄 수 있는 향긋한 냄새가 나는데, 매운맛의 주성분은 산쇼올(sanshool)이고, 향기의 주성분은 시트로넬랄(citronellal)이다. 요즘은 추어탕이나 어탕을 끓일 때 물고기의 비린 맛을 없애는 용도로 초피가루를 사용하는 정도이나, 고추가 없던 시절에 초피는 매운맛을 내는 데 요긴하게 쓰였던 토종 향신료였다. 초피는 지방에 따라 방언으로 제피, 지피, 젠피, 조피 등으로 불린다.

■ 커리잎(curry leaf): 인도를 비롯하여 동남아시아 열대지방이 원산지인 운향과에 속하는 커리나무(curry tree)의 잎을 말한다. 커리잎은

작은 월계수잎과 비슷하게 생겼으며, 귤과 유사한 온화한 향과 함께 미묘한 단맛이 난다. 건조한 것이나 분말 형태로 이용하기도 하나 주로 생잎을 그대로 이용한다.

이름 때문에 오해를 많이 받는 향신료이며, 주로 인도와 스리랑카에서 사용된다. 인도 남부에서는 거의 집집마다 커리나무를 키우고 있으며, 필요시 생잎을 따서 그대로 카레나 고기요리에 사용한다. 요리가 완성되면 제거하기 때문에 음식에서는 볼 수 없다.

■ 넛메그(nutmeg): 인도네시아가 원산인 육두구과의 상록활엽수에서 채취한 향신료이다. 살구와 비슷한 열매를 맺으며 성숙하면 열매가 벌어져서 안쪽에 표면에 광택이 있으며 색깔이 갈색~검은색인 길이 3cm, 폭 2cm 정도의 씨앗이 나타난다. 씨앗의 껍질을 제거하고 배아를 말려서 얻은 것이 넛메그이며, 한자로는 '육두구(肉豆蔲)'라고 한다.

씨앗은 사과나 배를 포장하는 스티로폼 같이 생긴 두께 1.5㎜ 정도의 넓적한 그물망으로 둘러싸여 있으며, 이 씨앗껍질을 벗겨서 건조한 후 잘게 부순 것을 '메이스(mace)'라고 한다. 메이스는 넛메그와 비슷한 향미이지만 넛메그보다 향이 강하고, 가격도 비싸다.

넛메그는 단맛과 함께 약간의 쓴맛이 느껴지며, 정향이나 후추에 비해서 향이 자극적이지 않지만 톡 쏘는 듯한 향이 나기 때문에 고기요리나 생선요리의 누린내나 비린내를 제거하는 데 효과적이다. 이밖에도 피클, 케첩, 카레, 빵, 과자 등 다양한 식품에 이용된다.

■ 클로브(clove): 인도네시아가 원산지인 물푸레나무과에 속하는 나무의 꽃봉오리를 말린 것이며, 한자로는 '정향(丁香)'이라고 한다. 개화하면 향이 약해지므로 꽃이 피기 전에 수확하여 말린다. 말린 꽃봉오리는 길이가 3~4㎜ 정도 되며, 모양이 못과 닮았다. 클로브(clove)의 어원은 라틴어에서 '못'을 뜻하는 'clavus'에서 유래되었으며, 정향(丁香)의 '정(丁)' 역시 모양이 못처럼 생겼다고 하여 붙인 것이다.

클로브의 향은 매우 강렬하고 자극적이지만 상쾌하고 달콤한 것이 특징이다. 구강청정제로 사용되는 은단(銀丹)의 주요 성분이며, 은단의 냄새는 주로 클로브에서 비롯된 것이다. 서양에서는 고기의 누린내를 제거하거나 오이피클을 담글 때 사용하며, 카레나 제과제빵의 원료로도 사용된다.

중국요리에서 기본이 되는 다섯 가지 향신료를 '오향(五香)'이라고 하며, 이것은 회향(茴香), 팔각(八角), 산초(초피), 정향(丁香), 진피(陳皮: 귤껍질 말린 것)를 의미한다. 때로는 팔각 대신에 계피(桂

皮)를 넣어서 오향이라고도 한다. 오향을 사용한 대표적인 요리는 중국식 돼지고기 수육인 오향장육(五香醬肉)이 있다.

■ 타라곤(tarragon): 유럽 남부 및 서아시아가 원산지인 국화과의 식물로서 프랑스인들이 특히 좋아하는 향신료이다. 부드러운 어린 잎을 주로 이용하며, 수확 시기에 따라 향미의 강도나 질의 면에서 차이가 있다. 타라곤은 박하, 셀러리, 아니스를 섞어놓은 것처럼 상쾌하면서도 매콤하고 쌉쌀한 맛이 느껴지는 독특한 풍미를 지니고 있다.

타라곤은 말리면 향이 휘발하기 때문에 신선한 상태로 사용하는 것이 좋지만 오래 보관할 수 없다는 단점이 있다. 따라서 향이 감소하기는 하나 주로 말려서 밀폐용기에 보관하여 유통한다. 또는 신선한 타라곤을 채취하여 식초에 절여 유통시키기도 한다. 식초에 담가 수주일 숙성시킨 것을 타라곤식초(tarragon vinegar)라고 하며, 프랑스의 유명한 달팽이요리에 반드시 사용되는 식재료이다. 타라곤은 해산물요리나 닭요리 등에 널리 활용된다.

■ 페뉴그릭(fenugreek): 콩과의 식물로 한자로는 '호로파(葫蘆巴)'라고 한다. 원산지가 분명하지 않으며, 오랜 옛날부터 지구상 곳곳에서 자생하였고 지금도 전 세계에서 재배하고 있다. 신선한 잎을 채소

로 이용하기도 하나 주로 건조한 씨앗을 갈아서 향신료로 사용한다. 씨앗은 3~5mm 정도의 원추형이며, 윤기가 있고 처음에는 담녹색이지만 점차 황갈색으로 변한다.

가공되지 않은 페뉴그릭의 씨앗은 불쾌한 쓴맛이 있으며, 볶게 되면 쓴맛이 완화되고 단맛과 특유의 방향(芳香)이 나타나게 된다. 주로 인도에서 사용하는 향신료이며, 화덕에 구워서 만드는 인도의 전통 빵인 난(naan)을 만들 때 밀가루와 섞어 반죽하거나 카레 분말을 만들 때 사용하는 등 다양한 요리에 활용된다.

페뉴그릭은 향신료로 사용하기 이전에는 주로 가축의 사료로 널리 이용되었으며 오래전부터 약재로도 사용되었다. 특히 모유가 부족한 수유부에게는 모유의 생산을 촉진해주는 효과가 있는 것으로 알려져 있으며, 페뉴그릭 종자추출물 제품은 해외 직접구매를 통하여 국내에도 많이 들어오고 있다.

■ 스타아니스(star anise): 중국이 원산지인 목련과 상록수의 씨앗을 갈아서 향신료로 사용한다. 중국요리에서 빠져서는 안 되는 향신료로서 한자로는 '팔각(八角)', '팔각회향(八角茴香)', '대회향(大茴香)' 등으로 불린다. 열매는 여덟 개의 꼬투리가 마치 별처럼 붙어있는 모양을 하고 있으며, '팔각(八角)'이나 '스타(star)'라는 이름은 여기서 유래되었고, 각 꼬투리 안에 갈색의 씨앗이 하나씩 들어있다.

아니스 향의 주성분인 아네톨(anethole)이 다량 함유되어 있어 아니스와 비슷한 향이 나기 때문에 스타아니스라는 이름이 붙게 되었다. 스타아니스는 달콤한 향미와 함께 약간의 쓴맛과 떫은맛이 느껴지며, 누린내를 제거하는 효과가 강력하여 중국요리에서 빠져서는 안 되는 향신료로 취급되고 있다.

■ 올스파이스(allspice): 올스파이스나무는 원산지가 서인도제도 및 중앙아메리카인 도금양과의 상록수이다. 열매가 완숙하기 전에 수확하여 건조한 것을 향신료로 사용한다. 열매의 크기는 6~10mm 정도의 구형이며, 암갈색으로 후추와 비슷한 모양을 하고 있으나 매운맛은 없다. 한자로는 '백미호초(百味胡椒)'라고 한다.

하나의 열매에서 계피, 클로브, 넛메그 등을 혼합한 듯한 향이 나기 때문에 '올스파이스(all spice)'라는 이름이 붙었다. 올스파이스 향미의 주성분은 유게놀(eugenol)이다. 육류요리, 생선요리, 소스, 수프, 피클, 푸딩, 케이크 등 다양한 식품에 사용된다.

■ 사프란(saffron): 서남아시아가 원산지인 붓꽃과의 식물로 꽃의 암술을 말려서 향신료로 사용한다. 한자로는 '장홍화(藏紅花)'라고 한다. 1g을 얻기 위해서는 500개 이상의 암술을 말려야 하며, 채취부터 건조까지 모든 작업이 수작업으로 이루어지므로 금에 맞먹는

가격으로 세계에서 가장 비싼 향신료이다.

빛나는 붉은 자줏빛인 사프란은 최상의 황금색 염료로 오래전부터 애용해왔다. 사프란의 색소성분은 크로신(crocin)이며, 강한 노란색을 나타낸다. 천연착색제로서 의류, 화장품 등에 사용되기도 하나 값이 비싸서 요즘은 주로 고급요리의 향신료로 사용되고 있다. 매혹적인 독특한 향이 있으나 향미보다는 색을 내기 위한 향신료로 사용된다.

31.
토마토

    토마토는 모양도 예쁘지만 맛과 영양이 뛰어나서 전 세계 사람들의 사랑을 받고 있다. 미국의 유명한 시사주간지인 《타임 (Time)》은 2002년 1월 '몸에 좋은 10가지 식품'을 선정하여 발표하였으며, 토마토를 그중에서 첫 번째로 거론하였다. 토마토는 최근 각종 매스컴의 건강관련 프로그램에서 소개되면서 점차 소비가 증가하는 추세이다.

    토마토는 가지과(科)의 식물로서 원산지는 아직 정확하게 밝혀지지는 않았으나 페루, 에쿠아도르, 볼리비아 등에 수많은 야생종이 발견되고 있어서 남아메리카 안데스산맥 고원지대로 추정되고 있다. 토마토는 일반적인 빨간색뿐만 아니라 노란색이나 보라색도 있으며, 방울토마토처럼 작은 것에서부터 무게가 1~2kg이나 되는 것까지 그 종류가 2,000종이 넘는다.

    16세기에 스페인 사람들에 의해 토마토가 유럽으로 처음 전해졌을 때에는 좋지 않은 미신과 전설이 많으며, 작은 사과 크기의 노란 열매를 맺는 맨드레이크(mandrake)와 유사한 식물로 오인되었다. 맨드레이크 열매는 독성이 있으나 약용으로도 쓰였으며, 토마토도 효능이 비슷한 것으로 여겨져 한동안 독초로 취급 받고 관상용으로만 재배되었다. 18세기 이후 이탈리아에서 식용으로 이용하게 되면서 본격적으로 재배하게 되었다.

토마토가 우리나라에 전래된 시기는 조선시대 이수광(李睟光)이 저술한 『지봉유설(芝峰類說)』에 '남만시(南蠻柿)'라는 이름이 등장하여, 이 책이 저술된 1614년 이전인 16세기 말이나 17세기 초로 추정된다. 남만(南蠻)은 오늘날의 베트남 등 동남아시아 지역을 지칭하며, 남만시(南蠻柿)는 '남만에서 온 감(柿)'이란 의미이다.

그러나 그 후에도 한동안 토마토는 널리 재배되지 않다가 20세기 초 선교사들에 의해 토마토(tomato)라는 이름으로 재차 도입돼 점차 보급되기 시작하였고, 1960년대 들어서 소비가 늘면서 본격적으로 재배되었다. 토마토는 남만시라는 이름 외에도 1년이면 열리는 감이라 하여 '일년감(一年감)'이라고도 하였으나, 현재는 외래어인 토마토가 일반적으로 사용되고 있다.

토마토는 과일가게에 사과, 배, 바나나 등 다른 과일들과 함께 진열되어 있으며, 생김새도 과일과 유사하여 과일로 오해되기도 하나 분류상 채소의 일종이다. 보통 과일하면 여러해살이 나무에 열리는 달고 빛깔이 고운 열매를 연상하고, 채소라고 하면 밭에서 재배하는 푸성귀 종류로서 주로 반찬으로 잎이나 뿌리를 먹는 것을 떠올리게 된다.

또는 용도에 따라 식사의 후식으로 제공되는 것은 과일이라 하고, 식사 메뉴의 소재로 사용되는 것을 채소라고 분류하기도 한다. 그러나 이런 기준으로 과일과 채소를 구분하면 예외가 너무나도 많다는 것을 바로 느끼게 된다. 용도에 따른 기준에 의하면 서양에서는 토마토를 채소라 하겠으나, 우리나라의 경우는 과일로 분류될 것이다.

이렇듯 토마토는 과일과 채소의 중간쯤에 위치하며, 과일이냐 채소냐를 놓고 자주 논쟁의 대상이 되기도 한다. 이와 관련하여 미국에서는 1893년 관세 문제로 대법원에 소송까지 제기되어 채소로 판정 받은 사례까지 있다. 토마토와 마찬가지로 수박, 참외, 딸기 등도 과일로 혼동되기 쉬우나 채소로 분류된다.

토마토를 뜻하는 이탈리아어 '포모도로(pomodoro)'는 '황금 사과'라는 뜻인데, 그리스 신화에 나오는 헤스페리데스(Hesperides) 동산에서 자란다는 황금사과에서 따온 이름이다. 당시의 사람들은 토마토의 원산지인 남아메리카가 헤스페리데스

동산이 있었던 곳이라고 믿었다고 한다. 오늘날 토마토는 파스타, 피자, 샐러드 등 이탈리아에서는 쓰이지 않는 요리가 없을 정도로 애용되고 있다.

영국에서는 토마토를 '사랑의 사과(love apple)'라는 애칭으로 부른다. 터질 듯 붉은 토마토가 사랑의 정열로 불타오르는 연인들의 심장과 같다고 해서 붙여진 이름이다. 붉은 빛깔에 탱탱한 촉감, 풍부한 과즙에서 오는 느낌은 '사랑의 열매'로 불리기에 손색이 없다. 이 때문에 17세기 청교도혁명 이후 한때는 성적 타락을 가져올 수도 있다고 하여 재배가 금지되기도 하였다.

미국에서는 토마토를 '늑대의 사과(wolf apple)'라는 별명으로 부르기도 하는데, 토마토를 먹으면 늑대와 같은 정력을 갖는다는 의미가 포함되어 있으며, 예로부터 정력에 효과가 있는 식품으로 알려져 있다. 토마토가 남성에게 좋다는 것은 토마토에 풍부한 라이코펜(lycopene)이란 성분이 전립선 질환을 예방하는 효과가 있기 때문이다.

라이코펜은 토마토의 붉은색을 나타내는 색소이며, 카로티노이드(carotenoid)의 일종으로서 베타카로틴의 이성체이다. 토마토가 익어갈수록 라이코펜의 함량은 증가하며, 보통 크기(약 200g)의 잘 익은 토마토 1개에는 약 4mg의 라이코펜이 들어있다. 라이코펜은 노화의 원인인 활성산소를 억제하는 작용을 하며 강력한 항암효과가 있는 것으로 밝혀졌다. 토마토는 생으로 먹거나 주스로 만들어 마실 때보다 기름에 익혀서 먹을 때 라이코펜의 섭취율이 높아지며, 그 이유는 라이코펜이 열에 강하고 지용성이기 때문이다.

1999년 2월 미국국립암센터에서 발행하는 학술지 《Journel of the National Cancer Institute》에 하버드의대의 에드워드 지오바누치(Edward Giovannucci) 박사 등이 분석한 토마토의 항암작용에 관한 연구사례가 실렸다. 이에 따르면 토마토를 섭취하면 암의 발병이 통계적으로 유의미하게 감소하는 것으로 밝혀졌다. 토마토의 항암작용은 특히 전립선암, 폐암 등에서 효과가 있는 것으로 나타났다.

유럽에는 "토마토가 빨갛게 익으면 의사의 얼굴이 파랗게 된다"는 속담이 있다. 빨갛게 익은 토마토에는 몸에 좋은 영양소가 풍부하게 들어있으며, 토마토를 먹게 되면 병에 걸리지 않게 되므로, 수입이 줄어들 것을 염려하여 의사들의 얼굴에 수심이 드러나게 된다는 의미이다. 그만큼 토마토는 대표적인 건강식품으로 알려져 있다. 토마토에는 비타민A(베타카로틴), 비타민C 및 비타민E의 함량이 비교적 풍부한 편이며, 다른 과일에 비해 칼로리는 낮은 편이다.

일반 토마토는 덜 익은 파란 토마토를 수확하여 붉게 익히는 후숙 과정을 거치지만 방울토마토는 빨갛게 익은 다음에 수확하므로 일반 토마토에 비하여 비타민 및 무기질 등 영양성분의 함량이 다소 많은 편이다. 방울토마토는 일반 토마토보다 늦게 알려졌기 때문에 일반 토마토를 품종 개량한 것이라고 착각하기 쉽다. 그러나 방울토마토는 다른 토마토 품종들과 마찬가지로 이미 오래전부터 재배되어 왔으며 우리나라에 늦게 소개되었을 뿐이다.

방울토마토는 한 개에 약 20g 정도이며, 보통 토마토에 비해서 열매가 매우 작아 '미니토마토(mini tomato)' 또는 '체리토마토(cherry tomato)'라고도 한다. 방울토마토는 품종이 다양하고 색깔도 빨강, 노랑, 검붉은색, 초록색, 오렌지 등 다양하지만 주로 빨간색이 많으며, 모양에 따라 동그란 형태의 '방울토마토'와 대추랑 비슷하게 타원형으로 생긴 '대추토마토' 등 2종으로 구분된다.

32.
딸기

봄은 만물이 소생한다는 계절이지만, 몸이 나른하고 입맛이 없는 때이기도 하다. 봄이 되면 제일 먼저 시장에 나타나 붉고 싱싱한 모습으로 시선을 끌고, 달콤한 향과 새콤한 맛으로 미각을 자극하는 열매가 바로 딸기이다. 딸기는 분류상 채소류에 속하지만, 후식이나 간식용으로 날것 그대로 먹는다는 점에서 과일에 가깝다.

딸기는 씨방이 발달하여 열매가 되는 일반적인 과일과는 달리 꽃턱이 발달한 것을 식용으로 하며, 씨는 꽃턱 표면에 깨와 같이 박혀있다. 딸기의 야생종은 전 세계에 널리 분포되어 있으며, 야생 딸기는 인류가 채집생활을 하던 선사시대부터 식용으로 하였다.

그러나 재배 역사는 다른 작물들에 비하여 늦은 편으로서 14세기경에 유럽에서 야생 딸기를 밭에 옮겨 재배하기 시작하였다고 한다. 현재 재배되고 있는 딸기는 18세기 말에 네덜란드에서 북아메리카 동부지역 원산의 야생종과 남아메리카 칠레 원산의 야생종을 교잡하여 품종 개량한 것을 모태로 하여 육종된 것이다.

우리나라에 재배종 딸기가 들어온 것은 20세기 중반 일본을 통해서였다. 1955년 박철준(朴喆俊)이라는 사람이 수원시 권선구 탑동(塔洞)에서 서울대학교 농과대학 교수의 지도를 받아 일본에서 개량한 '대학1호'라는 품종의 딸기를 재배한 것이 시초였다. 이 딸기의 소비가 늘면서 1960년대에는 재배면적도 점차 늘어나게 되었다. 지금은 사라졌으나, 탑동의 딸기 재배단지는 1970~80년대에 '푸른지대'라고 불리며 전국적으로 딸기 생산 명소로 이름을 날리기도 하였다.

딸기는 장미과에 속하는 다년생 초본으로서 영어로는 '스트로베리(strawberry)'라고 한다. 이 이름은 유럽에서 밭에 짚(straw)을 깔고 재배한 데서 유래되었다고 한다. 베리(berry)는 한자로는 장과(漿果)라고 하며, 연하고 수분이 많은 먹을 수 있는 작은 열매를 의미한다.

베리류에는 딸기 외에도 라즈베리(raspberry: 산딸기), 블랙베리(blackberry), 블루베리(blueberry), 크랜베리(cranberry) 등이 국내에 알려져 있으며, 이 중에서 블루베리와 크랜베리는 진

달래과에 속하는 관목으로 식물 분류상 딸기와는 전혀 별개의 식물이다.

이들 베리류가 최근 주목 받고 있는 것은 이들이 공통적으로 함유하고 있는 성분인 안토시아닌(anthocyanin)의 효능 때문이다. 안토시아닌은 pH에 따라 다양한 색깔을 나타내는 색소 성분이며, 베리류의 껍질에 많이 있다. 안토시아닌은 강력한 항산화 효과 및 시력 향상 효과 등이 있는 것으로 밝혀졌다.

서양에서 베리류가 주목을 받고 있듯이 동양에서는 오래전부터 복분자(覆盆子)가 그 효능을 인정받아 왔다. 복분자는 딸기와 같은 장미과에 속하는 나무딸기류의 일종으로서 산딸기와 생김새는 비슷하나 서로 다른 종류이며, 식물 분류상 가까운 친척에 해당한다.

복분자는 특히 정력을 향상시키는 효과가 있는 것으로 알려져 있다. 복분자란 이름은 '엎어질 복(覆)', '요강 분(盆)', '아들 자(子)'로 이루어져 있으며, '아들 자(子)'는 한약재에서 열매를 의미한다. 이 열매를 먹으면 정력이 강해져서 요강이 엎어질 정도로 소변 줄기가 세어진다는 뜻에서 복분자란 이름이 붙었다. 그러나 아직 구체적으로 어떤 성분이 생식기능 개선에 효과가 있는지는 밝혀지지 않았다.

다른 베리류와 마찬가지로 딸기는 비타민C가 풍부한 식품이며, 보통 크기의 딸기 5~6개면 비타민C의 1일 권장섭취량을 충족시킬 수 있다. 따라서 봄에 나는 딸기를 먹으면 겨울을 나면서 부족하기 쉬운 비타민C를 보충하여 신체의 활력을 되찾게 하는 효과가 있다.

딸기의 대표적인 가공 방법은 잼(jam)을 만드는 것이며, 현재 국내에서 판매되고 있는 잼 중에서는 딸기잼의 수요가 가장 많다. 잼은 과일에 설탕을 넣고 끓여서 농축한 것으로서 점성이 높고 미생물이 자라기 어려워 저장성이 좋은 것이 특징이다. 잼은 인류가 채집과 사냥으로 식량을 구하던 시절, 이동 생활을 하는 중에 꿀에 담긴 과실이 상하지 않고 오랫동안 먹을 수 있다는 것을 발견하고, 채집된 꿀을 사용하여 과실을 저장한 것이 기원이라고 한다. 그 후 인도의 설탕이 유럽에 전해지면서 오늘날과 같은 잼이 만들어지게 된 것이다.

집에서 딸기잼을 만들 때에는 간단히 설탕을 첨가하여 졸이는 것만으로도 가능하나, 공장에서 잼을 만들 때에는 일정한 품질의 제품을 얻기 위하여 설탕 이외의 다른 성분도 첨가하는 것이 보통이다. 잼이 되기 위하여 가장 중요한 요소는 당분 함량, pH, 섬유질 함량 등이다.

당분 함량이 적으면 아무리 농축하여도 잼이 되지 않으므로 보통 당분 농도 60 이상이 되도록 설탕 또는 물엿 등의 당분을

추가한다. pH는 4 이하여야 젤리화가 잘 되며, 보통은 pH
2.8~3.3 정도가 되도록 구연산, 레몬즙 등으로 산도를 조정한
다. 섬유질이 부족한 과실의 경우에는 펙틴을 보충하여 준다.
잼은 저장성이 높은 장점은 있으나, 가열 과정에서 비타민이
손실되며, 당분 함량이 높기 때문에 칼로리가 높은 것이 단점
이다.

33.
수박

  서리를 놀이로 인정하여 어느 정도 눈감아주던 인심이 바뀌면서 요즘은 거의 사라졌지만, 여름철의 농촌 놀이 중에서 가장 신나고 스릴 있는 것이 바로 수박서리였다. 오늘날엔 시설원예를 통해 1년 내내 수확되고 수박서리도 옛이야기가 되었지만 그래도 여름이 되어 날이 더워지면 가장 먼저 생각나는 것이 시원한 수박이다. 수박은 수분이 많고 당도가 높아 더위와 갈증을 풀어주는 청량음료를 대체할 수 있는 천연식품이다.

  수박은 박과(科)의 한해살이식물이며, 원산지는 아프리카 남서부의 칼라하리 사막과 주변의 사바나 지역이다. BC 2560년 경으로 추정되는 고대 이집트 무덤의 벽화에 수박이 그려져 있어, 이미 그 무렵에 재배가 이루어졌던 것으로 보인다. 수박은 과육의 90% 이상이 수분이며, 아프리카에서는 건기(乾期)의 중요한 물 공급원이다.

중국에는 12세기경에 비단길을 통해 전해졌으며, '물이 많은 박(瓜)'이라는 의미로 '수과(水瓜)' 또는 '서양에서 온 박'이라는 의미로 '서과(西瓜)'라고 하였다. 우리말의 수박(水박) 역시 '물이 많은 박'이란 의미다. 수박은 동서양을 막론하고 물이 많은 열매로 인식하였으며, 영어로는 'watermelon'이라고 한다.

『홍길동전』의 저자인 허균(許筠)이 1611년에 쓴 『도문대작(屠門大嚼)』이란 책에 "몽고에 귀화하여 원(元)나라의 장군이 된 홍다구(洪茶丘)가 고려 충렬왕(忠烈王) 때에 개성에다 처음으로 수박을 심었다"는 기록이 있어 우리나라에는 13세기 말에 도입된 것으로 추정된다. 2006년에 처음 발행된 5만 원권 지폐의 도안으로 사용된 신사임당(申師任堂)의 작품에도 수박이 그려져 있듯이 조선 중기에는 이미 수박의 재배가 보편화되었음을 알 수 있다.

수박은 다양한 품종이 있으나, 현재 우리나라에서 재배되고 있는 대부분의 품종은 일본에서 도입된 것이며, 열매가 둥글고 과육이 적색인 것이 특징이다. 수박의 당질은 대부분 단당류인 포도당과 과당으로 되어있어 우리 몸에 쉽게 흡수되어 바로 에너지로 사용될 수 있으므로 피로회복에 도움이 된다.

수박씨에도 영양소가 많이 들어있으므로 씨 채로 씹어서 먹으라고 권유하는 사람도 있다. 먹어서 나쁠 것은 없으나 보통 한 번에 먹게 되는 수박에 포함된 씨의 양을 고려할 때 영양학적으로 큰 의미는 없다. 수박을 먹을 때 씨는 귀찮은 존재임에 틀림이 없으며, 이에 따라 '씨 없는 수박'이 개발되기도 하였다.

씨 없는 수박하면 우장춘(禹長春) 박사를 떠올리게 되나, 사실 그는 씨 없는 수박을 처음 만든 사람은 아니며, 교토대(京都大)의 기하라 히토시(木原均, きはら ひとし) 박사가 개발한 것을 한국에서 처음 재배에 성공하였을 뿐이다. 우장춘 박사는 씨 없는 수박을 만드는 기초 원리를 규명한 '종(種)의 합성 이론'으로 모교인 도쿄대(東京大)에서 농학박사 학위를 받았으며, 우리나라 육종학(育種學)의 기초를 수립하는 데 크게 기여하였다.

수박의 약리효과 중 대표적인 기능은 이뇨작용(利尿作用)이며, 이는 수박에 들어있는 시트룰린(citruline)이란 성분 때문이다. 시트룰린은 아미노산의 일종으로 수박에서 처음 발견되었으며, 단백질이 요소(尿素, urea)로 변하여 소변으로 배출되는 과정을 돕는다. 수박에 풍부한 수분도 소변의 양을 증가시켜 소변이 잘 나오게 하는 역할을 한다.

수박의 붉은색을 나타내는 색소인 라이코펜(lycopene)은 붉은색이 짙어질수록 함량이 증가한다. 수박의 라이코펜 함량은 토마토보다도 많으며, 과육 100g당 약 4㎎이 들어있다. 라이코펜은 노화의 원인인 활성산소를 억제하는 작용을 하며 강력한 항암효과가 있는 것으로 밝혀졌다.

34.
참외

요즘은 시설재배를 통하여 사계절 내내 먹을 수 있게 되었으나, 과거에는 수박과 더불어 여름철을 대표하던 과채(果菜)가 참외였다. 노랗게 잘 익은 참외를 냇물에 담가두고 한참이나 물장난을 치다 한 입 깨무는 그 맛은 그 무엇과도 바꿀 수 없는 별미였다. 오늘날에도 참외는 독특한 향기와 맛으로 인하여 간식이나 후식으로서 온 국민이 즐기는 식품으로 자리잡고 있다.

참외(oriental melon)는 박과(科) 식물에 속하며, 멜론(melon)의 변종(變種)이다. 참외의 원산지에 대하여는 여러 가지 설이 있으나, 아프리카의 사하라사막 남쪽 지역을 1차 원산지로 보고, 여기서 전파된 후 다시 많은 종으로 분화한 이란, 터키, 인도, 중국 등을 2차 원산지로 보는 것이 유력하다. 원산지로부터 전파되는 과정에서 그 지역에 적응한 변종이 발생하여 인도 및 서양에서는 멜론의 형태로, 중국을 중심으로 한 동양에서는 참외로 발달하였다.

멜론류의 재배 역사는 비교적 짧으나 급속히 전 세계에 전파되어 여러 종류로 분화하여 중요한 작물의 하나가 되었다. 현재 재배되고 있는 품종을 보면 서양계인 멜론은 여러 가지 특징적인 형태로 다양하게 분화하였고, 동양계의 참외는 상대적으로 품종이 단순하다. 이것은 멜론의 경우 원산지의 기후와 유사한 고온·건조한 지역이 주산지여서 품종 분화가 활발히 진행되었고, 참외는 기후적응성이 뛰어난 품종만이 살아남은 결과로 추정된다.

중국에서는 기원전부터 참외를 재배하여 왔으며, '첨과(甜瓜)' 또는 '향과(香瓜)'라 하였다. 6세기 전반에 저술된 『제민요술(齊民要術)』이라는 책에 참외의 품종과 재배법이 기술되어 있는 것으로 보아 5세기경에는 현재 품종의 기본형이 생겼을 것으로 추정된다.

우리나라에는 삼국시대 또는 그 이전에 중국으로부터 전래된 것으로 보이며, 통일신라시대에는 이미 재배가 일반화된 것으로 추정된다. 고려시대에 만들어져 현재 국보 제94호로 지정된 '청자소문과형병(靑磁素文瓜形甁)'은 참외를 형상화한 것이며, 이 시기에 참외 재배가 활발하였고 여름철 과실로서 인기가 높았던 것으로 짐작된다.

참외의 '참'은 '좋다', '진짜', '제대로 된' 등의 뜻을 지니며, '외(오이)'보다 맛과 향이 좋다는 의미로 붙여진 이름이다. 우리나라의 참외 재배 역사는 대단히 길지만 한일합방 이후 일본에서 들어온 참외가 재래종보다 맛이 좋아 점차 확대되었고, 1960년대부터는 우리나라에서 육종된 교배종 품종이 보급되기 시작하였다.

우리나라에서 가장 흔한 노란색 줄무늬의 참외는 다른 나라에서는 찾아보기 어렵고, 영어로는 '한국 멜론(Korean melon)' 또는 '참외(chamoe)'라고 불린다. 중국에도 참외가 있으나 우리나라의 참외와는 색상이나 맛에서 차이가 있으며 멜론에 가깝다. 일본의 경우에는 멜론에 밀려 참외를 거의 재배하지 않는다.

현재는 재래종 품종은 거의 볼 수가 없고 '성환참외(개구리참외)'만 겨우 명맥을 유지하고 있다. 참외 중에는 '개똥참외'라는 것이 있는데 이는 참외를 먹고 뱉어버린 씨가 길가나 들판 등에서 잡초와 같이 자라나 열매를 맺은 볼품없는 참외를 이르는 말이다.

참외는 당분이 많아 단맛이 있고, 비타민C의 함량이 많은 것 이외에 특별한 영양성분은 없다. 그러나 다른 과일에 비하여 한 번에 먹는 양이 많기 때문에 섭취하는 영양소는 적지 않다.

보통 크기의 참외 1개의 무게는 약 400g이며, 껍질이나 씨 등 버리게 되는 것이 약 20%이므로, 참외 반쪽만 먹어도 가식부는 약 160g으로서 섭취하는 비타민C는 일일 권장량의 3분의 1이 넘는 약 34㎎이 된다.

35.
감

　우리나라의 가을 풍경을 담은 사진에 가장 자주 등장하는 것 중의 하나가 푸른 하늘을 배경으로 주렁주렁 매달린 잘 익은 주홍빛 감이다. 또한 어린 시절 누구나 들었을 전래동화에서 우는 아이의 울음을 뚝 그치게 하고 호랑이도 무서워서 도망가게 만든 곶감은 감을 가공한 것이다. 이처럼 감은 우리에게 아주 친숙한 과일이라 하겠다.

　감나무는 동아시아 특유의 과수(果樹)로서 우리나라를 비롯하여 중국과 일본이 원산지이다. 전 세계에 분포되어 있는 감나무속(屬) 식물은 190여 종으로 열대에서 온대지방까지 분포하고 있다. 그중 식용으로 재배되는 것은 감나무뿐이고, 일부가 대목용(代木用) 또는 타닌(tannin) 채취용 등으로 재배된다. 중국에서는 기원전부터 재배된 기록이 있으나, 우리나라의 경우 기록이 남아있는 것은 고려시대인 1236년에 편찬된 의약서인 『향약구급방(鄕藥救急方)』이 처음이다.

감(persimmon)은 크게 단감과 떫은감으로 구분하며, 일반적으로 더운 지방의 감은 달고, 추운 지방의 감은 떫다고 한다. 우리나라 재래종은 모두 떫은감이고, 단감은 주로 일본에서 재배되었으며, 현재 국내에서 재배되고 있는 단감은 1900년대 이후 일본에서 도입된 품종들이다. 단감은 그대로 먹을 수 있으나, 떫은감은 떫은맛을 제거한 후 식용으로 하는 것이 보통이다.

떫은맛은 감에 들어있는 타닌(tannin) 성분이 혀의 단백질과 결합하여 미각세포가 수축되는 현상으로 일반적으로 이야기하는 단맛, 짠맛 등의 미각과는 다른 감각이다. 타닌은 많은 식물에 널리 분포하며, 물에 녹는 수용성의 것과 물에 녹지 않는 불용성의 것이 있다. 감의 떫은맛을 내는 것은 수용성 타닌이며, 수용성 타닌이 불용화 되면 떫은맛은 사라진다.

감에 있는 타닌의 불용화에는 아세트알데하이드(acetalde-hyde)가 작용하는 것으로 알려져 있다. 단감도 덜 익었을 때에는 떫은맛이 나는데 이는 조직 내에 아세트알데하이드의 형성이 부족하기 때문이며, 다 익어서 아세트알데하이드가 축적되면 떫은맛이 사라진다. 단감도 추운 지방에서는 떫어지는 것은 아세트알데하이드가 충분히 형성되지 않기 때문이다.

감의 떫은맛을 제거하는 것을 탈삽(脫澁)이라고 한다. 탈삽에는 자연적으로 떫은맛이 사라지도록 약 3주간 저장하는 방법과 온탕탈삽법, 알코올탈삽법, 가스탈삽법, 동결탈삽법 등의 인위적인 탈삽법이 있다. 탈삽은 수용성 타닌을 불용성으로 변화시키는 것일 뿐이며, 타닌 성분까지 제거하는 것은 아니다. 떫은감을 탈삽한 것을 연시(軟柿) 또는 홍시(紅柿)라고 한다. 연시는 질감이 말랑말랑하고 부드럽다고 하여 붙인 이름이고, 홍시는 색깔이 붉다고 하여 붙인 이름이다.

곶감은 떫은감의 껍질을 얇게 벗겨 건조시킨 것이며, 건조과정 중에 타닌이 불용화하여 떫은맛이 사라지게 된다. 곶감의 건조에 따라 단맛이 증가하는 것은 수분의 증발에 의해 당분의 농도가 증가하기 때문이며, 당의 절대량에는 변화가 없다. 곶감 표면의 백색분말은 수분이 증발하여 결정화된 포도당이다.

과거 포장 및 유통기술이 부족하였을 때에는 충분히 건조하여 표면이 하얗게 변하고 비교적 질긴 곶감을 만들었으나, 요즘은 덜 질기고 표면도 하얗지 않은 곶감도 유통되고 있다. 충분히 건조한 곶감은 건시(乾柿)라고 하며 수분이 35~40% 정도이고, 덜 건조시킨 것은 수분 함량이 약 50% 정도로서 반건시(半乾柿)라고 부른다.

감은 다른 과일에 비하여 당분의 함량이 높고 신맛을 내는 구연산, 사과산 등의 유기산 함량이 낮아 단맛이 특히 강한 과일이다. 감의 당분은 대부분이 포도당과 과당이어서 소화·흡수가 잘 된다. 감은 비타민C가 많아 1~2개만 먹어도 하루에 필요한 비타민C를 모두 섭취할 수 있다.

흔히 감을 먹으면 타닌 성분 때문에 변비에 걸린다는 속설이 있으나 별로 믿을 것은 못 된다. 우리가 식용으로 하는 것은 떫은감이 아니라 타닌이 불용화되어 단맛만 남은 단감, 연시, 곶감 등이며, 따라서 물을 흡수하는 성질도 없고, 변비를 유발하지도 않는다. 오히려 감은 섬유질이 풍부한 편이므로 변비 해소에 도움이 될 수 있다.

반대로 감을 먹으면 수렴작용(收斂作用)을 통하여 설사를 멎게 해준다거나 지혈효과가 있다는 것도 불용화된 타닌성분으로는 기대하기 어렵다. 설사 미량의 수용성 타닌이 남아있다 하더라도 감 1~2개에 들어있는 정도의 양으로서 어떤 작용을 기대하는 것은 무리이다.

36.
귤

　제주도의 특산품으로서 황금색의 탐스러운 열매인 귤은 오늘날 겨울철에 가장 흔한 과일이 되었으나, 1980년대 초만 하여도 귤나무 한 그루만 있으면 자식을 대학까지 공부시킬 수 있다고 하여 '대학나무'라는 별명으로 불리기도 하였다. 1980년대 후반부터 생산량이 급증하여 가격이 폭락하였으며, 최근에는 오렌지, 레몬 등 외국산 감귤류(柑橘類)까지 수입되어 인기가 예전만큼은 아니다.

　귤(橘)은 '감귤(柑橘)' 혹은 '밀감(蜜柑)'이라고도 하며, 식물분류상으로는 운향과(芸香科) 감귤아과(柑橘亞科)의 감귤속(Citrus)에 속한다. 일반적으로 감귤류라고 하면 감귤속뿐만 아니라 금감속(Fortunella), 탱자속(Poncirus) 등 3개 속(屬)에 속하는 식물들을 모두 지칭하며, 서양에서는 이들 전체를 'citrus'라고 부른다.

식용으로 재배되는 대표적인 감귤류에는 귤을 비롯하여 유자(柚子), '낑깡(きんかん)'이라고도 불리는 금감(金柑), 레몬(lemon), 오렌지(orange), 자몽(grapefruit), 시트론(citron) 등이 있다. 귤은 서양에는 없으며, 'mandarin', 'tangerine', 'satsuma' 등으로 번역되고 있으나 정확히 귤에 해당하는 작물은 아니다.

감귤류의 원산지는 동부 히말라야산맥 남쪽의 인도 아샘(Assam) 지역 및 중국 양쯔강(揚子江) 상류 지역을 중심으로 하는 아시아 동남부 지역으로 추정되고 있으며, 지금도 이 지역에는 야생종이 남아있다. 여기서 세계 각지로 퍼져나간 감귤류는 자연교잡과 돌연변이 등이 발생하여 각 지역에 적응한 품종들이 오늘날 재배되고 있는 품종으로 발전하였다. 우리나라는 세계의 감귤류 재배지 중에서 가장 북쪽에 위치하며, 추위에 강한 귤나무가 주종을 이루고 있다.

우리나라에서 언제부터 귤의 재배가 시작되었는지 확실한 기록은 없으나, 1653년 제주목사(濟州牧使) 이원진(李元鎭)이 펴낸 『탐라지(耽羅志)』에 "백제 문주왕(文周王) 2년(476년) 탐라국에서 귤을 공물로 받았다"는 기록이 있고, 일본의 야사(野史)인 『히고국사(肥後国史)』에 삼한(三韓)으로부터 귤을 들여왔다고 기록하고 있는 것으로 보아 삼국시대 이전부터 재배하였던 것으로 추정된다.

개량종인 온주밀감(溫州蜜柑)이 제주도에 처음 도입된 것은 1911년이었으며, 1950년대 말부터 재배면적이 급격히 증가하였다. 우리나라에서 주로 재배하는 품종인 온주밀감은 중국 저장성(浙江省)의 원저우(溫州)가 원산지이며, 이것을 개량한 것이 제주밀감(濟州蜜柑)이다. 조생종 귤은 온주밀감 품종의 하나로 과실 수확이 빠르고 수확량도 많지만 저장이 어려운 단점이 있기 때문에 겨울에서 봄에 걸쳐 먹는 귤은 대부분 일반 온주밀감이다.

달콤하고 새콤한 귤의 맛은 당분과 구연산 때문이며, 당분과 구연산의 함량은 귤의 성숙도에 따라 달라지는데, 덜 익었을 때는 당분이 적고 구연산이 많아 신맛이 강하지만 익어감에 따라 당분이 증가하고 구연산이 감소하여 단맛이 강해진다. 잘 익은 귤의 경우 당분은 약 10%, 구연산은 약 1% 함유되어 있다.

귤에는 구연산이 많이 들어있어 피로회복에 좋다는 말을 흔히 듣게 되는데 이는 과학적으로 입증된 것은 아니며 사실과 다른 이야기이다. 귤을 먹으면 피로회복 효과가 있는데 이는 구연산보다는 귤에 풍부한 포도당, 과당 등의 흡수되기 쉬운 당분이 피로회복에 도움이 되기 때문이다.

구연산은 자연계에 널리 분포되어 있는 유기산 중의 하나이며, 감귤류에 특히 많이 함유되어 있다. 구연산의 영어명인 'citric acid' 역시 감귤류를 뜻하는 'citrus'에서 온 것이다. 구연산은 청량음료에 많이 사용되는데, 이는 신맛을 내는 구연산을 첨가하면 상쾌한 기분을 주기 때문일 뿐이며, 피로회복에 도움이 되기 때문은 아니다.

귤 하면 비타민C가 연상될 정도로 귤에는 비타민C가 풍부하게 들어있으며, 가식부 100g 중에는 약 50㎎이 포함되어 있다. 다른 과일과 마찬가지로 귤은 대부분 생식을 하기 때문에 조리 중에 일어나는 비타민C의 파괴도 없어, 귤은 겨울철 부족하기 쉬운 비타민C를 공급하는 데 아주 유용하다.

귤에는 식물의 황색색소인 헤스페리딘(hesperidin)이란 성분이 많이 들어있다. 헤스페리딘은 주로 껍질에 많이 있지만 과육 부분에도 100g당 약 125㎎ 포함되어 있다. 헤스페리딘은 모세혈관을 강화하고 항균, 항암, 항알레르기, 항염증 등의 작용이 있으며, 비타민C와 협동하여 비타민C의 작용을 강화한다고 알려져 있다. 헤스페리딘은 영양강화제, 산화방지제 등의 용도로 식품첨가물로도 사용된다.

일반적으로 과일은 살이 찌지 않고 다이어트에 좋은 식품이지만, 지나치게 많이 먹게 되면 오히려 비만의 원인이 될 수 있다. 보통 과일은 주식이 아니라 후식이나 간식으로 먹게 되므로 과식하게 되는 일이 없으나, 귤의 경우는 까먹기가 편해서 앉은자리에서 5~6개를 먹게 되는 경우도 흔하다. 귤 5~6개의 열량은 약 260kcal로서 밥 1공기와 맞먹으며, 한꺼번에 너무 많은 귤을 먹는 것은 바람직하지 않다.

37.
바나나

　열대 및 아열대 지방에서 재배되는 바나나는 인류가 선사시대부터 즐겨 먹던 과일이었으며, 현재에도 세계 시장에서 최대의 소비량을 보이고 있다. 우리나라의 경우에도 1980년대 이전에는 귀한 과일이어서 아무나 먹을 수 있는 것이 아니었으나 요즘에는 사계절 내내 가장 많이 소비되는 대표적인 과일이다.

　바나나의 원산지는 말레이반도이며, BC 5000년 이전부터 원주민에 의해 재배되었을 것으로 추정되어 인류가 재배한 최초의 과일이라 할 수 있다. 또한 바나나는 인류가 최초로 품종개량을 한 식물이다. 본래 바나나는 과육 속에 팥알 크기의 딱딱한 씨가 있었으나, 돌연변이에 의해 탄생한 씨 없는 바나나를 선발하여 재배하게 된 것이다.

　바나나의 품종은 400여 가지가 있으나 크게 생식용과 요리용으로 구분된다. 세계적으로 유통되고 있는 대부분의 바나나는 생식용이며, 일부 지역에서 요리용 바나나가 재배되고 있다. 요리용은 떫은맛이 나기 때문에 그냥 먹을 수는 없고 기름에 튀기거나, 굽거나, 찌는 등 익혀서 먹는다.

흔히 '바나나나무'라는 말을 많이 쓰지만 사실은 나무가 아니라 여러해살이풀이다. 바나나는 나무가 아니라 풀에서 열린 열매이므로 과일이 아니라 채소라는 주장도 있다. 그러나 과일과 채소를 나누는 것은 나무냐 풀이냐 보다는 문화•관습적인 구분이며, 일반적으로 바나나는 과일로 분류되고 있다. 유엔식량농업기구(FAO)에서도 바나나는 과일로 분류하고 있다.

말레이반도에서 재배되기 시작한 바나나는 동쪽으로는 필리핀, 중국 등으로 전파되었으며, 서쪽으로는 인도, 아프리카 등으로 퍼져나갔다. 유럽에는 기원전 327년 알렉산더 대왕(Alexander the Great)의 인도 원정을 계기로 아라비아 지역을 거쳐 전해졌다. 바나나(banana)라는 명칭은 고대 아랍어에서 '손가락'을 뜻하는 '바난(banan)'에서 유래되었다고 한다.

우리나라에서 바나나를 재배한 기록은 《동아일보》 1965년 11월 6일자의 '서귀포에 바나나'라는 제목의 기사에 처음 나타난다. 그 내용은 "우리나라 최남단 서귀포(西歸浦)에서 '바나나'의 재배가 가능하다는 것이 입증되었다. 서귀(西歸)읍 서귀(西歸)농고에서는 지난해 7월 일본(日本)에서 1년생 3척(尺) '바나나' 2그루를 도입, 온실에서 난방장치 없이 무가온(無加溫)으로 지난 겨울을 무난히 넘겨 지난 7월에 첫 열매를 맺었는데 이달 중순 첫 수확을 보게 되었다'고 되어있다.

1970년대부터 하우스시설에서 재배되기 시작한 바나나는 1980년대에는 귤과 함께 제주도 농가의 대표적 수입원이었다. 1980년대 후반까지만 해도 바나나 한 송이가 당시 가격으로 1만 원이 넘을 정도로 비싸고 귀한 과일이었으나, 1991년부터 바나나의 수입이 자유화되면서 가격이 급락하여 지금은 흔한 과일이 되었다.

바나나는 쉽게 부패하는 특성이 있기 때문에 덜 익은 상태로 수확하여 후숙(後熟) 과정을 거친 후에 소비자에게 판매되게 된다. 수입되는 바나나의 경우 운송 중에 후숙이 일어나는 것을 방지하기 위하여 냉장상태로 운반 및 저장을 하게 된다. 미숙과의 껍질 색깔은 녹색이며, 후숙 작업을 거쳐 소비자에게 판매될 때에는 껍질이 노랗게 된다. 껍질이 노란 상태의 바나나도 아직 덜 익은 상태이며, 껍질에 까만 반점이 있는 것이 잘 익은 것이다. 따라서 바나나를 구입할 때에는 언제 먹을 것인지를 고려하여 선택하여야 한다.

수입 바나나의 살충제 등 농약성분을 우려하는 사람도 있으나 그리 염려할 것은 아니다. 수출국에서 소독을 실시하는 것은 수출업자가 불순한 동기에서 하는 것이 아니라, 솔잎혹파리와 같이 유해한 벌레가 농산물에 묻어서 유입되는 것을 방지하기 위하여 우리의 검역당국에서 요구하여 실시하는 것이며, 이는 국가간 무역에 있어서는 일반적인 사항이다. 통관검사 시에는 농약성분이 기준치 이하일 경우에만 수입을 허가하며, 조금 남아있더라도 껍질을 벗겨내고 먹게 되므로 실제로 위험이 되지는 못한다.

바나나 미숙과의 탄수화물은 대부분 녹말로 되어있어 단맛이 없고, 수용성 타닌이 있어 떫은맛이 나지만, 익어가면서 녹말이 자체 내에 존재하는 다이아스테이스(diastase), 말테이스(maltase), 인버테이스(invertase) 등의 효소에 의해 과당, 포도당 등으로 분해되고, 타닌도 불용화하여 떫은맛이 사라지므로 단맛이 강해진다. 바나나는 유기산의 함량이 적어서 신맛이 거의 없는 과일이다.

바나나는 탄수화물이 주성분으로 20% 이상을 차지하며, 상대적으로 단백질이나 지질은 매우 적은 편이다. 바나나 한 개의 칼로리는 약 80kcal이고, 껍질만 벗기면 간편하게 먹을 수 있기 때문에 간단한 식사대용으로 이용되기도 한다. 바나나의 미량성분 중에는 칼륨(K)이 많은 것이 특징이며, 가식부 100g당 약 380mg 정도 포함되어 있다.

바나나가 변비를 일으킨다는 속설이 있으나 실제는 그 반대이다. 바나나에는 펙틴(pectin), 헤미셀룰로오스(hemicellulose) 등의 식이섬유가 풍부하며, 식이섬유는 수분을 흡수하여 변을 부드럽게 하고, 장의 운동을 촉진시켜서 설사와 변비를 동시에 예방하는 효과가 있다. 또한 포만감을 부여하여 과식을 방지함으로써 체중 조절에 도움을 주는 다이어트식품이다.

38.
배

한여름 무더위에 외출에서 돌아와 냉장고에서 꺼낸 배를 깎아 한입 베어 물면 갈증이 싹 가시고 피로가 풀리는 듯한 기분을 느끼게 된다. 이처럼 과즙이 많고 단맛이 있어 우리 민족에게 오래전부터 사랑 받아온 배는 우리나라를 대표하는 과일 중의 하나이며, 조상을 섬기는 우리 고유의 풍습인 차례나 제사를 지낼 때 빠지지 않고 상에 올리는 과일이기도 하다.

배(pear)의 원산지는 중국의 서부에서 남서부에 이르는 고산지대로 추정되며, 주로 유라시아대륙의 온대지방에서 재배되고 있다. 원산지인 중국과 가까운 관계로 우리나라의 배 재배 역사는 매우 오래되었을 것으로 짐작되나 정확히 언제부터 재배하였는지는 알 수 없으며, 삼국시대 이전으로 추정된다. 현재 재배되고 있는 개량품종들은 다른 과일과 마찬가지로 20세기 초에 일본으로부터 도입되었다.

세계적으로 재배되고 있는 배의 품종은 크게 동양계 중 남방형인 일본배, 동양계의 북방형인 중국배 및 유럽계인 서양배 등 3종류로 구분한다.

■ 일본배: 일본, 한국 남부 및 중국의 양쯔강(揚子江) 연안 일대에 분포하는 돌배나무를 기본종으로 하여 개량한 품종이다. 여름에 비가 많이 오고 온난한 기후에 적합한 품종이며, 현재 우리나라에서 주로 재배하는 품종이다. 열매는 둥글고 육질은 서양배에 비해 떨어지지만 과즙이 많은 것이 특징이다.

■ 중국배: 중국의 황허(黃河) 이북 지방 및 한국 북부 등지에 분포하는 산돌배를 기본종으로 하여 중국에서 개량한 품종이다. 여름에 비가 적은 곳에서 잘 자란다. 열매는 대체로 크고 녹색을 띄며, 약간 떫은맛이 있다.

■ 서양배: 유럽 중부로부터 터키 일대에서 야생한 배를 기본종으로 하여 개량된 품종이다. 열매는 보통 조롱박 모양이지만 변형이 많다. 수확 후 다시 후숙(後熟)하여 먹으며, 석세포(石細胞)가 적고 향기가 좋은 것이 특징이다.

배의 가식부 100g의 칼로리는 약 40kcal로서 열량이 높은 편은 아니다. 배는 당분이 약 10%로 사과보다 적으나 맛은 사과보다 더 달다. 그 이유는 사과와는 달리 유기산의 함량이 적어 신맛이 거의 없기 때문이다. 배의 당분은 과당이 대부분이고 포도당은 적다.

배는 간식으로도 먹지만 식사 후에 후식용으로 제공되는 경우가 많다. 배에는 단백질 분해효소가 많이 함유되어 있어 특히 육류를 먹은 후에 후식으로 먹으면 좋다. 예로부터 불고기나 갈비를 양념에 잴 때 배를 갈아 즙을 첨가하였는데, 이것 역시 배에 있는 단백질 분해효소의 작용으로 아미노산이 생성되어 맛이 좋아지고 고기가 연해지게 되기 때문이다.

배를 먹을 때 오돌토돌하게 씹히는 것이 있는데, 이는 과육 속에 석세포(石細胞, stone cell)라는 단단한 조직이 있기 때문이다. 석세포는 세포벽이 발달하여 돌처럼 딱딱하게 변한 것이며, 주성분은 리그닌(lignin), 펜토산(pentosan) 등의 식이섬유이다. 우리의 속담에 "배 먹고 이 닦기"라는 것이 있는데, 이는 석세포가 마치 소금으로 이를 닦을 때처럼 마찰을 일으켜 이를 깨끗이 하는 효과가 있기 때문에 생긴 말이다.

이런 효과 역시 후식으로 배를 먹으면 좋은 이유 중의 하나이다. 하지만 배의 청결효과만 믿고 이를 닦지 않으면 배에 포

함되어 있는 당분으로 인하여 충치에 걸릴 수도 있으므로 주의
하여야 한다. 최근에는 석세포의 까칠까칠한 식감을 소비자들
이 별로 좋아하지 않으므로, 석세포가 덜 생기도록 재배방법을
개선하거나 품종개량을 시도하고 있다.

39.
복숭아

　복숭아(peach)는 우리나라와 중국 등 동양에서 예로부터 신성시하여 온 과일이다. 복숭아꽃이 만발한 무릉도원(武陵桃源)은 신선들이 사는 곳으로서 이상향(理想鄕)의 상징이었으며, 신선들이 먹는 과일인 복숭아는 불로불사(不老不死)의 영약(靈藥)으로 취급하였다. 또한 복숭아에는 귀신을 내쫓는 힘이 있다고 믿었기 때문에 제사상에 올리지 않았다. 서양에서는 복숭아의 생김새가 심장(heart)과 닮았다고 하여 사랑을 의미하는 과일로 쓰이기도 한다.

　복숭아의 원산지는 중국 황허(黃河) 상류의 고원지대로 알려져 있으며, 중국에서는 농업의 시작과 함께 재배된 가장 오래된 역사를 가진 과수(果樹)이다. 우리나라에서 복숭아에 대한 가장 오래된 기록은 『삼국사기(三國史記)』에 백제 온조왕(溫祚王) 3년(BC 16년) 겨울에 복숭아꽃이 피었다는 내용이 있으므로,

삼국시대 초기에 이미 재배되고 있었던 것으로 추정된다. 그러나 본격적인 재배는 1900년대 초에 일본으로부터 개량종이 도입된 이후의 일이다.

복숭아는 품종이 매우 다양하며, 과육의 색깔에 따라 크게 흰색 계통의 백도(白桃)와 노란색 계통의 황도(黃桃)로 구분한다. 또는 표면에 부드러운 털이 있는 것과 털이 없는 것으로 구분하기도 한다. 일반적인 복숭아는 표면에 부드러운 털이 있으며, 털 없는 복숭아의 대표적인 것이 천도(天桃)이다.

- 백도: 과육이 희고, 육질이 무른 편이며, 단맛이 강하여 주로 생식용으로 이용한다. 주로 중국을 비롯한 동양에서 재배되고 있으며, 우리나라에서 재배되고 있는 품종의 90% 이상은 백도이다.

- 황도: 과육이 노란색이며, 우리나라에서는 가장 늦게 수확되는 품종이다. 서양에서 주로 재배되며, 육질이 단단하여 통조림 등 가공용으로 이용된다.

- 천도: 껍질은 진홍색이며, 털이 없는 것이 특징이다. 과육은 노란색이며, 단단하다. 돌연변이에 의해 생겨난 품종으로서 털이 있는 보통 복숭아에 비하여 일반적으로 크기가 작고, 단맛이 부족하며, 신

맛이 강한 특성이 있다.

복숭아는 수분이 약 90%로서 과일 중에서도 과즙이 많은 편이며, 탄수화물이 약 8%이고 단백질이나 지질은 거의 없어 가식부 100g당 칼로리가 약 30kcal 정도밖에 안 된다. 그 외의 비타민이나 미네랄 등의 미량성분도 다른 과일에 비하여 특별한 것은 없다.

복숭아는 우리나라에서 오래전부터 식용하던 과일이어서 그 효능에 대하여도 여러 가지 속설이 있으며, 한방에서도 약재로 자주 이용하였다. 이는 온갖 먹거리가 넘쳐나는 요즈음과는 달리 별다른 먹거리가 없던 시절에 복숭아는 부족하기 쉬운 영양소를 보충하여 영양결핍에서 오는 여러 증상을 예방 또는 완화하는 작용을 하였기 때문에 생긴 일이다.

대표적인 속설로 복숭아를 먹으면 미인이 된다는 것이 있는데, 최근에 복숭아 추출물이 미백효과가 있다는 연구 결과가 나와 흥미를 끌고 있다. 또한 해독작용, 항산화작용, 발암 방지, 피로회복, 면역기능 강화 등의 효과도 있는 것으로 발표되었다. 그러나 이러한 시험 결과들은 아직 가능성 정도의 수준이며, 그 효능이 명확히 증명된 것은 없다. 복숭아는 여름철 우리를 즐겁게 하는 과일의 하나일 뿐이며, 옛날 사람들처럼 복숭아를 불로장생의 신비한 선과(仙果)로 취급하는 것은 곤란하다.

2020년 여러 영화제에서 수상을 한 영화 '기생충'에 복숭아 알레르기를 이용하여 가사도우미를 내쫓는 장면이 나온다. 복숭아 표면의 털에 알레르기가 있는 사람도 있으며, 이런 사람들은 피부에 닿기만 해도 피부가 부어오르거나 두드러기가 나고, 심하면 알레르기성 천식 발작을 일으켜 호흡곤란에 빠지기도 한다. 복숭아 알레르기가 있는 사람은 복숭아를 피하는 것 외에는 대책이 없다.

40.
사과

과일 하면 제일 먼저 사과를 떠올릴 정도로 사과는 매우 친숙한 과일이며, 우리나라에서는 감 다음으로 많이 재배하고 있다. 중국을 비롯한 동양에서 복숭아가 과일의 대명사로 여겨질 만큼 오랜 역사를 가지고 있다면, 서양에서는 모든 과일 중에서 사과가 단연 으뜸이라 할 것이다.

구약성경에서 아담과 이브가 먹었다는 선악과(善惡果), 그리스 신화에 나오는 황금의 사과, 윌리엄 텔(Guillaume Tell)이 자식의 머리 위에 올려놓고 화살을 쏘았다는 사과, 만류인력을 발견한 뉴턴(Isaac Newton)의 사과, 백설공주 동화 속의 사과 등 사과와 관련된 내용은 수없이 많다. 서양에 있어서 사과는 단순히 과일의 한 종류라기보다는 문화와 생활의 일부이다.

사과의 원산지는 확실하게 밝혀지지 않았으며, 발칸반도라는 설과 중앙아시아 코카서스산맥 북부지역 또는 키르기스스탄과 중국 서부에 위치한 텐산산맥(天山山脈)이라는 설 등이 있다. 사과는 인류가 오래전부터 식용으로 하여 BC 20세기경에 만들어진 스위스의 토굴 주거지에서 탄화된 사과가 발견되었으며, 그리스 시대에 이미 접목번식법에 대한 기록이 있을 정도로 재배 역사는 아주 오래 되었다.

사과(apple)의 명칭은 오늘날 대부분의 사람들이 '사과'라고 부르고 있으나 '능금'이란 단어를 선호하는 사람들도 있다. 예로서, 우리나라의 대표적인 사과 생산지인 대구·경상북도에 있는 사과 농가들이 결성한 협동조합의 명칭은 '대구경북능금농업협동조합'이다. 능금이란 명칭을 사용하는 사람들은 능금이 더 역사가 오랜 전통적인 이름이라고 주장한다.

중국과 우리나라에서 재배하여 오던 재래종인 능금(林檎)나무의 학명은 'Malus asiatica Nakai'이고, 오늘날 널리 재배되고 있는 사과나무의 학명은 'Malus pumila Miller'로서 두 나무는 종(種)이 다른 별도의 식물이지만, 예전에는 이런 구분을 하지 않고 같은 종류로 보았다.

중국에서는 기원전부터 사과를 재배하여 왔으며, 능금은 옛날 중국에서 사과를 지칭하던 말인 '린친(林檎, línqín)'에서 온 것이다. '林檎'의 우리말 발음은 '임금'이 되며, 이것은 국왕(國王)을 뜻하는 우리 고유어인 '임금'과 같기 때문에 '능금'이라고 바꿔 부르게 되었다고 한다.

16세기경에 유럽에서 중국으로 신품종이 들어오며 기존의 린친과 구분하여 '샤꾸어(沙果/砂果, shāguǒ)'라고 불렀으며, 명칭에 '모래 사(沙/砂)'자가 들어간 것은 비교적 물이 잘 빠지는 땅에서 잘 자란다고 하여 붙여졌다고 한다. 또는 고대 인도어인 산스크리트어(Sanskrit) 명칭을 발음이 비슷한 한자로 차용한 것이라고도 한다.

사과는 크기와 맛에서 기존의 린친보다 우수하였기 때문에 널리 퍼지게 되었고, 우리나라에도 소개되며 능금류를 대표하는 명칭으로 굳어지게 되었다. 현재 중국어에서는 '샤꾸어(沙果/砂果)'보다는 '핀꾸어(苹果, píngguǒ)'라는 명칭이 더 일반적이며, 일본어에는 '린고(林檎, りんご)'란 원래 명칭이 그대로 남아있다.

우리나라에서 사과(능금)를 재배한 역사는 매우 오래되었을 것으로 짐작되나 기록으로 남아있는 것은 1103년경 중국 북송(北宋)의 손목(孫穆)이 사신을 수행하여 고려를 다녀간 후에 편찬한 견문록인 『계림유사(鷄林類事)』가 최초이다. 여기에 "林檎曰 悶子訓"라는 표현이 나온다. 이는 "林檎을 (고려에서는) 悶子訓(민자부)라 한다"는 뜻이며, '悶子訓'는 당시의 중국어 발음으로 유사한 한자를 차용(借用)한 것이어서 정확한 우리말(고려말)

발음은 알 수가 없다.

1715년경 홍만선(洪萬選)이 지은 농업 및 농촌생활과 관련된 종합서인 『산림경제(山林經濟)』에는 사과(楂果)와 임금(林檎)의 재배법이 각각 실려 있어 18세기 초에도 재배가 성행한 것을 알 수 있다. 그러나 사과의 본격적인 재배는 대부분의 다른 작물과 마찬가지로 1906년 원예모범장(園藝模範場)이 설치된 이후의 일이다. 오늘날 우리나라 재래종인 능금은 거의 재배되고 있지 않으며, 야생에서도 발견하기 쉽지 않아 멸종위기 상태이다.

현재 세계적으로 재배되고 있는 사과의 품종은 700여 종류가 되지만, 우리나라에서 재배되는 사과 품종은 10여 종이다. 사과의 품종은 수확기에 따라 조생종, 중생종, 만생종으로 나누기도 하고, 색깔에 따라 홍색사과, 황색사과, 녹색사과로 구분하기도 한다. 우리나라에서 재배되고 있는 대표적인 품종은 다음과 같다.

■ 부사(富士) : 1962년 일본에서 개발된 품종이며, 일본명으로는 '후지(富士, ふじ)'라고 한다. 우리나라에는 1970년대 초반부터 보급되기 시작하였으며, 현재 국내에서 재배되는 사과의 60~70%는 부사이다. 다른 품종에 비해 저장성이 좋으며, 제철이 아닌 때에 판매되는 저장사과는 대부분 부사이다.

늦게 열매가 익는 만생종이며, 열매의 중량은 300g 정도이다. 껍질은 황록색 바탕에 담홍색 줄무늬로 착색되며, 과육은 황백색 이다. 육질이 치밀하고 과즙이 많은 편이다. 당도(Brix)는 약 14.6 도이고 산도도 적당하여 새콤달콤한 사과의 맛이 적절하게 조화 를 이룬다.

■ 홍옥(紅玉): 1826년 미국 뉴욕의 어느 개인과수원에서 우연히 발견 한 돌연변이를 육종한 품종이다. 우리나라에는 가장 먼저 들어온 개량품종 중의 하나이며 1930년경에 도입되었다. 과거에는 국광(國光)과 함께 가장 많이 재배되던 품종이었으나, 요즘은 재배면적 이 많이 축소되었다. 현재 국광은 거의 재배되고 있지 않다.

　　만생종이며, 열매의 중량은 200g 정도로 작은 편이다. 껍질은 짙은 붉은색이며, 광택이 있어 아름답게 보인다. 육질은 연한 편 이고, 당도는 부사와 비슷한 정도이나 산도가 높아 국내에서 재배 되는 모든 품종 중에서 신맛이 가장 강하게 느껴진다. 신맛과 함께 향이 강한 것이 특징이다.

■ 홍로(紅露): 우리나라에서 품종 개발하여 1988년부터 보급되기 시 작한 품종이다. 9월 상순 수확이 가능한 중생종이며 추석용 대표 품종이다. 겉모습이 홍옥과 유사하여 구분하기가 쉽지 않다. 홍옥

과 홍로는 모두 짙은 붉은색이지만, 홍옥이 더욱 붉고 표면의 반점이 작다.

중량은 300g 정도로 홍옥보다 크며, 부사와 비슷한 크기이다. 과육은 백색으로 육질이 치밀하고 과즙이 많다. 저장성도 좋은 편이며, 육질이 단단하여 장거리 수송에도 유리하다. 당도는 15도 정도로서 매우 높고 산도도 높지 않아 단맛이 강하고 향기가 은은하다.

■ 아오리: 일본에서 개발한 품종이며, 개발 과정에서는 '아오리2호(青り2号)'라는 이름을 사용하기도 하였으나, 1975년 품종 등록을 할 때에는 '쓰가루(つがる)'라고 하였다. 따라서 현재 일본에서는 '쓰가루'라고 부르고 있으나, 우리나라에서는 '아오리(あおり)'로 불리고 있다.

저장사과가 소진될 무렵인 7월 중순에 가장 먼저 나오는 조생종이며, 중량은 250~300g 정도이다. 아오리도 오래 놔두면 담홍색으로 착색되나 보통은 경제적인 이유로 녹색의 덜 익은 상태에서 수확하여 햇사과로 판매한다. 미숙과이기 때문에 시큼하고 떫은 풋사과의 맛이 난다. 완전히 익은 아오리는 당도가 14도 정도이고 신맛도 줄어들어 맛이 좋아진다.

서양에서는 "하루에 사과 한 개씩 먹으면 병원 갈 일이 없다"는 속담이 있을 정도로 사과의 가치를 높이 평가하고 즐겨 먹고 있으나, 사과의 효능은 과대평가된 면이 있다. 서양에서는 다양한 맛과 영양성분을 가진 여러 과일들이 전래되기 전인 오랜 과거로부터 사과를 이용하였으며, 육류 중심인 서양의 식생활에서 상대적으로 영양의 균형을 맞출 수 있는 식품이었기 때문에 이런 평가가 나온 것이다.

사과의 주성분은 탄수화물(10~16%)로서 다른 과일에 비해 다소 많은 편이나, 그 외의 영양성분은 다른 과일과 비슷하거나 오히려 적다. 흔히 사과에는 비타민C를 비롯한 비타민류가 많은 것으로 알려져 있으나, 실제로는 오히려 다른 과일에 비하여 적은 편이다. 더구나 사과의 비타민C는 껍질과 껍질 바로 아래에 많이 있어, 껍질을 깎아내고 먹게 되면 비타민C는 거의 섭취할 수 없게 된다.

흔히 "아침 사과는 금사과고, 저녁 사과는 독사과"라고 하는데, 이는 근거 없는 속설일 뿐이다. 저녁에 사과를 먹으면 좋지 않다는 말은 인체는 밤에 섭취한 에너지를 지방으로 바꾸고, 섬유질과 산이 위를 자극하기 때문에 나온 말이지만, 이는 사과에만 적용되는 게 아닌 모든 음식, 특히 과일에 적용되는 것이므로 사과만 아니면 먹어도 괜찮다고 생각하면 곤란하다.

사과의 껍질에는 퀘르세틴(quercetin)이라는 황색 색소성분이 들어있어서 몸에 좋다고 한다. 이 물질은 강력한 항산화물질로서 체내에서 발생한 활성산소를 없애 암과 노화방지에 큰 효과가 있는 것으로 보고되었다. 또 퀘르세틴은 지방의 흡수를 억제하는 작용을 하고, 항염증 작용을 하여 알레르기 체질을 개선하는 효과가 있다고 한다. 그러나 이러한 효과는 장기간 상당한 양의 퀘르세틴을 섭취할 때 나타나며, 하루에 사과 한 개를 먹는 정도로는 효과를 기대하기 어렵다.

사과의 영양학적 가치는 비타민이나 미네랄보다는 식이섬유에 있다. 사과에는 품종에 따라 수용성 식이섬유인 펙틴(pec-tin)이 1~2% 포함되어 있으며, 장을 튼튼하게 해주어 설사 및 변비에 효과적이다. 또한 발암물질을 제거하여 대장암을 예방하며, 콜레스테롤 수치를 낮추는 효과도 있다.

그러나 이런 효과는 식이섬유의 일반적인 효능에서 기인된 것이며, 사과이기 때문에 특별히 좋은 것은 아니다. 사과를 먹으면 사과 속에 있는 식이섬유가 다른 식품을 먹을 때 섭취하게 되는 식이섬유와 함께 이런 작용을 하게 되는 것이다. 펙틴은 특히 껍질 부분에 많이 포함되어 있으므로 이런 효과를 얻기 위하여는 껍질째로 먹는 것이 좋다.

41.
키위

    고려가요 '청산별곡(靑山別曲)'에는 "살어리 살어리랏다 청산에 살어리랏다 머루랑 다래랑 먹고 청산에 살어리랏다"라고 하는 내용이 나온다. 다래는 우리나라에 오래전부터 존재하던 과일이었으며, 예로부터 산에서 길을 잃은 나그네나 나무꾼 등이 허기를 채우기 위해 먹던 대표적인 야생 열매였다. 키위는 다래의 한 품종을 개량한 것이다.

    세계적으로 다래나무속(屬) 식물은 50여 종이 분포하고 있으며 거의 모두 아시아가 원산지이다. 우리나라에도 다래, 털다래, 녹다래, 쥐다래, 개다래, 섬다래 등 6종이 자생하고 있다. 현재 재배되고 있는 키위는 중국 양쯔강(揚子江) 유역 산림에서 야생하던 다래의 일종인 '양따오(羊桃, yángtáo)'를 뉴질랜드에서 개량하여 세계적으로 사랑 받는 과일이 되었으며, 재배되는 과일나무로서는 그 재배 역사가 가장 짧다.

중국 야생종인 양따오는 1904년 뉴질랜드의 한 여교사가 씨를 갖고 귀국하여, 뉴질랜드에 전해졌다. 초기에는 주로 정원수로 이용되었으며, 열매는 '차이니즈구즈베리(Chinese gooseberry)'라고 불리었다. 뉴질랜드는 원산지인 양쯔강 유역보다 양따오가 자라기 적합한 기후 조건이어서 뉴질랜드 전역으로 퍼져나갔고, 약 20년이 지난 후 품종개량에 의해 열매 크기도 커지고 당도(糖度)도 높아진 품종이 육종되었으며, 개발자의 이름을 따서 '헤이워드(Hayward)'라고 하였다.

이 헤이워드 품종으로부터 현재 전 세계에서 재배되고 있는 키위의 모든 품종이 파생되었다. 헤이워드 품종이 보급되면서 대량생산되기 시작하였고, 뉴질랜드의 특산품이 되었다. 뉴질랜드는 이 특별한 과일을 전 세계로 수출할 계획을 세우게 되었으며, 차이니즈구즈베리라는 이름은 뉴질랜드의 특산품에 어울리지 않기 때문에 다른 적당한 이름을 붙이기로 하였다.

이렇게 해서 등장한 이름이 '키위후르츠(kiwi fruit)'이다. 키위(kiwi)는 뉴질랜드에서만 서식하는 깃털이 포유동물의 털처럼 생겼고, 날지 못하는 닭 정도 크기의 새로서, 뉴질랜드를 상징하는 새이다. 차이니즈구즈베리의 외관이 키위가 웅크리고 있는 모습과 비슷하며, 키위는 뉴질랜드를 연상시키는 새이므로 홍보 효과도 좋을 것으로 판단하여 그 이름을 따온 것이다.

그 후 키위후르츠를 줄여서 그냥 '키위'라고 부르게 되었으며, 뉴질랜드를 대표하는 과일이 되었다.

우리나라에는 1974년에 키위가 도입되어 제주도 남해안 일대에서 재배되기 시작하였으며, 1980년대부터 본격적인 생산이 시작되었다. 1989년 키위의 수입 자유화가 발표되어 위기를 맞은 키위 재배 농민들은 정운천(鄭雲天) 대표를 중심으로 1991년 최초의 농민 주식회사인 '참다래유통사업단'을 설립하였다.

회사를 설립하며 '키위' 또는 '양다래'라고 불리던 것을 국산품이라는 이미지가 강한 '참다래'라고 명칭을 변경하였다. 원래 참다래는 참다래유통사업단의 브랜드 명칭이었으나, 특허를 출원하지 않아 요즘은 수입산 키위에 대비되는 국내산 키위를 지칭하는 일반적인 명칭이 되었다.

키위는 비타민C가 풍부한 과일이어서 그 함유량은 오렌지의 2.5배 이상이고, 사과에 비해서는 10배 이상이나 된다. 키위의 비타민C 함량은 품종, 재배지, 성숙도 등에 따라 차이가 있으며 가식부 100g당 80~350㎎ 정도가 포함되어 있다. 보통 크기의 키위 한 개의 무게는 약 110g이며, 껍질 등 폐기되는 부분을 제외하면 가식부의 무게는 약 95g이 된다. 따라서 키위 1개를 먹으면 대체로 비타민C의 일일 권장섭취량인 100㎎을 충족할 수 있다.

키위에는 비타민C 이외에도 토코페롤(비타민E), 엽산(비타민 B$_9$) 등의 비타민과 칼륨이 다른 과일류에 비하여 많은 편이며, 액티니딘(actinidin)이라는 단백질 분해효소가 있어 육류를 먹고 난 후의 후식으로 좋고, 연육제(軟肉劑)로도 활용할 수 있다. 보통 육류를 양념할 경우 연육제로서 배나 무를 사용하여 왔으나, 이들 대신에 키위를 사용하여도 부드럽고 맛있는 고기를 즐길 수 있다.

키위는 바나나와 같이 미숙한 상태에서 수확하여 후숙(後熟)을 시키는 과일이다. 수확 직후의 키위는 단단하고 신맛이 강하지만, 보관함에 따라 과육이 연해지며 단맛이 강해진다. 사람마다 맛의 기호가 틀려 단정할 수는 없으나, 일반적으로 가볍게 쥐었을 때 약간 탄력이 있는 상태가 가장 먹기 좋은 때이다. 후숙은 보관 온도에 따라 진행속도가 다르며, 냉장고에 넣어두면 2~3주 지나도 신선함을 유지하므로, 구입 후 바로 먹을 것이 아니라면 반드시 냉장고에 보관하여야 한다.

42.
포도

　포도(葡萄, grape)는 인간이 재배하는 가장 오래된 작물 중의 하나이며, 과일류 중 생산량이 가장 많아 전 세계 과일 생산량의 약 30%를 차지한다. 생식용뿐만 아니라 포도주의 원료로서 인류 문명의 시초부터 오늘날까지 종교적·문화적으로 중요한 역할을 하여 왔다. 최근에는 미국의 유명한 시사주간지인 《타임(Time)》이 '10대 건강식품'의 하나로 적포도주를 선정하여 포도에 대한 관심이 더욱 고조되었다.

　포도는 포도속(屬)에 속하는 덩굴성식물로 열대 및 한대지방을 제외한 전 세계 각지에서 자생 또는 재배되고 있다. 현재 재배되고 있는 품종은 크게 유럽종, 미국종 및 이들의 교잡종으로 구분된다. 유럽종 포도는 카스피해 남부에서 터키에 이르는 서부아시아 지역이 원산지인 야생종이 유럽에 전파되어 개량된 것이며, 현재 재배되고 있는 포도의 90% 이상은 유럽종이다.

미국종은 아메리카 대륙에 자생하던 야생종을 신대륙 발견 이후 유럽 사람들이 개량한 것이다.

우리나라도 포도속 식물인 머루의 자생지로서, '산포도'라는 명칭으로 옛 문헌 및 의학서에 등장하고 있으나, 재배되지는 않았다. 재배용 포도는 고려시대 중국으로부터 처음 소개된 것으로 추정되나, 본격적인 재배는 20세기 초인 1906년에 원예모범장(園藝模範場)이 설치된 이후이다.

유럽종 포도는 고온•건조한 지중해성 기후에 적합하도록 개량되어 우리나라에서 재배하기에는 부적합하다. 우리나라에서 재배되고 있는 포도는 내한성이 강한 미국종 및 교잡종이 대부분이다. 서양에서는 미국종 및 교잡종은 주로 주스용으로 사용하나, 우리나라와 일본에서는 대부분 생식용으로 이용한다.

적포도 품종으로는 캠벨얼리(Campbell early), 거봉(巨峰), 머스캇베일리에이(Muscat Bailey A), 세레단(Sheridan) 등이 있으며, 대표적인 청포도 품종에는 샤인머스캣(Shine Muscat)이 있다.

■ 캠벨얼리: 1892년 미국에서 개발된 품종으로 1908년 우리나라에 도입되었다. 우리나라에서 가장 많이 재배되는 포도 품종이며, 조생종으로 8월 중하순에 가장 먼저 나온다. 포도송이는 원추형이고

포도알이 밀착되어 있다. 껍질은 두껍고 과육과 잘 분리되며, 과육은 과즙이 많고 씹을 때 잘라지는 특성이 있다. 당도가 13도 정도이며, 신맛이 많다.

■ 거봉: 1942년 일본에서 개발된 품종으로, 일본명은 '교호(巨峰, きょほう)'라고 한다. 중생종으로 9월 상순에 출하된다. 포도알이 크고, 당도는 17도 정도로 단맛이 강하며, 육질이 연하고 과즙이 많다.

■ 머스캇베일리에이: 1940년 일본에서 개발된 품종이며, 'Muscat Bailey A'를 줄여서 'MBA'라고도 하고, '머루포도'라고도 부른다. 만생종으로 9월 하순~10월 상순에 출하된다. 껍질은 단단하고 육질은 연하다. 당도는 17~18도 정도이며 신맛이 없어 매우 달다.

■ 세레단: 1921년 미국에서 개발된 품종으로 새단, 셰리든, 쉐리단 등으로 불리기도 한다. 포도송이는 캠벨얼리 품종보다 약간 작으며, 만생종으로 10월 상순경 출하된다. 껍질이 단단하며, 과육과 잘 분리되지 않는다. 당도는 18도 정도로 높고 신맛이 적어 단맛이 강하나, 육질은 단단하고 질긴 편이다.

■ 청포도(靑葡萄): 완전히 익어도 녹색을 띠는 포도이며, 조생종이다. 껍질이 연하고 대부분 씨가 없어 껍질째 먹는 경우가 많다. 과육은 연하고 당도가 높은 편이지만 신맛이 강하고 청포도 특유의 풋내 섞인 향이 난다. 청포도 품종 중에서 샤인머스캣은 재배가 쉬우며 수익도 높은 편이어서 최근에 재배면적이 급속하게 증가하고 있는 추세이다.

우리나라에서는 주로 생식용으로 소비되고 있으나, 세계적으로 포도는 주로 술을 만드는 데 사용되어 전체 생산량의 80% 이상이 와인, 샴페인, 코냑 등의 양조용으로 사용된다. 약 10%가 생식용으로 이용되며, 나머지는 건포도, 포도주스, 쨈 등으로 가공된다.

포도는 당질의 함량이 높아 술로 발효하기 쉬우며, 대표적인 단당류인 글루코스(glucose)는 포도에서 발견되어 포도당(葡萄糖)이라고 한다. 포도의 당질은 포도당, 과당 등의 단당류가 대부분이어서 흡수가 빠르고 피로회복에 도움이 된다. 포도의 신맛은 주석산, 사과산 등의 유기산 때문이며 0.5~1.5% 정도 들어있다.

포도를 먹을 때 보통 씨는 뱉어내고 먹지 않지만, 포도씨에는 지방이 20~30% 정도 들어있으며, 포도씨유를 착유하는 데 사용된다. 포도씨에는 OPC(oligomeric proanthocyanidin)라는 폴리페놀 성분도 있는데, 적포도주 숙성 과정에서 알코올에 녹아 나오게 된다. OPC는 강력한 항산화 작용이 있으며, 혈소판이 서로 엉기는 것을 방지하여 심장병을 예방한다고 보고되었다.

포도의 껍질에 있는 자주색 색소에는 강력한 항암작용을 하는 레스베라트롤(resveratrol)이라는 물질이 함유되어 있다. 레스베라트롤은 포도가 곰팡이의 공격으로부터 자신을 보호하기 위해 분비하는 방어물질로서, 최근의 연구에 의하면 유방암, 전립선암, 대장암, 폐암 등 각종 암세포의 증식을 억제하는 것으로 밝혀졌다. 이외에도 혈청 콜레스테롤을 낮추어 주며, 항바이러스 작용, 항염증 작용, 항산화 작용 등이 있다고 보고되고 있다.

적포도주는 포도를 으깨어 과육, 껍질, 씨 등을 함께 발효시킨 것이기 때문에 포도의 과육뿐만 아니라 껍질이나 씨에 포함된 성분도 녹아있는 데 비하여, 백포도주는 껍질이나 씨를 제거하고 만든 것이기 때문에 레스베라트롤, OPC 등의 유효성분을 거의 함유하고 있지 않다.

《타임(Time)》이 '10대 건강식품'의 하나로 적포도주를 선정한 이유도 바로 레스베라트롤 때문이다. 그러나 유효성분을 섭취하기 위하여 과음을 하게 되면 오히려 건강을 해칠 수가 있다. 적포도주는 9~13%의 알코올이 들어있는 술이므로 이를 많이 마시면 간 등을 손상시키게 된다.

포도의 씨와 껍질에 유효성분이 많다고 하여 포도를 먹을 때에는 껍질뿐만 아니라 씨까지 함께 먹는 것이 좋다고 한다. 그러나 씹지 않고 삼킨 씨는 소화되지 않고 그대로 배설되며, 씨를 씹게 되면 쓰고 떫은맛이 나서 포도 고유의 풍미를 느낄 수 없게 되므로 별로 추천할 만한 것은 아니다.

또한 포도나 포도주에 유효성분이 있다고 하여도 통상적으로 먹게 되는 수준의 양으로는 논문 등에서 이야기하는 효과를 얻을 수 없다. 포도뿐만 아니라 다른 식품에 들어있는 유효성분이라는 것들도 상대적으로 많다는 것일 뿐이며, 효과를 볼 수 있을 정도로 절대량이 많다는 의미는 아니다. 없는 것보다는 도움이 되겠지만 식품을 먹어서 어떤 약리적인 효과를 얻으려고 하는 것은 바람직한 태도가 아니며, 식품은 그냥 식품으로서 즐기는 것이 좋다.

43.
잣

잣은 옛날부터 우리 민족이 즐겨 먹던 식품이었으며, 지금도 정월 대보름의 부럼으로 먹는 풍습이 전해져 오고 있다. 최근에는 공해와 스트레스에 지친 사람들이 증가하면서 산림욕(山林浴)에 대한 관심이 많아지고, 산림욕은 나무가 우거진 곳이면 어디나 가능하지만 활엽수보다는 소나무, 잣나무 등 침엽수가 많은 곳이 더욱 효과적이라는 것이 알려지면서 잣나무가 새롭게 인식되고 있다.

잣나무는 소나무속(屬)에 속하는 식물로서 영어명은 'Korean pine'이고, 학명은 *Pinus koraiensis*로서 우리나라가 원산지이다. 소나무는 바늘 모양의 잎이 한 곳에 2~3개가 뭉쳐있는데, 잣나무는 다섯 개씩 모여 나오기 때문에 '오엽송(五葉松)'이라고도 한다.

주된 분포지역은 압록강 유역을 중심으로 하여 한반도와 중국의 동북지역, 러시아의 동남부지역 및 일본열도 등의 산간지대이다. 북한의 산악지대에는 잣나무 천연림이 존재할 정도로 잣나무의 중심지라 할 수 있다. 남한에서는 강원도와 경기도 산악지방에서 잣나무가 많이 자라고, 특히 경기도 가평군(加平郡)은 남한 총생산량의 절반 정도가 생산되는 주산지이다.

소나무속에는 100여 종의 식물이 있으나 대부분의 씨는 먹을 수 없거나 너무 작으며, 20여 종의 나무만이 사람이 먹을 수 있는 큰 씨앗을 만든다. 유럽이나 북아메리카에서도 오래전부터 소나무속 열매의 씨를 식용으로 하여 왔으나, 우리가 알고 있는 잣과는 다른 것이다.

잣은 큰 솔방울처럼 생긴 잣송이 속에 들어있으며, 우리가 흔히 보는 잣은 씨앗의 딱딱한 껍질을 제거한 속 알맹이다. 한자로는 '송자(松子)', '백자(栢子)', '실백(實栢)'이라고도 한다. 잣은 옛날에는 고려인삼과 함께 우리나라의 특산품으로 실크로드를 통하여 중국을 비롯하여 유럽에 수출되었으나, 현재는 역으로 중국 등에서 수입되고 있다.

잣은 다른 견과류와 마찬가지로 맛이 고소하고 담백하며, 특유의 깔끔하면서도 독특한 향과 풍미가 있고, 식감은 부드러운 편이다. 그러나 생산량이 적고, 잣을 채취하는 데 드는 수고도 상당하기 때문에 값이 매우 비싸서 견과류 중에서도 고급으로 취급된다.

잣은 100g당 칼로리가 665kcal 정도이며, 비타민이나 마그네슘을 비롯한 미네랄류도 많이 들어있다. 부럼으로 호두나 잣 등을 먹었던 것은 영양이 풍부한 견과류를 먹음으로써 겨우내 부족하였던 영양분을 보충하려는 선조들의 지혜가 숨어있다 하겠다.

잣의 성분 중 지질은 약 70%이며, 잣기름의 지방산 조성은 올레산 27~34%, 리놀레산 42~48%, 리놀렌산 11~16% 정도로서 대부분이 불포화지방산이다. 이와 같은 불포화지방산은 콜레스테롤 수치를 낮추어 동맥경화를 예방하는 등의 효과가 있기 때문에 미국의 시사주간지 《타임(Time)》은 2002년 불포화지방산이 많이 든 호두, 잣, 땅콩 등의 견과류를 '10대 건강식품'의 하나로 선정하였다.

그러나 잣 1숟가락이 약 8g에 불과하며, 잣은 주식이 아니라 각종 요리의 고명 등으로 소량씩 사용될 뿐이므로 잣에 들어있는 영양성분으로 어떤 효과를 기대하기는 무리다. 다만 잣을 많이 사용한 음식인 잣죽을 먹는 것은 영양이 부족하여 허약한 사람이나 병을 앓고 난 후의 기력 회복에 도움이 된다.

44.
호두

　기차 여행 중의 음식에 대한 추억을 이야기하다 보면 삶은 계란과 함께 빠지지 않고 등장하는 것이 천안(天安)의 명물 '호두과자'일 것이다. 호두는 우리 민족이 아주 오래전부터 식용하던 과일이었으나, 예전에는 정월 대보름에 부럼으로 깨물어 먹는 정도였으며, 생산량도 많지 않아 일반적인 서민이 평소에 즐길 수는 없는 과일이었다. 그러나 요즘은 수입되는 물량으로 인하여 비교적 쉽게 이용할 수 있게 되었다.

　호두나무의 원산지는 과거 페르시아(Persia)라고 불리었던 이란을 중심으로 한 서부 아시아 지역으로 알려져 있다. 현재는 세계 각지에서 재배되고 있으나 미국 캘리포니아주에서 전 세계 호두 유통량의 60% 이상을 공급하고 있다. 중국에는 기원전 2세기경 한나라 때에 인도를 통하여 유럽으로 가는 무역로를 개척한 장건(張騫)에 의해 처음 소개되었다고 한다.

중국어에서 호두(walnut)는 '후타오(胡桃, hútáo)' 또는 '허타오(核桃, hétao)'라고 한다. 후타오는 호두의 겉껍질을 싸고 있는 과육의 모습이 복숭아(桃)처럼 생겨서 '오랑캐(胡) 땅에서 온 복숭아(桃)'란 의미로 붙인 이름이며, 허타오는 '과육이 아니라 씨를 먹는 복숭아'라는 의미이다.

중국인들은 지금의 중앙아시아와 아랍 사람들을 오랑캐란 뜻으로 '호인(胡人)'이라고 불렀으며, 실크로드를 통하여 서역(西域)에서 건너온 물건들에는 '호(胡)'를 붙였다. 우리나라의 경우 한자 '호(胡)'는 여진족, 몽골족, 만주족 등 북방의 이민족을 의미하며, 원(元)나라나 청(淸)나라에서 전래된 물건을 뜻하기도 한다. 우리말 호두는 한자 호도(胡桃)가 변한 말이며, 중국에서는 서역에서 전래되었다는 의미로 호(胡)를 붙였으나, 우리나라에서는 원(元)나라에서 왔다는 의미로 호(胡)를 사용하였다.

우리나라에 호두를 들여온 것은 14세기 초 고려 충렬왕(忠烈王) 때에 류청신(柳淸臣)이 원나라에 사신으로 갔다가 오는 길에 묘목과 종자를 가져와 고향인 천안(天安)에 심은 것이 최초라고 한다. 지금도 충청남도 천안시에는 광덕사(廣德寺)에 있는 수령 약 400년이 되는 천연기념물 제398호로 지정된 호두나무를 비롯하여 오래된 호두나무가 많이 있어 천안이 우리나라 호두 재배의 중심지임을 증명한다.

그러나 호두가 처음 우리나라에 전래된 시기에 관하여는 다른 의견도 있다. 사적 제375호로 지정된 광주광역시 광산구 신창동 선사유적지에서 기원전 1세기경의 생활 유물과 함께 볍씨, 살구씨, 호두씨, 오이씨 등의 씨앗류가 출토된 것을 근거로 호두가 삼국시대 이전에 전래되었을 것이라는 주장이다.

호두가 중국에 전래된 것이 기원전 2세기경인데 그 후 1,500년 이상 지나도록 한반도에 전해지지 않았다는 것은 납득하기 어려우며, 대략 삼국시대에 전래되었을 가능성이 높아 보인다. 다만 본격적으로 재배되지 않던 것이 류청신의 도입 이후에 널리 재배되었을 가능성은 있다.

호두나무는 옛날에는 산림수목으로 중요시하였으며, 과수로서의 중요성이 인정된 것은 최근의 일이다. 사과, 배 등 보통 과일은 씨방이 발달한 열매를 먹는 것이지만, 호두와 같은 견과류(堅果類)는 종자(種子, 씨)를 먹는 과일이다. 따라서 일반 과일과는 영양성분이 크게 차이가 나게 된다.

예로부터 전해오는 우리의 민속 풍습으로 정월 대보름에 호두, 밤, 잣 등의 견과류를 이빨로 깨서 까먹으면 그 해에는 부스럼을 앓지 않고 이가 단단해진다는 믿음이 있었다. 이것을 현대 과학으로 풀이하면 호두의 지방질을 공급하여 거친 피부에서 피부병이 발생하는 것을 예방하며, 딱딱한 것을 깨물어 치아를 튼튼하게 하려는 선조들의 지혜가 함축되어 있는 것이다.

또한 호두의 모양이 사람의 뇌를 닮았기 때문에 호두를 먹으면 머리가 좋아진다고 믿었었는데, 이것도 현대의 과학적 지식과 크게 다르지 않다. 호두는 약 2/3가 지질이며, 지방산의 80% 이상이 불포화지방산이다. 특히 뇌의 인지질 구성 성분이 되는 오메가3 지방산인 리놀렌산이 10~23% 정도 함유되어 있는 것이 특징이다.

또한 미국식품의약청(FDA)에서는 2004년 미국 캘리포니아 호두협회에서 제시한 근거를 검토한 결과 "콜레스테롤 수치를 낮추는 불포화지방산이 함유된 호두를 매일 1.5온스(약 42.5g) 섭취하면 심장질환의 위험을 줄일 수 있다"는 문구를 호두 제품에 표시할 수 있도록 승인하였다. 호두 한 개의 무게는 10~15g이고 폐기율 55%를 고려하면 가식부의 무게는 약 6g이 되므로, 1.5온스는 호두 6~7개 정도에 해당한다.

45.
땅콩

    땅콩은 고소하고 담백한 맛 때문에 세계적으로 사랑 받고 있는 기호식품이다. '심심풀이 땅콩'이란 말로 대변되듯이 군것질 거리 간식의 대표이며, 여름철 시원한 맥주를 마실 때 빠질 수 없는 안주가 바로 땅콩이다. 이처럼 애용되던 식품이었으나 요즈음은 아몬드, 파스타치오 등 유사 견과류의 수입이 증가함에 따라 그 수요가 감소 추세에 있다.

    땅콩(peanut)의 원산지에 대하여는 여러 가지 주장이 있으나 브라질 및 페루를 중심으로 하는 남아메리카 열대지방으로 보는 것이 정설로 인정받고 있다. 현재 세계적으로 땅콩을 가장 많이 재배하는 국가는 중국과 인도이며, 이들 두 나라가 세계 총생산량의 약 60%를 차지하고 있다.

    우리나라에 땅콩이 전래된 것은 조선 정조(正祖) 때인 18세기 말로 추정되고 있다. 그 근거로 1715년 홍만선(洪萬選)이 작성한『산림경제(山林經濟)』및 1766년 유중림(柳重臨)이 간행한『증보산림경제(增補山林經濟)』에는 땅콩에 관한 기록이 없는 데 반해, 정조 때 중국에 간 사신들이 처음 땅콩을 구경하고 맛을 보았으며 귀국할 때 종자를 가지고 왔다는 기록들이 남아있기 때문이다.

그 중의 한 명이 정조 때의 실학자 이덕무(李德懋)이다. 그는 1778년 사신으로 청(淸)나라를 다녀왔는데 북경에서 땅콩을 처음 본 후『청장관전서(靑莊館全書)』에 "꽃이 피었다가 지는데 꽃이 떨어지면 꽃줄기가 흙 속에 묻히면서 결실을 맺게 되는 특이한 과실"이라고 당시의 놀라움을 적었다.

이덕무는 1780년경에 쓴『앙엽기(盎葉記)』에서도 "낙화생의 모양은 누에와 비슷하다"라고 기록하였다. '낙화생(落花生)'은 '떨어진 꽃줄기가 땅속에서 열매를 맺는다'는 뜻으로 땅콩의 한자식 표현이다. 그러나 재배가 쉽지 않아 널리 퍼진 것은 20세기 이후로 보인다.

땅콩은 콩과(科)의 식물이지만 두류(豆類) 또는 채소(菜蔬)로 분류하지 않고 견과류(堅果類)라고 하여 과일로 분류하는 것이 보통이다. 과일과 채소의 구분은 관습적인 것이며, 그 기준 중의 하나는 사용 용도이다. 땅콩은 주용도가 반찬이나 요리의 재료로 쓰이기보다는 간식용이어서 과일의 일반적인 용도와 같다.

땅콩은 줄기가 곧게 서는 직립형(直立型)과 땅 표면에서 옆으로 뻗는 포복형(匍匐型)이 있으며, 직립형의 경우에도 너무 크면 꽃대가 땅속으로 들어갈 수 없어서 높이가 60cm를 넘지 못하여 다른 콩과 식물에 비하여 작은 편이다. 키가 작은 사람을 빗대어 '땅콩'이라고 하는 것도 이 때문이다.

땅콩은 크기에 따라 대립종(大粒種), 중립종(中粒種), 소립종(小粒種)으로 구분하며, 대립종은 보통 간식용으로 많이 이용하고, 소립종은 기름을 짜거나 과자, 빵 등 식품의 가공에 주로 이용한다. 중립종은 풋땅콩으로 일찍 수확하는 품종으로서 껍질째로 삶아서 간식과 안주용으로 이용한다.

땅콩은 콩에 비하여 지질이 많고 단백질이 적어 고칼로리 식품이며, 칼륨과 비타민B군의 함량이 특히 많다. 땅콩은 약 50%가 지방이며, 땅콩기름의 지방산 조성은 팔미트산 6~13%, 스테아르산 2~7%, 올레산 35~70%, 리놀레산 20~40%, 아라키드산 1~5% 등으로 올레산, 리놀레산 등 불포화지방산이 대부분을 차지한다.

땅콩과 관련하여 주의하여여 할 독성물질에 아플라톡신(aflatoxin)이 있다. 이 독소는 땅콩 자체에 함유된 것은 아니고, 저장 중 부주의에 의해 아스페르길루스속(*Aspergillus*) 곰팡이가 번식하면서 생성되는 것이다. 여름 장마철에 습기를 먹은 땅콩에는 곰팡이가 생기기 쉬우므로 주의하여야 한다. 또한 껍질을 깐 땅콩은 산화되어 과산화지질이 생기기 쉬우므로 오래 보관하여야 할 경우에는 냉장고의 냉동실에 보관하는 것이 좋다.

땅콩은 가장 흔한 알레르기식품 중의 하나로, 땅콩에 함유된 단백질은 적은 양으로도 강력한 알레르기항원(allergen)으로 작용하므로 땅콩에 알레르기가 있는 사람은 극력 피하여야 한다. 현행 식품위생법에 의하면 알레르기를 유발하기 쉬운 식품에 대하여는 함유된 양과 관계없이 원재료명을 표시하도록 하고 있으므로, 포장지의 표기사항을 잘 살펴보아야 한다.

46.
밤

　가을을 알리는 대표적인 열매 중의 하나가 밤이지만, 밤에 대한 추억을 떠올리면 오히려 겨울에 먹던 군밤이 아닐까? 지금은 예전만큼 많이 볼 수는 없으나 거리의 군밤장수는 겨울의 상징과도 같은 존재였으며, 길을 걷다가 코끝을 스치는 군밤의 냄새는 어린 시절에 대한 향수를 자극하고 연인들의 발걸음을 멈추게 한다. 또한 우리 민족의 관혼상제 상차림에서 빠지지 않고 올려지는 밤은 우리에게 아주 친숙한 식품이라 하겠다.

　밤나무는 참나무과(科) 밤나무속(屬)의 식물로서 오랜 옛날부터 아시아, 유럽, 북아메리카, 북아프리카 등 4개 대륙의 온대지역에 폭넓게 분포하여 자생하고 있었기 때문에 원산지가 불분명하다. 밤(chestnut)은 밤나무의 열매이며, '율자(栗子)'라고도 한다

　밤나무속에는 13종이 알려져 있으나 과실로 이용되는 대표

적인 것에는 일본밤, 중국밤, 유럽밤, 미국밤 등 4종류가 있다. 이 중 일본밤은 그 기원이 한국밤과 동일한 것으로 추정되며, 근대 학문에서 앞선 일본이 먼저 국제학회에 보고함으로써 한국밤이 아닌 일본밤이란 명칭이 붙게 된 것이다.

■ 일본밤: 세계의 여러 밤 중에서 알이 가장 크고, 겉모습이 아름다우나 맛은 비교적 떨어지며, 속껍질이 잘 벗겨지지 않고 육질이 단단하지 않아 가공용으로는 부적합하다.

■ 중국밤: 알이 작으나 속껍질이 잘 벗겨지고 단맛이 강하여 가공용으로는 좋으나 해충에 약한 단점이 있다.

■ 유럽밤: 유럽밤은 과실의 크기가 다양하나 다소 작은 편이며, 속껍질이 잘 벗겨지고 단맛이 강하지만 단단하지 않아 가공용으로는 부적합하다.

■ 미국밤: 크기가 가장 작고 단맛이 강하다고 하나 병충해에 약하여 현재는 거의 재배되지 않고 있다.

현재 전 세계 밤의 약 70%는 중국에서 생산되고 있고, 우리나라는 중국에 이어 세계에서 두 번째로 생산량이 많다. 국내에서 생산되는 밤의 약 30%는 수출되고 있으며, 거의 대부분 일본으로 수출된다. 국내에서 밤의 소비 형태는 대부분이 생식용이고, 가공용 수요는 적다.

최근 중국으로부터 수입되는 밤이 증가하고 있으며, 군밤용 생밤도 있으나 통조림 등 가공된 밤이 대부분이다. 중국산 작은 밤은 '약밤'이라고도 한다. 북한의 평안도 및 함경도 지방에는 우리의 재래종인 한국밤이 아닌 중국에서 전래된 약밤 계통이 주종을 이루고 있다.

우리나라에 자생하던 재래종 밤나무는 1950년대 후반부터 번지기 시작한 '밤나무혹벌'의 피해를 받아 많이 사라졌으며, 1960년대 후반부터 병해충에 강한 품종이 보급되어 재배되기 시작하였다. 현재 재배되고 있는 품종은 재래종 가운데 선발한 우량 품종, 일본으로부터 도입된 품종 및 이들 간의 교잡으로 만들어진 개량품종 등이며, 일본에서 도입된 품종이 재배면적의 약 70%를 차지하고 있다.

예로부터 밤은 구황작물(救荒作物)로서 중앙정부 차원에서 보호·권장하던 작물이었다. 밤은 다른 견과류와는 달리 지질이 거의 없으며, 수분 함량이 높고 탄수화물이 많아 곡류와 유사한 영양성분을 가졌다. 밤의 주성분인 탄수화물은 대부분이 전분이어서 단맛이 강하지 않아 주식 대용으로 손색이 없다. 또한 밤에는 비타민과 미네랄이 골고루 함유되어 있으며, 단백질도 들어있어 영양적으로 균형 있는 좋은 식품이라 하겠다.

47.
버섯

　버섯은 인류가 주로 채집과 수렵에 의해 식량을 구하던 선사 시대부터 식용으로 이용하였을 것으로 추정되며, 그 독특한 맛과 향기 때문에 고대 그리스와 로마에서는 버섯을 가리켜 '신의 식품'이라 극찬하였다고 한다. 버섯은 식품으로서뿐만 아니라 오래전부터 약용으로도 이용하였으며, 때로는 목숨을 앗아가는 독버섯 때문에 두려움의 대상이 되기도 하였다.

　버섯(mushroom)은 생물의 분류 체계에 있어서 동물이나 식물 등과 구분되는 균계(菌界)에 속하며, 효모나 곰팡이와 유사한 생물이다. 식물처럼 보이지만 스스로 광합성을 할 수 없어서 다른 생물에서 영양분을 얻으며, 식물의 씨앗에 해당하는 포자(胞子)가 분화하여 균사체(菌絲體)가 되고, 여기서 자실체(子實體)가 나와 버섯이 된다.

　균사체란 균이 실처럼 덩어리를 이루고 있다고 하여 붙여진 이름이며, 고등식물의 뿌리, 줄기, 잎에 해당하는 부분으로서 눈에 보이지 않는 땅속이나 썩은 나무 속에 숨은 듯이 자리하고 있다. 자실체는 꽃이나 열매에 해당하는 것으로, 자실체가 형태를 갖춘 것이 일반적으로 이야기하는 버섯이다. 자실체가 성숙하게 되면 포자를 품게 되며, 이 포자가 떨어져 나가 새로운 개체를 형성하게 된다.

버섯은 전 세계적으로 2만여 종이 확인되었으나, 이 중에서 식용으로 할 수 있는 것은 약 2천종에 불과하고 대부분은 먹을 수 없는 버섯이다. 우리나라에도 1천여 종이 보고되어 있으며, 그 중에서 식용으로 할 수 있는 것은 400여 종에 불과하다. 예전에는 자연에서 저절로 자라는 것을 채취하여 식용으로 하였으나 요즘은 거의가 재배된 버섯을 먹는다.

우리나라의 버섯 재배기술은 1968년 농촌진흥청에서 양송이 재배에 관한 연구를 시작하면서 비롯되었으며 약 50년 정도로 매우 짧다. 밀 등 곡물이나 톱밥 등에 버섯균을 순수하게 배양·증식하여 작물의 종자와 같이 사용하는 것을 '종균(種菌)'이라 하며, 종균 제조 방법이 체계화되면서 버섯산업의 발달도 급진전하게 되었다. 대표적인 재배 버섯에는 다음과 같은 것이 있다.

■ 양송이버섯: 양송이버섯은 유럽에서 재배가 시작되어 현재 세계에서 생산량이 가장 많은 버섯이다. '양송이(洋松栮)'라는 이름은 '서양에서 온 송이버섯'이란 의미이다. 양송이는 서양인들이 가장 많이 먹는 버섯으로 서양에서는 버섯 하면 양송이버섯을 떠올릴 만큼 대표적인 버섯이다. 원래 이름은 'white mushroom'이지만 그냥 'mushroom'이라고 부르기도 한다.

갓 표면은 흰색이며 나중에 연한 누런 갈색을 띠게 된다. 갓이 완전히 피면 지름 12~15cm, 무게 80~180g이 되나, 지름 3~5cm에 무게가 10~20g 정도일 때 채취하는 것이 일반적이다. 보통 생버섯으로 이용되지만, 통조림으로 가공되는 양도 많이 있다.

■ 느타리버섯: 느타리버섯은 우리나라에서 가장 많이 생산되고 가장 많이 먹는 대중적인 버섯이다. 느타리버섯의 갓은 지름 5~6cm 정도로 반원형 또는 부채꼴이며 가로로 짧은 줄기가 달린다. 어릴 때는 푸른빛을 띤 검은색이지만 차차 퇴색하여 잿빛에서 흰빛으로 되며, 살은 두껍고 탄력이 있다. 자루는 길이 1~3cm, 굵기 1~2.5cm 정도로 흰색이다.

느타리버섯의 품질을 좌우하는 것은 주로 수분 함량이다. 수확된 버섯은 포장한 후에 선도가 오래 유지되어야 상품성이 높은데,

시간이 경과하면 호흡작용에 의하여 양분이 소모되고 열이 발산되어 시들거나 조직이 갈변하는 경우도 있다. 이를 방지하기 위하여 운반 시에도 온도와 습도를 조절할 수 있는 운반 수단을 이용하는 것이 바람직하다. 온도는 1~5℃의 저온을 유지하고, 습도는 90% 정도로 유지하는 것이 좋다.

■ 새송이버섯: 자연산 송이버섯의 대용품으로 육성된 것이 새송이버섯이며, 송이버섯만큼의 진한 맛과 향을 내지는 못하지만 그 질감만은 비슷하다. 새송이버섯은 느타리속에 속하며 '큰느타리버섯' 또는 '왕느타리버섯'이라고도 한다. 1975년에 송이과로 분류하였으나, 1986년에 느타리버섯과로 재분류되어 큰느타리버섯으로 명명되었다.

그러나 '새송이버섯'이라는 상품명이 널리 알려져 있어 일반적으로는 새송이버섯이라고 부르고 있다. 새송이버섯은 1995년 일본에서 균주를 도입하였으며, 식용으로 하는 주요 버섯 중 유일하게 우리나라에 자생하지 않는 버섯이다. 좋은 품질의 새송이버섯은 대와 갓의 구분이 확실하고, 대는 굵고 곧으며 갓은 두껍고 파손되어 있지 않아야 한다.

■ 팽이버섯: 팽나무에서 자란다고 하여 '팽나무버섯'이 원래 이름이

지만 보통 팽이버섯으로 더 많이 불린다. 송이과에 속하는 버섯으로 야생종은 감나무, 팽나무, 느티나무, 뽕나무 등 각종 활엽수의 죽은 나무에서 가을부터 이듬해 봄까지 발생한다. 눈이 쌓인 겨울에도 채취할 수 있는 내한성이 강한 버섯으로 영어로는 'winter mushroom'이라고 한다.

송이송이 무리 지어 탐스럽게 피어나는 팽이버섯은 콩나물과 비슷한 모양으로 자라며, 갓은 지름이 1cm 이하이고, 대는 굵기 2~8mm, 길이 2~9cm 정도이다. 순하고 상큼한 맛이 나며, 쫄깃한 느낌이 있어 국내에서도 많이 소비되지만 일본에서 특히 인기가 있는 버섯이다.

■ 표고버섯: 표고버섯은 쫄깃쫄깃한 식감과 고기와 같은 독특한 향미로 예로부터 동양에서 많이 이용해온 버섯이다. 봄에서 가을에 걸쳐 참나무류(상수리나무, 신갈나무, 졸참나무 등)나 서어나무, 밤나무 등 활엽수의 죽은 가지에서 발생하며 맛이 뛰어나 송이, 능이와 더불어 우리나라에서 맛이 좋은 3대 주요 버섯으로 취급되어 왔다.

갓의 지름은 4~10cm이고, 대의 길이는 3~6cm 정도이다. 갓 표면은 다갈색이고 흑갈색의 가는 솜털처럼 생긴 비늘조각으로 덮여 있으며 때로는 터져서 흰 살이 보이기도 한다. 생버섯으로도 이용되지만 건조하여 건표고로 유통되는 양도 많다. 표고버섯의 품질은 크기, 색깔, 모양, 갈라짐 정도, 수분 함량 등에 의해 결정된다.

표고버섯 중에서 가장 높은 등급으로 쳐주는 것은 '백화고'이다. 백화고는 갓의 펴짐 정도가 거의 없고 육질이 두꺼우며, 갓의 모양이 거북이 등처럼 갈라져있고 그 사이에 하얀 부분이 많이 보인다. 재배하는 버섯의 약 5%만 백화고가 될 만큼 귀한 표고버섯이다.

'흑화고'는 맛과 향은 백화고와 거의 비슷하지만, 이슬을 많이 먹거나 조금 덜 하얗게 피어난 것으로 백화고 다음의 등급이다. 보통 접하게 되는 일반적인 표고버섯으로 갓의 펴짐 정도가 50% 이하인 것은 '동고'라고 한다. 갓의 끝부분이 말려 있고 육질이 두꺼우며, 갓의 표면에 약간 균열이 있으면서 주름이 별로 없다

갓의 퍼짐이 70% 이상이며, 갓의 두께가 얇은 것은 '향신'이라고 한다. 보통 수확시기를 놓치거나, 수확 직전이나 수확 도중에 비를 맞은 경우 버섯이 급격히 커지는데, 이를 수확하면 향신으로 분류된다. 버섯 생장 시 비를 맞아 수분 함량이 지나치게 많은 버섯은 '물버섯'이라 하며, 저품질로 취급된다.

유엔인구기금(UNFPA)의 보고서에 따르면 2016년 현재 세계 인구는 약 74억3천 명이며, 2050년대에는 100억 명에 이를 것으로 추정된다. 재래의 농업 방식으로는 인구의 증가 추세에

맞추어 충분한 식량을 공급할 수 없다. 이에 따라 대안으로 등장한 것이 GMO 작물이지만, 여러 가지 반대에 부딪혀 활성화되지 못하고 있는 것이 현실이다.

환경을 파괴시키지 않으면서도 속성으로 대량생산할 수 있는 장점이 있기 때문에 과학자들이 새로운 대안으로서 주목하고 있는 것이 바로 버섯이다. 버섯은 동물과 식물의 주요성분을 함께 가지고 있어 육류와 같이 단백질이 많고, 채소류와 같이 비타민과 미네랄이 풍부하지만 열량이 낮아 비만과 성인병 예방에 유용한 건강식품이다.

동충하초(冬蟲夏草)와 같이 살아있는 생명체에 기생하는 버섯도 일부 있으나, 대부분의 버섯은 토양이나 죽어있는 고목 등에서 영양분을 취한다. 유기물을 태우거나 하여 처리하는 것보다 버섯으로 분해할 경우에는 대기에 나쁜 영향을 주는 가스의 분출량이 오염을 걱정하지 않을 정도로 미미하기 때문에 버섯을 재배하는 것은 깨끗한 환경을 유지하기 위해 가장 안전한 방법으로 유기물을 처리하는 것이 되기도 한다.

옛날에 버섯은 식품으로서보다 약리효과에 더 큰 비중을 두었으며, 버섯 중에서도 약리효과가 큰 것을 보통 '약용버섯'이라 부른다. 상황버섯, 영지버섯, 운지버섯, 차가버섯, 동충하초, 아가리쿠스 등 약용버섯은 종류가 매우 많으며, 그 종류에 따라

성분도 다르기 때문에 일률적으로 말하기는 어렵지만 최근의 연구 결과 항암, 면역체계 활성화, 콜레스테롤 저하 등의 작용이 있는 것으로 밝혀지고 있다.

버섯을 구성하고 있는 주요 성분인 베타글루칸(β-glucan)은 함량의 차이는 있으나 모든 버섯에 1~5% 정도 들어 있다. 베타글루칸은 포도당의 중합체인 다당류의 일종으로서 소화가 어려운 식이섬유이다. 베타글루칸은 콜레스테롤을 저하시켜 동맥경화, 고혈압, 심장질환 등 심혈관계 질병을 예방하는 데 도움을 주며, 면역세포의 기능을 활성화시켜 암의 증식과 재발을 방지하는 효과가 있는 것으로 보고되고 있다.

키틴(chitin)은 버섯의 세포벽을 구성하는 식이섬유로서 버섯의 씹는 감촉을 부여하는 물질이다. 키틴은 1811년 프랑스의 브라코노(Braconno)가 버섯에서 처음 분리하였으며, 1823년 오딜(Odier)에 의해 '키틴(chitin)'이라고 명명되었다. 키틴이란 그리스어로 '봉투' 또는 '덮개'를 뜻하며 생물의 외피를 이루고 있다는 의미에서 키틴이라 부르게 된 것이다. 키틴을 알칼리 처리하여 아세틸기가 떨어져 나간 것이 키토산(chitosan)이며, 키틴과 키토산을 총칭하여 키틴질이라 부른다. 키틴질은 콜레스테롤 개선, 항균, 면역력 증강 등의 기능이 있는 것으로 보고되고 있다.

버섯은 여러 가지 유용한 성분이 많지만, 무스카린(mus-carine), 아마니타톡신(amanitatoxin) 등의 독성물질을 함유하고 있는 독버섯은 식중독을 일으키는 원인이 되기도 하며, 심하면 생명을 잃게도 한다. 우리나라에 있는 독버섯은 약 50종이며, 대표적인 독버섯은 광대버섯속(屬)의 알광대버섯, 독우산광대버섯 등이 있다. 광대버섯은 동화책의 삽화에 자주 등장하는 우산처럼 생긴 물방울 무늬의 예쁜 버섯으로 전 세계 숲에서 흔히 볼 수 있는 버섯이다.

우리나라에서는 매년 독버섯에 의한 중독사고가 발생하고 있다. 독버섯을 먹고 죽는 사람은 예전에 비해 적어졌지만 중독환자 수는 연간 수백 명에 이른다고 한다. 민간에 전해지는 독버섯 구분법으로 버섯이 세로로 쪼개지지 않고, 색깔이 아름답고, 악취가 나거나, 끈적끈적한 액체가 나온다는 등의 특징이 거론되고 있으나 예외가 많기 때문에 믿을 만한 것은 못 된다. 독버섯과 식용버섯을 간단하게 구분하는 방법은 없으므로 잘 모르는 버섯은 먹지 않는 것이 바람직한 태도이다.

48.
고사리

    고사리는 예로부터 우리 민족이 식용으로 하여 왔으며, 고사리나물은 명절의 절식(節食)이나 제사용 음식에서 빠지지 않았다. 또한 육개장, 비빔밥, 부침 등의 부재료로 이용되기도 한다. 이런 고사리는 지금으로부터 약 3억 5천만 년 전인 고생대(古生代)에 지구상에 출현했으며, 지금까지 진화 · 생존해 온 가장 오래되고 원시적인 식물 중의 하나로서 전 세계에 널리 분포되어 있다.

    고사리는 식물계(植物界) 중에서 양치식물문(Pteridophyta)에 속한다. 양치식물(羊齒植物)이란 이름은 잎의 가장자리가 꼭 양의 이빨을 닮았다고 하여 붙인 것이다. 양치식물은 뿌리, 줄기, 잎을 가지고 있으나, 꽃이 피지 않으므로 종자(種子, 씨앗) 대신에 포자(胞子, 홀씨)로 번식한다. 꽃이 피지 않기 때문에 은화식물(隱花植物)이라고도 한다.

고사리는 하나의 종(種)을 가리키는 것이 아니라 고사리속 (*Pteridium*)에 속하는 10여 가지의 양치류를 총칭하는 것이다. 우리나라의 전국에서 자생하고 있으며, 우리가 주로 식용으로 하는 것은 '*Pteridium aquilinum var. latiusculum*'이라 는 변종이다.

뿌리에서 녹말을 우려내어 이용하기도 하나 식용으로 하는 것은 주로 어린잎과 줄기이다. 잎이 퍼지고 잎줄기가 딱딱해지 면 상품성이 떨어지므로, 잎줄기의 길이가 약 15cm 정도이고 잎이 벌어지기 전인 4~5월경 수확한다. 어린잎이 말려있는 모습 이 무엇인가 살짝 움켜쥐고 있는 어린아이의 손과 비슷하여, 앙증맞고 귀여운 어린아이의 손을 '고사리손'이라고 표현하기도 한다.

고사리는 날것 그대로 먹는 일은 없으며, 한 번 삶아서 쓴맛 과 떫은맛을 우려내고 유해성분을 제거한 후 식용으로 한다. 삶은 후 바로 먹을 수도 있지만 보통은 건조하여 보관하여 두 고 필요시 물에 불려 사용하게 된다. 국산도 유통되지만 가격 이 싼 수입품도 많이 유통되고 있으며, 수입품은 대개 중국산 이다.

고사리의 영양성분은 일반 채소류와 비교하여 크게 뛰어난 점은 없다. 다만, 보통 건조하여 이용하기 때문에 식이섬유가 많은 것이 특징이며, 단백질 함량이 비교적 높다. 비타민 중에는 비타민E가 상대적으로 많은 편이며, 미네랄 중에는 칼륨과 인의 함량이 많은 편이다.

날것의 고사리에는 티아미나아제(thiaminase)라는 비타민B_1 분해효소가 있으며, 고사리를 익히지 않고 먹으면 비타민B_1 결핍증인 각기병(脚氣病)에 걸릴 수 있다. 각기병에 걸리면 다리의 힘이 약해져서 걷기 어려워지며 근육통, 신경 장애, 식욕 저하 등이 나타날 수 있다.

"고사리를 많이 먹으면 정력이 떨어진다"는 이야기가 있으나, 이는 사실과 다른 속설일 뿐이다. 과거에 티아미나아제 때문에 다리의 힘이 빠지는 현상을 보고 이런 속설이 생긴 것으로 추측된다. 그러나 티아미나아제는 열에 약하여 삶으면 활성(活性)을 잃기 때문에 효소로서의 기능을 할 수 없게 되고, 각기병의 증세가 나타날 우려도 없다.

고사리에는 발암물질인 프타퀼로사이드(ptaquiloside)가 있어서 많이 섭취하면 암에 걸릴 수도 있다고 한다. 그러나 프타퀼로사이드는 수용성이어서 고사리를 삶는 과정에서 대부분 빠져나가며, 조리 과정에서도 감소되기 때문에 실제로 고사리가 포함된 음식을 먹고 암에 걸릴 확률은 거의 없다.

고사리와 매우 비슷하게 생겨 혼동하기 쉬운 식물로 고비가

있다. 고비는 고사리보다 맛이 있고, 줄기도 통통하며 식감이
부드러워서 더 비싸게 판매된다. 그러나 고비의 학명은
'*Osmunda japonica* Thunb.'로서 고사리목에 속하기는 하
나 과(科)가 다른 별도의 식물이다. 고사리와 고비의 외관상 큰
차이점은 고사리는 세 갈래로 갈려진 줄기가 주먹을 쥔 모습으
로 뭉쳐있고, 고비는 하나의 줄기가 뭉쳐있다.

49.
죽순

죽순(竹筍)은 대나무의 땅속줄기에서 새로 돋아난 어리고 연한 싹을 말한다. 담백하면서 은은한 고소함이 있으며, 아삭아삭한 식감이 있어서 예로부터 우리나라를 비롯하여 중국, 일본 및 여러 아시아 국가에서도 고급 식재료로 사용하였다. 그러나 서양에서는 죽순을 음식으로 이용한 예를 찾기가 힘들다.

대나무의 원산지는 중국으로 추정되고 있으며, 주로 아시아의 열대 및 아열대 지역에 널리 분포하여 자생하고 있다. 대나무는 어떤 특정한 종(種)의 이름이 아니고, 외떡잎식물 벼목 벼과의 대나무아과(Bambusoideae)에 속하는 식물을 총칭하여 부르는 것이다.

대나무는 세계적으로 1천 종이 넘게 있으며, 우리나라에도 10여 종이 있다. 중국과 일본에는 500종이 넘는 대나무가 있는데 비하여 우리나라는 그 종류가 적은 이유는 대나무가 덥고

습한 지역에서 잘 자라는 식물이기 때문이다. 우리나라는 중부 이남에서 주로 자라고 있다.

대나무는 나무처럼 생겼기 때문에 '나무'라는 이름이 붙었으나, 사실은 풀이다. 나무의 기준은 단단한 목질부(木質部)가 있고, 성장하며 부피가 커져야 한다는 두 가지 조건을 충족하여야 한다. 그런데 대나무는 목질부는 있으나 위로만 자랄 뿐 부피생장을 하지 않아 나이테가 없기 때문에 풀로 분류한다.

대나무는 꽃이 피기는 하지만 종자보다는 주로 뿌리가 뻗어나가 새로운 싹을 틔우는 방식으로 번식한다. 땅 밖에 드러난 걸로 보면 여러 그루로 보이지만, 넓은 대나무 숲도 실제로는 단 몇 개의 개체인 경우가 많다. 대나무는 좀처럼 꽃이 피지 않으며, 피는 주기도 일정하지 않다. 대나무가 꽃을 피우는 이유는 아직 밝혀지지 않았으며, 일제히 꽃이 핀 후에는 모든 대나무가 죽어버리고, 새로운 개체가 생겨나서 세대교체를 하게 된다.

우리나라에서 죽순 채취를 위해 재배되는 대나무는 죽순대, 솜대, 왕대 등 3종이며, 죽순대가 대부분을 차지하고 왕대는 유통되는 양이 별로 없다.

■ 죽순대: '죽순을 먹는 대나무'라고 하여 죽순대라는 이름이 붙었다.

'맹종죽(孟宗竹)' 또는 줄여서 '맹죽(孟竹)'이라고도 하며, 중국이 원산지이나 우리나라에는 일본을 통해 도입되었다. 내한성이 약하여 주로 남부지역에서 재배하며, 주요 생산지는 거제도(巨濟島)이다.

죽순대는 크고 굵게 자라며 우리나라에서는 가장 굵은 대나무이다. 솜대와 왕대의 마디는 두 개의 가락지를 낀 듯한 모양이지만 죽순대의 마디는 하나의 가락지 모양을 하고 있는 것이 특징이다. 죽순대는 4월 중순경에 죽순이 나와 수확시기가 가장 빠르다.

죽순은 아랫부분이 넓고 윗부분이 뾰족한 원추형으로 생겼다. 죽순 중에서 가장 커서 높이가 20cm나 되는 것도 있다. 죽순의 껍질은 흑갈색이며, 흑색의 반점이 있고, 거친 털이 있다. 식감이 아삭거리고 육질이 단단한 편이어서 주로 통조림용으로 쓰인다.

■ 솜대: 줄기에 흰 가루가 묻어 있어 솜처럼 보인다고 하여 솜대라는 이름을 얻었으며, '분죽(粉竹)'이라고도 한다. 줄기의 색깔이 담녹색이어서 '담죽(淡竹)'이라고도 한다. 우리나라 재래종이며 주로 전라남도에서 재배되며, 5월 중순부터 약 1개월 동안 수확한다. 죽순의 크기는 죽순대보다 작으며, 가늘고 길쭉한 고깔처럼 생겼다. 껍질은 노르스름한 밤색이며, 표면에 털이 많다. 식감은 죽순대의 죽순보다 부드럽다.

■ 왕대: '왕죽(王竹)' 또는 '참대'라고도 하며, 죽순대에 비해서 죽순이 쓰다고 하여 '고죽(苦竹)'이라고도 한다. 죽순은 껍질에 흑갈색의 반점이 있고 털이 없으며, 3종류 중 가장 늦은 5월 말부터 6월 말까지 수확한다.

죽순은 봄비가 내려 땅이 촉촉해지면 뿌리에서 생겨나와 빠르게 성장하는데, 그 속도가 너무 빨라 수확시기를 놓치면 단단해져 먹을 수 없게 된다. 이처럼 성장이 빠르기 때문에 '우후죽순(雨後竹筍)'이란 사자성어도 생겼다. 죽순의 껍질은 짙은 녹색에서 점차 어두운 갈색으로 변하며, 생(生)죽순을 구입할 때에는 녹색을 띠는 것을 선택하는 것이 좋다.

죽순은 성장이 빠른 것만큼이나 수확한 후에 빠르게 신선도가 떨어지므로 바로 가공하거나 삶아서 진공포장을 하게 된다. 대략 생산량의 80% 정도가 통조림으로 가공된다. 죽순을 생식하는 경우는 거의 없으나, 날로 먹으면 약간 아린 맛이 있고 종류에 따라서는 비린내가 나기도 한다.

죽순은 예로부터 이용하여 온 식재료이며 조선시대의 『음식디미방』, 『규합총서』, 『시의전서』, 『증보산림경제』, 『임원경제지』 등의 문헌에서도 다양한 죽순 조리법이 기록되어 있다. 죽순을 사용한 음식으로는 죽순밥, 죽순전, 죽순장아찌, 죽순초회, 죽순채볶음 등 다양하며 나물, 김치 등으로도 만들었다.

죽순은 칼로리가 낮고, 단백질과 식이섬유가 상대적으로 많은 편이다. 비타민과 미네랄 등은 골고루 들어있기는 하나 특이한 것은 없으며, 칼륨의 함량이 비교적 많은 편이나 어떤 효능을 기대할 만한 수준은 아니다. 죽순은 효능을 따지기보다 그냥 맛있는 식재료로 즐기면 되겠다.

죽순에는 수산(蓚酸)이라고도 하는 옥살산(oxalic acid)이 많이 포함되어 있어서 결석(結石)을 유발 할 수 있다고 한다. 죽순에는 옥살산이 많을 경우 약 1%까지 함유되어 있다. 그러나 옥살산은 수용성이므로 날로 먹으면 나쁜 영향을 줄 수도 있으나, 통상적인 방법대로 삶게 되면 거의 다 제거되어 문제될 것이 없다.

50.
연근

연(蓮)은 영어로는 로터스(lotus)라고 하며, 꽃이 아름다워 관
상용으로도 많이 키운다. 특히 불교에서는 더러운 진흙 속에서
자라지만 더럽혀지지 않는다 하여 세파(世波)에 물들지 않은 청
정한 불심을 상징하며, 신성하게 여겨왔다. 연근(蓮根)은 특유
의 단맛과 아삭아삭한 식감 때문에 우리나라는 물론 여러 나
라에서 많이 쓰이는 식재료이다.

연은 어느 한 종의 식물이 아니라 수련과 연속(Nelumbo)에
속하는 수생식물(水生植物)을 총칭하는 것이다. 우리가 식용으
로 하는 연근은 사실은 뿌리(根)가 아니라 감자처럼 땅속 덩이
줄기이다. 연의 원산지는 확실히 밝혀지지 않았으나 인도로 추
정되고 있다.

연과 비슷한 모양을 하고 있어 자주 혼동되는 식물에 수련이
있다. 수련은 한자로 '수련(水蓮)'이 아니라 '수련(睡蓮)'이라고 쓰

며, 낮에는 꽃이 피어 있다가 밤에는 오므라드는 모습이 마치 잠자는 것과 같다하여 이런 이름이 붙었다. 연과 수련은 모두 수련과이나 속(屬)이 다르며, 수련은 수련속(*Nymphaea*)에 속한다.

연과 수련을 구분하려면 잎을 보면 된다. 연은 수면 위에서 펼쳐진 것도 있으나 수면 위로 솟아오른 것도 있으며, 표면은 물이 스며들지 않아 물방울이 맺혀있기도 한다. 수련의 잎은 모두 수면에 붙어있으며, 발수성이 없어 잎의 표면에 물이 묻는다. 그리고 연의 잎은 둥근 모양이나 수련의 잎은 피자 한 조각을 떼어낸 것처럼 한쪽 부분이 비어있다.

연이 우리나라에 전래된 것은 오래전의 일로 짐작되지만 문헌상으로는 『삼국사기』에 나오는 "신라 지마이사금(祗摩尼師今) 12년(123년) 5월에 금성(金城) 동쪽의 민가가 땅이 꺼져 내려앉아 못이 되더니 거기에서 부거(芙蕖)가 싹이 터 나왔다"는 기록이 처음이다. '부거(芙蕖)'는 연꽃을 이르던 옛말 중의 하나이다.

연근을 이용한 음식에 대한 기록은 훨씬 후대인 조선시대의 『음식디미방』, 『규합총서』, 『부인필지』등의 문헌에서 나타난다. 연근은 껍질을 벗긴 후 소금이나 식초를 넣은 물에 잠깐 담가 두면 떫은맛을 제거할 수 있어 연근 특유의 맛을 더 살릴 수 있다. 연근을 이용한 음식으로는 조림, 튀김, 전, 정과(正果), 김치

등 다양하게 있었으며, 요즘은 샐러드를 만드는 데 사용하기도
한다.

연근의 재배에 관한 기록은 1766년 유중림(柳重臨)이 편찬한
『증보산림경제(增補山林經濟)』라는 농업서에 처음 나온다. 연근
은 얕은 연못이나 깊은 논을 이용하여 재배하며, 전국 각지에
서 재배되고 있다. 그중에서 경남 밀양지역이 전국 최대 재배
단지로 전국 농산물 도매시장 출하량의 약 40%를 차지하고
있다.

연근을 수확하기 위한 연은 관상용의 연과는 품종이 다르다.
각 지방에서 연근을 목적으로 재배되고 있는 품종에 대한 체계
적인 연구는 이루어지지 않았으며, 대구의 홍련(紅蓮)과 무안의
백련(白蓮)이 주종을 이루고 있다. 최근에는 외국에서 많은 품
종이 들어와 시험 재배되고 있다.

■ 대구 홍련: 중·만생종으로 분홍색의 꽃이 피고, 9월부터 수확이
  가능하다. 마디의 크기는 중 정도이고, 연근은 크고 타원형이며 색
  은 엷은 오렌지색이다.

■ 무안 백련: 만생종으로 흰색의 꽃이 핀다. 연근은 대형종으로 마디
  가 길며, 줄기도 길게 뻗는다.

연근은 100g당 열량이 약 50kcal이며, 탄수화물과 식이섬유의 함량이 상대적으로 많은 편이다. 비타민 중에서는 비타민C가 많은 편이고, 미네랄 중에서는 칼륨이 많은 편이다. 비타민과 미네랄 성분은 생것일 때보다 데친 후에는 상당히 많이 감소하며, 날것으로 먹는 일은 거의 없고 주로 데친 후에 요리에 이용한다는 점을 고려하면 어떤 효능을 기대하기는 어렵다.

연근을 자르면 실처럼 늘어지는 끈적끈적한 점액물질이 있는데 그 주성분은 뮤신(mucin)이라는 당단백질의 일종이다. 뮤신은 단백질의 소화를 촉진하며, 음식물이 자연스럽게 이동할 수 있도록 하여 장내에 머무르는 시간을 단축시킨다. 또한 뮤신은 위산으로부터 위벽을 보호해 주기 때문에 위궤양이나 위염을 예방하는 것으로 알려져 있다.

연근의 껍질을 벗기거나 잘랐을 때 표면의 색깔이 검게 변하는데 그 이유는 타닌(tannin)이라는 성분 때문이다. 연근을 씹었을 때 떫은맛이 나는 것도 타닌 때문이다. 타닌은 항산화작용이 있으며, 수렴작용으로 상처를 빨리 아물게 하는 것으로 알려져 있다. 그러나 연근은 날것 그대로 먹는 일은 거의 없고 데치거나 식초를 탄 물에 담가두어 떫은맛을 제거하고 변색도 방지하는 처리를 하는 것이 보통이어서 요리에 이용되는 연근에서는 타닌의 효과를 기대할 수 없다.

51.
소고기

소는 인간이 최초로 가축화(家畜化)한 동물 중 하나로, 고대의 문명국들은 일찍부터 소의 이용법을 알고 있었고 그 덕분에 문명이 발전할 수 있었다. 가장 먼저 문명을 발달시킨 메소포타미아, 이집트, 인더스, 황하 등 세계 4대 문명 발생지는 모두 농경생활을 하였으며, 소를 이용한 경작 덕택으로 많은 수확을 얻을 수 있었다. 우리나라에서 언제부터 소를 사육하였는지에 대한 기록은 없으나, 기원전 2세기경에 세워진 부여(夫餘)에 마가(馬加), 우가(牛加), 저가(猪加), 구가(狗加) 등의 관직이 있었다는 사실에서 우리나라의 경우에도 기원전부터 소가 사육되었다고 추정할 수 있다.

소에는 여러 품종이 있으나 용도에 따라 역용종(役用種: 일소), 유용종(乳用種: 젖소), 육용종(肉用種: 고기소) 등으로 구분하기도 한다. 한국의 재래종 소인 한우(韓牛)는 원래 일소였으나,

농업의 기계화가 일반화되면서 육용으로 품종개량이 되어 이제는 고기소로 분류하는 것이 타당하게 되었다. 젖소의 경우도 수소는 종자번식용의 극소수를 제외하면 거의 고기소가 된다.

한우는 외래 품종과 혼혈 없이 순수한 집단으로 고유한 유전자를 가지고 있으며, 털의 색깔에 따라 황소, 칡소, 흑우, 백우로 나눈다. 그런데 일제강점기를 거치면서 황색 한우를 제외한 다른 색의 소들은 잡소로 취급해 점차 자취를 감추게 되었으며, 현재는 남아있는 개체수가 얼마 되지 않아 보존을 위해 노력 중이다.

- 황소: '황우(黃牛)'라고도 하며, 보통 볼 수 있는 몸 전체가 누런 황갈색인 일반적인 한우이다. 참고로, 황소에는 누런색의 한우를 의미하는 외에 '다 큰 수소(bull)'라는 의미도 있다.

- 칡소: 짙은 갈색 바탕에 검은 줄무늬가 있다. 검은색 줄무늬가 호랑이와 비슷해 '호반우(虎班牛)'라고도 하며, 옛날에는 '얼룩소'라고도 불렀다. "송아지 송아지 얼룩송아지 엄마 소도 얼룩소 엄마 닮았네"라는 가사가 나오는 동요 '얼룩송아지'에서의 얼룩소를 외래종인 젖소로 알고 있는 사람이 많으나, 사실은 칡소이다. 현재 전국적으로 약 4천 마리가 사육되고 있다.

■ 흑우(黑牛): 몸 전체가 검은색인 한우이다. 흑돼지와 함께 제주도에서 길러왔으며, 『조선왕조실록』에 의하면 고려시대 이래 진상품으로 바쳤다는 기록이 있다. 현재 30여 곳의 농장에서 약 1,300마리 정도가 사육되고 있다.

■ 백우(白牛): 몸 전체가 흰색인 한우이다. 거의 멸종 위기였으나, 경남 함양에 있는 가축유전자원센터에서 2009년에 3마리를 발굴하여 생명공학기술을 통해 복원·증식해 오고 있다. 센터에는 현재 26마리가 있다.

소고기(beef)의 표준어로 예전에는 '쇠고기'만 인정하였으나, 현재는 소고기와 쇠고기를 모두 표준어로 인정하고 있다. 우리나라는 예로부터 다양한 소고기 요리법이 발달하여 왔으며, 대표적인 요리 방법은 탕(湯), 수육(熟肉), 구이(炙), 포(脯), 회(膾), 장(醬)조림 등이다.

1993년 축산물 수입자유화에 대응하여 국산 소고기의 경쟁력을 높이기 위해 등급제를 도입하여 1등급, 2등급, 3등급으로 구분하였으며, 1997년에 1$^+$등급을 추가하고, 2004년에 1^{++}등급을 추가했다. 현재 실시되고 있는 소고기등급제는 마블링(marbling)이라고 부르는 근육 내의 지방함량을 기준으로 1^{++}등급,

1⁺등급, 1등급, 2등급, 3등급, 등외의 6등급으로 나누고 있다.

2004년부터 적용되어 오던 등급 기준은 2019년 12월부터 개정·적용되어 현재에 이르고 있다. 주요 개정 내용을 보면 지방함량 기준을 1⁺⁺등급은 기존 17% 이상에서 15.6% 이상으로 낮추고, 1⁺등급은 기존 13~17%에서 12.3~15.6%으로 낮춘 것이다.

등급 개정의 목적은 사육농가의 부담을 줄이고, 소비자의 지방함량에 대한 선택폭을 확대하자는 것이었다. 등급이 높을수록 고가에 팔리므로 농가에서는 지방함량을 늘리기 위해 옥수수 등의 곡물 사료를 사용하고, 사육기간도 늘려왔었다. 소비자 입장에서는 건강을 위해서는 지방섭취를 줄여야 하는데 지방함량이 많은 소고기가 높은 등급의 고급품으로 판매되는 데 따른 비판이 제기되어 왔다.

기준이 변경됨에 따라 농가의 사육기간이 줄어들은 효과가 나타났고, 전체적으로 지방함량이 낮아져서 소비자의 지방섭취량도 낮아지게 되었다. 그러나 같은 지방함량이라도 전에는 1⁺등급이던 것이 1⁺⁺등급으로 판매되며 가격이 높아졌다는 불만이 제기되고 있다. 이에 따라 마블링 중심의 소고기 등급제를 개선하여야 된다는 그 동안의 주장이 계속 이어지고 있다.

우리나라에서는 소의 거의 모든 부위를 다 먹으며, 국어사전에 등록된 소고기 부위 명칭이 120가지가 넘는다고 한다. 세계

적으로도 이렇게 세세하게 분류하는 나라는 없으며, 소고기를
많이 먹는 영국이나 프랑스도 40부위를 넘기지 않는다고 한다.
가장 많이 이용되는 대표적인 부위는 다음과 같은 것이 있다.

■ 양지: 복부 아래쪽 부위의 살코기를 말하며, 지방과 결합조직이 많
  아 육질이 질기다. 주로 오랜 시간 끓여서 진한 국물을 만드는 국거
  리 용도로 사용한다.

■ 사태: 오금 부분의 살을 말하며. 힘줄과 근막이 섞여 질기지만 결
  이 곱고 기름기가 적다. 오랜 시간 끓이면 육질이 연해지고 풍미가
  좋으며 담백하다. 주로 탕이나 찜에 이용한다.

■ 등심: 소의 목 부분에서 허리로 이어지는 살 중에서 갈비뼈의 바깥
  쪽으로 붙어 있는 것을 말하며, 살코기가 많고 고기의 결이 곱다.
  사이사이에 지방이 있어 육질이 연하고 맛이 좋다. 주로 불고기, 스
  테이크 등 구이용으로 이용한다.

■ 안심: 갈비뼈의 안쪽에 위치한 살을 말하며. 소 한 마리에서 겨우
  5~6kg 정도만 얻을 수 있는 귀한 부위다. 소고기 중에서 가장 부
  드럽고 지방이 적어 담백한 부위이며 주로 불고기, 스테이크 등에

이용한다.

- 갈비: 갈비 부위에서 뼈를 제거한 살코기를 말하며, 우리나라에서 가장 인기 있는 부위다. 마블링이 우수하며, 쫀득한 질감이 있어 씹는 맛이 좋다. 구이, 찜, 탕 등 다양한 용도로 이용한다.

- 우둔살: 엉덩이 부위의 고기를 말하며, 연하고 부드러운 편이며 요리했을 때 살이 길게 찢어지는 특징이 있다. 장조림, 전골 등에 이용한다.

- 채끝살: 소의 등뼈 끝부분에 안심을 싸고 있는 고기로서 우둔살과 이어지는 고기이다. 부드럽고 맛이 좋아 불고기, 전골 등에 이용한다.

- 다리살: 소의 다리에 있는 살이며, 결이 거칠고 질기므로 오랜 시간 조리하는 국이나 편육, 육수 등에 이용한다.

소고기의 영양성분은 부위별로 차이가 있어 일률적으로 말하기 어려우며, 대략 가식부 100g당 열량이 150~300kcal, 단백질 16~21%, 지질 5~25% 정도이고 탄수화물이나 식이섬유는 거의 없다. 단백질이 주성분이므로 중요한 단백질 공급원이 되나, 소고기에 있는 지질은 대부분 포화지방산이어서 기피의 대상이 된다. 그러나 소고기를 섭취하는 빈도를 고려하면 너무 영양성분에 연연하지 말고 그냥 맛있는 음식으로 여기는 것이 좋다.

◆ 우유

인류가 소를 가축화하면서 자연스럽게 우유(牛乳, milk)를 섭취하게 되었으며, 우리나라에서도 오랜 옛날부터 우유를 먹었을 것으로 추측된다. 문헌상 최초의 기록은 『고려사』 '열전(列傳)'에 나오는 명종(明宗) 18년(1188년)에 이순우(李純祐)가 팔관회(八關會)에 사용할 소락(酥酪: 치즈)을 만들기 위해 백성들이 기르는 어미 소를 끌고 와 우유를 짜내는 일을 폐지해 줄 것을 왕에게 요청하여 승낙 받았다는 내용이다.

고려 제32대 왕인 우왕(禑王) 11년(1385년)의 기록에는 왕이 사냥 가는 도중에 유우소(乳牛所)를 지나다가 소가 허약함을 보고 불쌍히 여겨 우락(牛酪: 버터)을 바치지 말게 했다는 내용이 있다. 유우소는 소젖을 관할하는 기관이며, 이는 조선에도 그대로 이어지게 된다. 조선시대까지도 우유는 왕이나 상류층 또는 병약한 환자에게 제한적으로 이용되었을 뿐이다.

우리의 재래종 소에는 젖소가 없으며, 국내에서 사육되는 젖소는 모두 수입된 품종이다. 젖소 중에서 세계적으로 가장 많이 사육되고 있는 품종은 홀스타인(Holstein)이며, 우리나라에서 사육되고 있는 젖소도 대부분 홀스타인이다. 홀스타인은 몸에 검고 흰 얼룩무늬가 있는 것이 특징이다.

우리나라에 홀스타인이 처음 도입된 것은 고종(高宗) 39년(1902년)의 일이며, 농상공부 기사로 근무하던 프랑스인이 20여 마리를 들여와 사육하였다는 기록이 남아있다. 그러나 본격적으로 젖소를 사육하기 시작한 것은 1960년대 이후이다. 현재 우리나라에는 약 40만 마리의 젖소가 사육되고 있다.

우유는 비교적 저렴하면서도 특별한 조리가 필요 없이 언제 어디서나 간편하게 섭취할 수 있어서 우리의 일상생활에서 자주 접하게 되는 음식이다. 우유는 소가 다음 세대를 위하여 준비한 영양소의 집합체이며, 모유(母乳)와 비교하여도 각종 아미노산 및 비타민과 미네랄이 훨씬 많다.

우유는 단백질의 조성 성분인 각종 아미노산이 골고루 포함되어 있으며, 뼈의 성분을 이루는 칼슘이 풍부하게 들어있어

'완전식품'이라고 불린다. 그러나 비타민류는 다소 부족한 편이며, 특히 비타민C는 원유를 살균하는 과정에서 파괴되어 거의 남아있지 않게 된다.

소에서 짜낸 상태 그대로의 우유를 원유(原乳, raw milk)라고 하며, 그 상태로는 유통되지 못하고 살균(殺菌) 과정을 거치게 된다. 살균을 하는 이유는 원유에 혹시 있을 지도 모르는 병원균이나 식중독균을 없애기 위함이다. 원유를 살균하는 방법에는 다음과 같은 세 가지 방법이 있다.

■ 저온살균(低溫殺菌): 63~65℃에서 30분간 천천히 이뤄지는 살균법이며, '파스퇴르제이션(pasteurization)'이라고도 한다.

■ 고온살균(高溫殺菌): 72~75℃에서 15초간 살균한다. '순간살균(瞬間殺菌)' 또는 '고온단시간(high temperature short time, HTST)살균'이라고도 한다.

■ 초고온살균(超高溫殺菌): 130~150℃의 초고온에서 2~4초간 살균한다. 보통 'UHT(ultra-high temperature)살균'이라고 한다.

각 회사에서는 저마다 자기네 살균법이 좋다고 홍보하고 있으나, 어떤 방법으로 살균을 하여도 우유의 맛이나 영양 가치는 크게 차이가 없다. '멸균우유(滅菌牛乳)'라고 하는 것이 있는데, 기본적인 열처리 방법은 살균우유와 같고 포장지까지 살균하였을 때 이런 표현을 쓴다. 주로 종이팩에 담긴 우유에 적용된다.

우유 그 자체가 아니라 우유에서 지방을 줄인 제품도 판매되고 있다. 지방 외의 다른 성분은 일반우유와 같으며, 칼로리에 신경 쓰는 사람들을 위해 개발된 것이다. 우유에는 지방이 3.2~3.4% 정도 들어있으며, 이를 2% 이내로 줄인 것을 저지방우유(low fat milk)라고 하고, 0.1% 이내로 줄인 것을 무지방우유(skim milk)라고 한다.

흰색의 일반우유와는 다른 맛을 즐기고 싶은 사람들을 위해 개발된 것이 가공우유(加工牛乳)이며 주로 어린이들에게 인기가 있다. 대표적인 것이 딸기우유, 초코우유, 바나나우유 등이다. 가공우유는 대부분 우유 대신에 탈지분유, 환원유, 유크림 등을 원료로 사용하고, 여기에 다른 식품 또는 식품첨가물 등을 첨가하여 만든다.

환원유(還元乳, recombined milk)란 전지분유에 물을 타거나 탈지분유에 물과 유크림을 넣어서 우유와 유사한 조성이 되게 만든 것을 말한다. 유크림(milk cream)이란 우유에서 분리

해낸 유지방분 또는 여기에 식품이나 식품첨가물 등을 가한 것을 말한다.

우유는 수분이 약 88%로서 무거우며, 보존성도 나쁘기 때문에 바로 마실 것이 아니면 수분을 제거하여 보존성을 높이고 저장과 운반이 용이하도록 가공한다. 우유의 수급균형이 맞지 않아 우유가 남아돌게 될 때에도 축산농가를 보호하기 위해 전량 구매하여 가공하게 된다. 이처럼 우유에서 수분을 제거한 것이 분유(粉乳)이며, 분유에는 전지분유, 탈지분유, 가당분유, 조제분유 등이 있다.

■ 전지분유(全脂粉乳, whole milk powder): 우유 전체를 그대로 건조시킨 것이며, 첨가물 등 다른 성분이 포함되어 있지 않아 물만 보충하여 주면 우유와 거의 같아지게 된다.

■ 탈지분유(脫脂粉乳, skim milk powder): 우유에서 지방을 제거한 후에 건조시킨 것이며, 지방이 변질될 일이 없기 때문에 전지분유에 비하여 보존성이 좋다. 전지분유에 비해 고단백, 저칼로리이며, 주로 제과·제빵, 아이스크림, 요구르트 등의 가공용 원료로 사용되고, 가축의 사료로 쓰이기도 한다.

- 가당분유(加糖粉乳, sweetened milk powder): 우유에 설탕, 과당, 포도당 등 당류를 가하여 건조시키거나 전지분유에 당류를 혼합한 것을 말한다.

- 조제분유(調製粉乳, modified milk powder): 모유의 조성에 가깝도록 필요한 영양소를 첨가하여 유아용으로 개발한 것을 말한다. 철분, 칼슘, 지방산, 유산균 등 특정 성분을 강화시킨 것은 '강화분유(强化粉乳, fortified milk powder)'라고 한다.

52.
돼지고기

인류는 선사시대부터 돼지(pig)를 가축으로 사육하여 왔으며, 우리나라에서도 기원전부터 돼지가 사육되기 시작한 것으로 추정된다. 다른 가축과는 달리 오로지 돼지고기(pork)를 얻기 위한 목적으로 사육되었으며, 따라서 돼지는 품종의 분화가 덜 되고 품종 간의 외형 차이도 적은 편이다.

다른 가축은 강아지, 송아지, 망아지 등으로 새끼를 일컫는 말이 있는데 돼지의 경우에는 그런 단어가 없고 '돼지새끼'라고 한다. 이는 돼지 자체가 원래는 돼지의 새끼를 이르던 말이었기 때문이다. 돼지의 고어(古語)는 '돗', '돝', '돌' 등이었으며, 때로는 '도'라고도 하였다. 그 흔적이 윷놀이에 남아있으며, 윷놀이에서 '도'는 돼지를 의미한다.

새끼를 뜻하는 '아지'가 첨부되어 '돝아지(도아지)'라고 부르던 것이 '도야지'를 거쳐 '돼지'가 되었으며, 의미도 새끼가 아닌 성체를 가리키는 것으로 변하였다. 돼지를 뜻하는 제주도 사투리인 '도야지'는 이런 변화의 단면을 보여주는 것이라 하겠다. 돼지를 의미하는 한자에는 '저(猪)', '시(豕)', '돈(豚)', '체(彘)', '해(亥)' 등이 있다.

돼지는 현재 세계적으로 1,000여 품종이 있으며, 일부 애완용이나 연구 목적의 극소수를 제외하고는 모두 식용을 목적으로 개량된 것이다. 따라서 빨리 자라 사료의 효율을 높이거나 질병에 강하여 기르기 쉬운 방향으로 품종개량이 이루어졌으며, 품종이 명확하지 않고 3종 또는 4종의 잡종이 많다.

현재 세계적으로 가장 많이 사육되는 돼지는 랜드레이스(landrace)와 요크셔(yorkshire)를 교잡한 어미돼지와 듀록(duroc)을 아비돼지로 하여 태어난 교잡종 돼지이며, 세 품종의 머리글자를 따서 'LYD 돼지'라고도 한다. 요즘은 돼지고기의 맛을 고려한 품종도 개발되고 있으며, 용도에 따라서 지방형(lard type), 가공형(bacon type), 생육형(meat type) 등으로 나누기도 한다.

돼지는 잡식성 동물이지만 우리나라의 경우 방목은 거의 없으며 우리에 가두어 사육하였다. 따라서 사람과 양식을 나누어 먹을 수밖에 없었으며, 사람의 양식도 충분하지 않아 조선시대까지만 하여도 제사나 잔치에 쓸 목적으로 조금씩 사육되었을 뿐이다. 우리나라에서 돼지의 사육이 본격화된 것은 20세기 초 일본으로부터 개량종이 들어온 이후이다. 현재 국내에서 재배되는 주요 품종은 다음과 같다.

- 대요크셔(large yorkshire): 영국에서 육종되었으며, 털의 색깔이 백색이라 '라지화이트(large white)'라고도 한다. 과거에는 가공형으로 육성되었으나 최근에는 생육형으로 개량되어 육질이 개선되었다.

- 랜드레이스(landrace): 네덜란드에서 품종을 개량하였으며, 백색이다. 가공형으로 육종되었으나 오늘날에는 생육형으로 개량되었다.

- 듀록(duroc): 미국에서 육종되었으며, 담홍색과 농적색 등 다양한 색깔이 있다. 우리나라에서는 대요크셔와 랜드레이스 다음으로 많이 사육하고 있다.

- 햄프셔(hampshire): 미국에서 육종되었으며, 흑색 바탕에 어깨와 앞다리가 흰색인 것이 특징이다. 이 품종은 우리나라에 도입되어 교잡종 생산에 많이 이용되었으나 최근에는 점점 사육두수가 감소하고 있다.

■ 버크셔(berkshire): 영국에서 육종되었으며, 흑색 바탕에 얼굴과 네 다리 끝 및 꼬리의 끝부분이 백색인 것이 특징이다. 원래 지방형으로 개발된 품종이어서 지방이 많다. 우리나라에는 1930년대에 도입되어 재래종 돼지의 개량에 널리 이용되었으나 최근에는 사육두수가 크게 감소하였다.

■ 재래종(korean native pig): 내륙과 떨어진 제주도에서 다른 품종의 돼지와 계통(系統)이 섞이지 않고 오랫동안 이어온 제주 고유의 품종이다. 털이 광택이 있는 검은색이어서 '흑돼지'라고도 한다. 질병에 강하고 육질이 좋으며 고기색이 붉어 우리나라 사람들이 선호한다.

조선말까지는 순종 상태를 유지하였으나 일제강점기를 거치면서 외래종과의 교배가 장려되어 잡종화되었다. 1986년부터 제주축산진흥원에서 순수 계통 복원사업을 시작하였으며, 현재 300여 마리를 보존·관리하고 있다. 이 돼지들은 문화재청에서 2015년에 천연기념물 제550호로 지정하였다.

천연기념물인 '제주흑돼지'는 제주축산진흥원에서 관리하는 돼지에 한하며, 시중에서 우리가 흔히 맛볼 수 있는 제주흑돼지는 순수혈통이 아닌 개량종 흑돼지이다. 개량종 흑돼지의 사육 두수도 국내 전체 돼지 사육 두수의 0.1%가 되지 않아 매우 귀한 편이다.

돼지고기는 부위에 따라 다르기는 해도 대략 70~75% 정도가 수분이고, 단백질이 약 20% 정도로서 고단백 식품이다. 그러나 우리나라의 경우 가장 많이 소비되는 것은 삼겹살이며, 삼겹살은 돼지고기 중에서도 지질 함량이 높은 부위이다. 정육의 경우에는 지질이 약 10%이고, 살코기의 경우에는 5% 이하인데 비하여 삼겹살은 지질 함량이 약 30%이며, 단백질은 12~14%밖에 안 된다. 특히 삼겹살의 지질은 포화지방산이 40% 이상이어서 영양적으로 바람직하다고 말할 수는 없다.

돼지고기를 충분히 익혀서 먹지 않으면 기생충에 감염된다는 이야기가 있다. 이는 예전에 돼지를 비위생적으로 사육할 때 실제로 그런 일이 발생하기도 하여 생긴 말이지만, 현재는 회로 먹어도 좋을 만큼 위생적으로 사육되고 있어 안심하여도 된다. 제주도의 명물인 '똥돼지(흑돼지)'도 예전에는 인분을 먹여 키웠으나, 이제는 모두 사료를 먹여 키우고 있다. 그러나 돼지고기를 날로 먹으면 유통 중의 오염이나 조리도구, 식기 등에 의한 오염으로 식중독이 우려되므로 어느 정도는 익혀서 먹는 것이 좋다.

53.
닭고기

닭은 가금류(家禽類) 중에서 가장 많은 수를 차지하며, 극지방을 제외한 전 세계에서 사육되고 있다. 현재 사육되는 닭의 품종은 수백 종에 이르며, 그 기원은 미얀마, 말레이시아, 인도 등지에서 야생 닭을 길들여 가축화한 것이 각 지역으로 전파되면서 개량되고, 현지에 적응하면서 분화된 것이다. 최초로 닭이 가축화된 정확한 시기는 알 수 없으나 기원전 2000~1000년경으로 추정된다. 우리나라의 경우 신라의 건국신화에도 닭이 등장하듯이 닭을 기른 역사는 아주 오래되었다.

양계산업에서 닭은 사육 목적에 따라 크게 산란계(産卵鷄)와 육용계(肉用鷄)로 구분된다. 전문적인 사육시설이 아니라 농가에서 소량으로 키우는 닭의 경우는 계란과 닭고기를 모두 얻게 되는 겸용계(兼用鷄)이며, 일부 소수의 품종은 애완용(愛玩用)으로 키우고 있다.

우리나라에서 닭을 기른 역사는 아주 오래 되었으나, 옛날에는 농가에서 몇 마리의 닭을 내놓아 기르는 정도였으며 대량으로 사육하는 경우는 없었다. 20세기 초 일본으로부터 개량종이 도입되면서 농가의 부업 또는 겸업 형태로 전환되어 사육두수가 증가하기 시작하였다.

1960년대부터는 닭 사육만을 전문으로 하는 양계농가가 생겨나기 시작하였으며, 처음에는 산란계 위주였으나, 1960년대 중반부터 닭고기(chicken)를 목적으로 한 육용계를 전문으로 사육하는 양계장이 등장하였다. 1980년대 중반부터는 마니커(1985년), 하림(1986년) 등 대형 닭고기 생산업체가 등장하면서 닭고기의 생산과 유통이 대량화, 규격화되면서 닭고기의 소비가 급격하게 증가하게 되었다.

1990년에 농림부가 육계계열화 정책을 수립하고 추진한 결과 현재 육계의 90% 이상이 이 시스템에 의해 공급되고 있다. 육계계열화란 하나의 업체에서 사육농가에 병아리, 사료, 약품, 연료, 사육기술 등을 제공하고, 농가는 노동력을 투입하여 사육한 후 계열업체에 납품하면, 계열업체에서는 도계, 축산물 생산, 가공 및 유통을 담당하는 사업형태를 말한다.

닭의 품종개량은 대부분 서양에서 이루어졌으며, 현재 전 세계에서 사육되는 닭 품종의 90% 이상은 4~5개의 종계(種鷄) 회

사가 보급하고 있다. 국내에서 사육되고 있는 육용계는 그 종자
닭(元種鷄)을 전량 외국에서 수입하고 있다. 육용계는 영어로
'브로일러(broiler)'라고 한다.

서양에서는 닭의 가슴살을 이용한 요리가 발달하였기 때문
에 육용계는 적은 사료로 가슴살이 큰 닭을 빠르게 키워내는
것을 목표로 품종이 개량되었다. 그러나 우리나라에서는 닭을
부분육이 아닌 통째로 먹는 삼계탕이나 백숙과 같은 요리가 발
달하여서 다 자라기 전에 출하하는 것이 일반적이다. 서양에서
는 보통 50일 정도 사육하여 닭의 평균 체중이 2.4kg 정도 되
었을 때 출하하는데, 우리나라에서는 보통 35일 정도 키워
1.5kg 정도 되면 출하한다.

우리나라 닭고기 시장은 집단 사육방식에 적합한 육용계의
비중이 커지며 재래종 닭은 점차 축소되고 있다. 현재 서양에
서 품종 개량된 육용계의 점유율이 약 80%(국내산 60%, 수입냉
동육 20%)이며, 나머지 약 20%를 토종닭과 재래닭이 차지하고
있다. 우리나라에서 사육되는 대표적인 육용계 품종은 로스
(Ross), 코브(Cobb), 아바에이커(Arbor Acres). 인디언리버
(Indian river) 등이다.

원래 사전적 의미로는 '재래닭'과 '토종닭'은 같은 말이다. 일제
강점기 경제성이 떨어지는 토종닭을 도태시켰으며, 그 결과 토

종닭은 거의 멸종되었다. 1994년 농림부의 지원으로 멸종된 토종닭을 복원하는 사업이 추진되었으며, 복원된 닭에 재래닭이란 이름을 붙이면서 구분되게 되었다.

재래닭의 복원작업은 우수한 모델을 선발하여 지속적인 교배·선발 과정의 반복을 통하여 재래종의 유전자를 지닌 닭을 복원하고, 같은 유전자가 이어지도록 하는 '고정화 작업'을 하여 이루어진다. 이렇게 하여 복원한 재래닭에는 연산오계, 청리, 고센, 구엄닭, 현인닭, 고려닭 등이 있다.

재래닭은 고유의 유전적 특징을 유지·계승하는 것을 목적으로 복원된 것인데 비하여 현재 통용되고 있는 '토종닭'이라는 명칭이 붙은 닭들은 순종(純種)이 아니라 토종의 단점을 보완한 개량 품종이다. 우리 고유의 재래종 닭은 맛은 좋으나 성장이 너무 더디다는 단점이 있다. 이를 개선하기 위해서 외래종과 교배하게 되었으며, 그 교배종이 우리나라의 기후·풍토에 적응하여 독자의 유전적 특징을 가지게 된 것이다.

토종닭 역시 우리나라에만 있는 품종이며, 재래닭을 개량하여 경제성을 보완한 품종이다. 우리가 시장에서 구입하게 되는 토종닭은 바로 이런 개량종이며, 대표적인 품종으로는 '한협'과 '우리맛닭'이 있다. 한협은 ㈜한협축산에서 개발한 품종이며, 우리맛닭은 농촌진흥청 국립축산과학원에서 개발한 품종이다.

닭고기는 품종별, 부위별로 차이가 있으나 가식부 100g당 열량이 190~220kcal 정도이며, 단백질이 17~19%, 지방이 12~15%이고 탄수화물은 거의 없다. 흔히 닭고기 중에서 가슴살은 단백질이 많고 지방이 적어 다이어트에 적합하다고 한다. 단백질이 가장 많은 부위가 가슴살인 것은 맞으나 지방은 넓적다리가 가장 적다. 넓적다리는 단백질 함량도 낮아 칼로리가 가장 낮은 부위이다.

◆ 계란

인류는 닭을 가축으로 기르기 시작한 이래 계란을 식용으로 하였다. '계란(鷄卵)'은 한자이며, 순우리말로는 '달걀'이라고 하고, 두 가지 모두 표준어이다. 영어로는 '에그(egg)'라고 하지만, 에그는 닭뿐만 아니라 조류, 어류, 파충류, 곤충 등 모든 동물의 알(卵)을 지칭하기도 한다.

육용계(肉用鷄)와 마찬가지로 산란계(産卵鷄) 품종 역시 몇몇 종계(種鷄) 회사에서 공급하고 있으며, 우리나라에서는 하이라인브라운(Hy-line brown), 로만브라운(Lohmann brown), 이

사브라운(ISA brown) 등이 대부분을 차지하고 있다. 예전에는 화이트레그혼(white leghorn)을 주로 사육하였으나, 1980년대 이후 점차 줄어들어 현재는 거의 기르지 않는다. 이는 알을 더 많이 낳는 갈색(brown) 품종의 닭들을 양계업자들이 선호하였기 때문이다.

달걀의 색깔은 어미닭의 깃털 색깔과 같으며, 흰색의 화이트레그혼이 사라짐에 따라 흰색 달걀도 점차 볼 수 없게 되었다. 우리나라에서는 흰색 계란보다 갈색 계란을 선호하는 경향이 있는데, 이는 업계의 마케팅에 현혹된 결과이다. 처음에 갈색 계란은 흰색 계란에 익숙한 소비자들에게 환영받지 못하였다. 업계에서는 토종닭이 낳은 계란도 갈색이며, 갈색 계란이 더 맛있고 영양도 많다고 홍보하였고, 소비자의 마음을 움직이는 데 성공하였다.

그러나 계란의 색깔은 맛이나 영양과는 아무 상관이 없다. 맛이나 영양은 닭의 품종이나 색깔에 의해 결정되는 것이 아니라 닭이 먹은 사료에 의해 주로 결정되며, 알을 낳은 어미닭의 건강상태나 나이(月齡)에도 영향을 받는다. 마찬가지로 노른자의 색상도 영양과는 별 상관이 없으며, 사료에 의해 조정이 가능하다.

계란은 '완전식품(完全食品)'이라 불리며, 예전부터 중요한 단백질의 공급원이었다. 계란은 외부로부터 아무런 영양소 공급이 없어도 적당한 온도만 유지하여 주면 뼈와 근육이 생기고, 날개와 깃털 등이 생겨서 완전한 개체로 태어난다. 이는 계란 안에 필수아미노산이 균형 있게 함유되어 있기 때문에 가능한 일이다.

계란은 유정란이거나 무정란이거나 구분 없이 살아 숨을 쉬며, 산란 후 날짜가 지남에 따라 점차 자신의 영양분을 소비한다. 오래된 계란을 삶으면 오목하게 들어간 부분이 커지는 것은 이 때문이다. 따라서 가능한 한 산란 후 얼마 되지 않은 신선한 계란을 구입하는 것이 좋다.

계란의 유통기한은 계절이나 보관온도에 따라 다르다. 산란 후 바로 냉장 시스템에 의해 유통되고, 가정에서도 구입 후 바로 냉장고에 보관하였다면 보통 30일 정도는 문제가 없다. 우리나라에서는 2019년부터 유통되는 달걀 표면에는 10자리 코드를 인쇄하도록 법으로 정하고 있으며, 구입할 때는 이를 참고하면 도움이 된다.

코드는 예를 들면 '1002M3CGS2'와 같이 되어 있다. 맨 앞의 네 자리 숫자는 산란일을 의미하며, 예의 경우에는 10월 2일을 뜻한다. 다음 다섯 자리(M3CGS)는 생산자를 식별할 수 있는 고유의 코드이다. 마지막 숫자는 사육환경을 의미하며, 1부터 4

까지로 구분된다.

1은 방목, 2는 축사와 케이지(cage: 닭장)를 자유롭게 오갈 수 있는 환경, 3은 마리당 0.0751m²(1m²당 13마리) 이상의 공간이 보장되는 케이지, 4는 마리당 0.051m²(1m²당 20마리) 이하의 케이지를 의미한다. 현재는 약 90% 정도가 4의 좁은 닭장에서 사육되고 있으며, 동물권(動物權)에 대한 논란이 일면서 조금씩 개선되고 있는 상황이다.

54.
미역

우리 민족이 언제부터 해조류(海藻類)를 식용으로 하였는지
는 알 수 없으나, 『삼국유사』에 나오는 연오랑과 세오녀 설화의
내용으로 보아 늦어도 삼국시대 초기에는 식용으로 한 것으로
추정된다. 미역을 식용으로 한 것이 문헌에 나오는 것은 당(唐)
나라의 서견(徐堅) 등이 편찬한 『초학기(初學記)』의 기록이다. 여
기에는 "고려인들이 산모에게 미역을 먹였다"는 내용이 나온다.

우리나라를 비롯한 동양에서는 오래전부터 해조류를 식용으
로 하였으나, 서양에서는 최근까지도 해조류를 먹지 않았으며,
통틀어서 '바다의 잡초(seaweed)'라고 불렀다. 그러나 이제는
해조류를 '바다의 야채(sea vegetable)'이라고 부르며, 현대인의 식
생활에서 건강을 지켜주는 귀중한 음식으로 인식하게 되었다.

미역은 외관이 식물과 닮아서 바다에 서식하는 식물로 오해
할 수 있으나, 생물분류 기준으로 보면 전혀 다른 종류이다. 일

반적으로 생물의 분류는 스웨덴의 식물학자인 카를 폰 린네(Carl von Linné)가 1735년에 발표한 『자연의 체계(Systema Naturae)』에 기반을 두고 발전하여 왔다.

이에 의하면 모든 생물은 유사성을 기준으로 큰 그룹에서 세부적인 그룹으로 나누게 되며, 가장 상위의 그룹인 계(界, Kingdom)로 시작하여 차례로 문(門, Phylum, Division), 강(綱, Class), 목(目, Order), 과(科, Family), 속(屬, Genus), 종(種, Species)으로 분류한다. 참고로, 품종(品種, cultivar)은 종(種)의 하위 단위로서 인위적으로 개량되어 특정 유전적 형질을 가지게 된 가축이나 농작물을 구분하는 데 사용된다.

린네가 처음으로 분류체계를 발표할 때에는 생물을 동물계와 식물계로만 구분하였다. 그러나 그 후에 동물도 아니고 식물도 아닌 균계, 세균계, 원생생물계 등이 발견되고, 종전의 분류로는 곤란함을 느껴 현재는 계(界)의 상위 개념인 역(域, Domain)을 두게 되었다. 역에는 세균역, 고균역, 진핵생물역이 있으며, 진핵생물역에는 원생생물계, 균계, 식물계, 동물계 등 4개의 계가 있다. 미역은 원생생물계에 속하여 식물과는 계에서 구분된다.

해조류는 바다에서 사는 조류(藻類, algae)를 통틀어 이르는 말이며, 한때는 하나의 생물학적 분류군을 일컫는 용어로 쓰였지만, 현재는 학문적으로는 사용되지 않는다. 해조류는 크게 김, 우뭇가사리 등의 홍조류(紅藻類)와 미역, 다시마, 톳 등의 갈조류(褐藻類) 및 파래, 매생이 등의 녹조류(綠藻類)로 구분되며, 홍조류와 갈조류는 원생생물계에 속하지만 녹조류는 식물계에 속한다.

해조류는 바다에 살며 엽록소를 가지고 있어 광합성을 하는 생물을 관습적으로 부르는 용어이다. 이들은 뿌리, 줄기, 잎이 구별되지 않고, 꽃이나 열매를 맺지 않으며, 포자에 의하여 번식한다. 이들의 색깔은 서식하는 위치에 따라 결정되며, 녹조류는 얕은 바다에 살고 홍조류가 가장 깊은 바다에 산다.

미역과 같이 뿌리, 줄기, 잎이 분화되지 않은 몸 전체를 엽상체(葉狀體, thallus)라고 하며, 식물의 줄기에 해당하는 부분을 엽병(葉柄, stipe)이라 하고, 잎에 해당하는 부분을 엽신(葉身, blade)이라고 한다. 밑동에는 뿌리 대신에 부착기(附着器, hold-fast)라고 불리는 흡착기관이 있으며, 부착기는 영양분을 흡수하는 기능은 없고 바위 등을 단단히 움켜쥐어 미역이 해류에 의해 떠내려가지 않도록 하는 기능을 수행한다.

다 자란 미역은 부착기 바로 위에 있는 줄기(stipe) 양쪽으로 포자를 만드는 생식기관이 생긴다. 모양이 꼬불꼬불하게 사람의 귀처럼 생겼다고 하여 통상 '미역귀'라고 부른다. 종전에는 식감이 거칠고 모양도 이상하여 상품가치가 없는 것으로 여겼으나, 최근에는 콜레스테롤을 낮추고 항암효과도 있는 후코이단(fucoidan)이라는 성분이 다량 함유되어 있다고 하여 주목을 받고 있다.

미역은 가공방법에 따라 생미역, 염장미역, 건조미역 등으로 구분하기도 한다.

- 생미역: '물미역'이라고도 하며, 물기를 말리지 않은 채취한 그대로의 젖은 상태의 미역을 말한다. 미역을 물에 불릴 필요가 없이 사용할 수 있고 신선하다는 장점이 있으나, 유통기한이 짧아 미역의 수확이 이루어지는 제철에만 구할 수 있다.

- 염장미역: 생미역을 데쳐서 물로 급랭시킨 후 수분을 뺀 뒤 소금에 절인 미역을 말한다. 염장한 상태 그대로 또는 건조하여 판매한다.

- 건조미역(마른미역): 생미역이나 염장미역을 원료로 하여 건조시킨 것으로서 시중에 유통되는 대부분의 미역이 건조미역이다. 건조미역은 보통 질긴 줄기와 미역귀 등을 제거하고 건조하며, 길쭉한 직사각형 모양으로 절단한 것과 실처럼 가는 모양의 '실미역' 두 종류가 있다.

보건복지부에서 2005년에 150개 식품에 대하여 조사한 바에 의하면 가식부 100g 중 식이섬유의 함량이 가장 많은 것은 마른미역으로 43.3g이나 됐다. 그 다음으로 고춧가루(39.7g), 김 (33.6g), 말린 다시마(27.6g) 등으로 해조류에 식이섬유가 많은 것으로 드러났다.

미역의 식이섬유는 대부분 알진산(alginic acid)이며, 알진산과 나트륨, 칼륨, 칼슘 등이 결합한 알진산염의 형태로 존재한다. 알진산은 불용성 다당류로서 물에 녹지 않지만, 알진산나트륨 등의 알진산염은 물에 녹으며 미역 특유의 미끌미끌한 점액물질인 젤(gel)을 형성한다.

알진산염은 수분을 흡수해 최대 2백 배까지 팽창하여 변의 양을 증가시키고 대장을 자극하여 배변을 도움으로써 변비에 뛰어난 효과를 발휘한다. 부피의 증가는 포만감을 부여하여 과식을 방지함으로써 체중조절에 도움을 주기도 한다. 또한 강한 점성으로 담즙산과 콜레스테롤에 흡착하여 담즙산과 콜레스테롤이 체내로 흡수되는 것을 방해하고, 몸 밖으로 배출함으로써 콜레스테롤 수치를 개선한다.

미역의 가식부 100g 중에 칼슘은 약 960㎎ 들어있다. 칼슘은 인체 내에 가장 많이 들어있는 미네랄로서 대부분은 인산칼슘의 형태로 뼈와 이(齒)의 성분을 이루며, 혈장에 있는 칼슘은 신경자극 전달, 혈액응고, 근육 수축 등의 신체 활동을 조절한다.

임신과 출산으로 칼슘이 부족해지기 쉬운 여성에게 칼슘의 충분한 공급은 필수적이며, 아기에게 젖을 주는 수유부(授乳婦)라면 아기의 성장 발육을 위하여도 칼슘이 필요하게 된다. 2005년 한국영양학회에서 발표한 한국인영양섭취기준에 의하면 수유부의 칼슘 권장섭취량은 하루에 400㎎ 이상이다.

보통 미역국 1인분에는 마른미역이 약 5g 필요하며, 산후조리를 하는 여성은 매끼 미역국을 먹고, 먹는 양도 일반인에 비하여는 2배 정도 많기 때문에 하루에 20~30g 정도의 마른미역을 먹게 된다. 따라서 미역국만으로도 하루 권장량의 약 60%를 섭취하는 셈이다.

일반적으로 원소기호가 'I'인 물질을 '요오드(iod)'라는 독일어식 이름으로 부르고 있으나, 이 물질의 공식 명칭은 '아이오딘(iodine)'이다. 요오드(아이오딘)는 체내 신진대사를 조절하는 갑상선호르몬의 구성성분이 되는 중요한 미네랄이며, 요오드가 부족하면 신진대사가 완만해져 비만의 원인이 되기도 한다. 수유부의 경우 신진대사를 활발하게 하여 젖이 잘 나오게 하기 위하여도 요오드의 충분한 섭취가 필요하다. 한국인영양섭취기준에 의하면, 요오드의 1일 권장섭취량은 일반 성인이 0.15㎎

이며, 임신부 0.24㎎, 수유부 0.34㎎이다.

요오드는 이온(I⁻) 상태로 바닷물에 미량 포함되어 있으므로 해조류나 어패류 등 바다 생물의 몸에 축적되게 된다. 마른미역의 요오드 함량은 발표 자료에 따라 차이가 있으며, 100g에 8~16㎎ 정도 들어있다. 우리 국민의 경우 해조류나 어패류의 섭취가 많아서 요오드 결핍의 위험은 적은 편이며, 오히려 과잉을 우려할 정도이다. 우리나라 사람의 하루 평균 요오드 섭취량은 0.4㎎ 이상이라고 한다.

요오드를 많이 섭취하면 갑상선에서 갑상선호르몬의 생산이나 분비를 억제하게 되어 갑상성기능 저하증 환자의 경우 병을 악화시킬 수 있다. 또한 요오드를 과잉으로 섭취하면 면역체계가 갑상선을 공격하는 자가면역성 갑상성질환을 일으킬 수도 있다. 이에 따라 요오드는 하루 섭취 상한량을 2.4㎎으로 정하고 있다.

우리 국민이 요오드를 많이 섭취하기는 하나 일반인의 경우 섭취 상한량을 초과하는 일은 드물다. 그러나 미역국을 많이 먹는 산모의 경우는 섭취 상한량을 초과하기도 한다. 우리 몸은 스스로 조절 능력이 있어서 어느 정도의 과잉은 바로 정상으로 되돌리게 되므로, 일시적으로 요오드를 과잉 섭취하였다고 문제가 되지는 않는다. 다만 갑상선 질환이 있는 경우에는 위해할 수도 있으므로 의사나 전문 영양사와의 상담을 통해 요오드 섭취 수준을 정해야 한다.

55.
김

김은 우리나라 사람이면 누구나 좋아하는 식품이며, 여행이나 나들이 등 야외 활동을 하게 되면 도시락으로 가장 많이 이용되는 것이 바로 김밥이다. 예로부터 김을 식용으로 하는 나라는 우리나라와 일본뿐이었으나, 최근에는 그 영양적 가치가 알려지면서 서양에서도 건강식품으로 새롭게 주목을 받고 있다.

김(laver)은 바다의 암초에 이끼처럼 붙어서 자라는 홍조류(紅藻類)의 일종으로서 전 세계에는 70여 종이 있으며, 우리나라에는 10여 종이 알려져 있다. 우리 민족이 언제부터 김을 식용으로 하였는지는 알 수 없으나, 삼국시대 이전에 이미 김을 채취하여 식용으로 하였을 것으로 추정된다. 김은 한자로 '해태(海苔)'라고 하며, 이는 일본어 '노리(海苔, のり)'에서 온 것이다.

김에 대한 기록은 조선시대의 여러 문헌에 나타나며, 한자로

'해의(海衣)'라고 하였다. 세종 7년(1425년)에 경상감사 하연(河演)이 작성한『경상도지리지(慶尙道地理志)』에 경상도 하동지방 특산품으로 해의가 나오고, 1429년『세종실록지리지(世宗實錄地理志)』에 명(明)나라에 보내는 진헌품(進獻品) 목록에도 해의가 나오며, 성종 12년(1481년)에 노사신(盧思愼) 등이 편찬한『동국여지승람(東國輿地勝覽)』에도 전라남도 광양군 태인도(太仁島)의 토산품으로 해의가 나온다.

예전에는 자연산 김을 채취하여 먹었으며, 김을 양식하게 된 것은 17세기 중반 김여익(金汝翼)이란 사람에 의해서 시작되었다고 알려져 있다. 그가 처음 김을 양식한 광양시 태인동(太仁洞)에는 광양김시식지(光陽김始殖址)라는 곳이 있으며, 전라남도 기념물 제113호로 지정되어 관리되고 있다. '김'이란 이름도 그의 성(姓)을 따서 부르게 된 것이 시초라고 하는 설이 일반적이다.

우리나라의 김 양식 기술은 일본으로 전해져 두 나라 고유의 식품이 되었으며, 지금은 중국, 대만, 베트남 등 동양의 몇몇 나라에서도 식용으로 하고 있다. 또한 우리의 교포가 있는 곳이면 어느 곳이나 김이 수출되고 있어 점차 세계 여러 나라에 알려지게 되었다.

김은 학문적으로는 참김, 큰참김, 방사무늬김, 큰방사무늬김,

돌김 등으로 구분하고 있으나, 일반소비자가 말하는 김의 종류에는 재래김, 돌김, 파래김 등이 있다.

- 재래김: 일명 '조선김'이라고도 불리며, 전통적인 양식 방법과 성형 방법을 사용하여 김이 얇고 색상이 밝다. 일반김에 비하여 조직이 성기므로 입안에서 부드럽게 녹는 느낌이 드는 특징이 있다. 주로 구워서 먹는 용도로 사용하며, 구우면 청록색으로 변한다.

- 일반김: 개선된 양식 방법과 성형 방법에 의해 생산되며, 가장 보편적인 김이다. 주로 기름과 소금으로 양념해 구워 먹는다.

- 돌김: '돌에 붙어서 나는 김'이란 의미에서 '돌김'이라 부른다. 양식한 김에 대응하는 자연산 김을 말하며, 질감이 거칠고 구멍이 많이 나 있다. 양식 김에 비하여 맛과 향이 뛰어나며, 주로 구이용으로 사용된다.

- 파래김: 김에 녹조류(綠藻類)의 일종인 파래가 섞여 있는 것으로, 파래에서 유래된 초록빛을 띠며, 파래 특유의 풍미가 있다. 주로 구이용으로 사용된다.

■ 김밥김: 김밥을 말았을 때 터지지 않도록 일반김 중에서 특히 조직
이 촘촘하고 두껍게 성형한 것을 말한다. 색이 진하고 검게 보이며,
김밥용으로 사용된다.

■ 조미김: 고온에서 순간적으로 구운 김에 식용유, 소금, 조미액 등
을 얇게 입힌 것으로 일반적으로 공장에서 생산된 규격화된 제품
을 말한다. 대부분 한입에 먹기에 적당한 크기로 절단되어 포장되
어 있으며, '식탁용 김'이라고도 한다.

김은 생물로는 거의 먹지 않고 건조하여 식용으로 하므로 모
든 영양성분이 농축되어 함량이 높아지게 된다. 마른 김의 경
우 지방은 거의 없으며 단백질과 탄수화물이 풍부하고, 각종
비타민과 미네랄도 많이 함유되어 있어 영양학적으로 매우 우
수한 식품이다. 마른 김에는 단백질이 약 40%나 함유되어 있어
단백질이 풍부한 편이다.

김 한 장의 무게는 종류, 용도, 품질에 따라 차이가 있으나 대
략 1.5~3g 정도이고, 김밥 등으로 한 끼에 먹는 김은 2장을 넘
지 않으므로, 한 끼에 먹는 양은 5g 정도에 불과하다. 조미김의
1인분도 보통 5g 전후이며, 이것은 식용유, 식염 등으로 조미된
것이어서 김 자체의 무게는 그 절반 정도밖에 안 된다. 따라서

일상적인 식사에서 섭취하는 양으로는 어떤 효과를 얻기에는 부족하다. 김으로 어떤 유용한 성분을 얻으려는 것은 욕심이며, 그저 밥을 맛있게 먹을 수 있도록 도와주는 역할에 만족하는 것이 좋다고 하겠다.

56.
다시마

    다시마(kelp)는 미역과 같은 갈조류(褐藻類)의 바다 생물이다. 생물 분류에 있어서는 다시마목의 다시마과에 속하여 다시마목 미역과에 속하는 미역과는 과(科)에서 갈라지며, 매우 인접한 생물이다. 다시마속(*Laminaria*)의 생물은 전 세계에 30여 종이 있다. 다시마는 비교적 큰 조류여서 보통 2~4m 정도로 자라며 큰 것은 10m 이상 되는 것도 있다. 너비는 25~40cm 정도이고, 엽신(葉身)의 두께는 2~3㎜ 정도로 비교적 두꺼운 편이다.

    다시마는 우리나라를 비롯하여 일본, 중국 등에서는 옛날부터 식용으로 하여왔다. 튀각, 쌈, 장아찌 등으로 먹기도 하나, 특유의 감칠맛 때문에 주로 국물의 맛을 내는 데 사용한다. 일본어로 다시마는 '곤부(昆布, こんぶ)'라고 하며, 일본요리의 기초를 이루는 '다시(出汁, だし)'의 주요 재료가 된다. 다시는 가츠

오부시(かつおぶし), 다시마, 표고버섯 등을 물에 넣고 끓여서 감칠맛을 우려낸 일본의 육수를 말한다.

말린 다시마 100g에는 아미노산의 일종인 글루탐산(glutamic acid)이 약 1,700㎎ 함유되어 있다. 글루탐산은 감칠맛을 내는 물질이며, 1907년 일본의 이케다 기쿠나에(池田菊苗) 박사에 의해 다시마에서 발견되었다. 그 당시까지 단맛, 신맛, 짠맛, 쓴맛 등 4가지만이 기본적인 맛으로 인정되고 있었으나, 글루탐산이 발견됨에 따라 '감칠맛(umami)'이 다섯 번째 기본맛으로 인정되었다. 이 글루탐산에 나트륨을 결합시킨 것이 조미료인 MSG(mono sodium glutamate)이다.

다시마는 해조류 중에서도 요오드(아이오딘)가 많아 건조다시마 100g 중에 140~190㎎ 정도 함유되어 있다. 이는 요오드 함량이 많다는 마른미역과 비교하여도 약 14배나 많은 양이다. 따라서 영양제로 쓰이는 요오드는 주로 다시마를 원료로 하여 추출하게 된다. 다시마의 높은 요오드 함량 때문에 건강에 좋지 않다는 의견도 있으나, 다시마는 직접 먹기보다는 주로 국물을 내는 데 사용한 후 건져내 버리기 때문에 다시마의 요오드 함량이 크게 문제될 것은 없다.

다시마에는 식이섬유인 알긴산(alginic acid)이 풍부하여 지방의 흡수를 방해하고 배변의 양을 늘려 변비에 도움을 주는 다이어트에 도움을 주는 식품으로 알려져 있다. 그러나 다시마에 알긴산이 포함되어 있다는 것이 사실이라고 하여도 실제 음식으로 섭취하는 다시마의 양을 고려하면 이런 효능은 기대할 수 없다. 다시마에 있는 다른 유용한 성분도 마찬가지이다.

다시마와 관련하여 특히 후코이단(fucoidan)이란 성분이 주목을 받고 있다. 후코이단은 갈조류에 속하는 다시마, 미역, 톳 등에 함유된 끈적끈적한 점액질의 다당류이며, 1913년 스웨덴 웁살라대학(Uppsala University)의 요한 해럴드 킬린(Johann Harald Kylin) 교수에 의해 처음 발견되었다.

후코이단은 전 세계적으로 1,500편이 넘는 논문이 발표되었고, 일본의 공영방송인 NHK를 비롯하여 후지TV 등 민영방송에서도 소개되어 인터넷에서 쉽게 검색할 수 있을 만큼 그 효능이 널리 알려져 있다. 대표적인 효능은 혈액응고 방지작용, 항암작용, 항균 작용, 혈압 상승 억제 작용, 혈당 상승 억제 작용, 면역세포 조절작용, 항알레르기 작용, 항바이러스 작용 등이 거론되고 있으며, 특히 암세포가 아포토시스(apoptosis)라는 세포자살을 일으키도록 하여 암을 치료하는 효과도 있다고 한다.

그러나 이런 효능들은 아직 가능성의 단계이며, 후코이단의 효능을 증명하는 결정적인 의학 연구는 없다. 따라서 현재로는 건강기능식품으로 인정되어 판매되는 제품은 없고, 일반 건강 식품의 원료로 사용되고 있을 뿐이다. 판매회사의 광고나 입소문을 믿고 마치 만병통치약인 양 그 효과를 기대하는 것은 바람직하지 않다.

57.
명태

명태(alaska pollock)는 국내에서 가장 많이 소비되던 생선이었으며, 옛날부터 다양한 이용법이 개발되어 버릴 것이 하나 없다고 말할 정도이다. 몸통이 찌개, 매운탕, 구이, 찜 등으로 이용되는 것은 물론이고 알은 명란젓, 내장은 창란젓, 아가미는 아가미젓을 만들어 먹는다.

저녁에는 서민들의 술안주로 사랑 받다가 다음날 아침이면 해장국 재료로 둔갑하기도 한다. 제사상에는 '좌포우혜(左脯右醯)'라 하여 북어가 빠지지 않고, 굿판이나 고사는 물론이고 한옥의 대들보나 음식점에 북어를 걸어놓아 무사안전과 복을 비는 풍습이 오늘날까지 남아있을 정도로 우리민족과는 인연이 깊은 생선이다.

명태는 그 이용 방법만큼이나 명칭이 다양하여 가공방법, 포획시기, 포획방법, 크기 등에 따라 여러 가지 이름으로 불리며 사전에 나오는 명칭만도 30가지가 넘는다. 자주 쓰이는 대표적인 명칭의 예를 들면 다음과 같다.

- 생태(生太): 얼리거나 말리지 않은 갓 잡은 그대로의 신선한 명태를 말하며, '선태(鮮太)'라고도 한다.
- 동태(凍太): 얼린 명태
- 북어(北魚): 말린 명태를 말하며, '건태(乾太)'라고도 한다.
- 깡태: 바짝 말려서 딱딱해진 것
- 황태(黃太): 얼리고 말리는 과정을 반복하여 노랗게 말린 것
- 먹태: 황태를 만들다 너무 날씨가 풀려 조금 거무스레하게 변한 것
- 백태(白太): 황태를 만들다 너무 추워져서 하얗게 바랜 것
- 무두태(無頭太): 머리를 잘라내고 몸통만 말린 것
- 짝태: 명태의 배를 갈라서 내장을 빼고 소금에 절여서 넓적하게 말린 것
- 코다리: 아가미를 빼고 코를 꿰어 꾸들꾸들하게 반쯤 말린 것
- 노가리: 명태 새끼를 말린 것
- 춘태(春太): 봄에 잡은 명태
- 추태(秋太): 가을에 잡은 명태
- 동태(冬太): 겨울에 잡은 명태
- 망태(網太): 그물로 잡은 명태

■ 조태(釣太): 낚시로 잡은 명태

명태는 한류성(寒流性)으로 우리나라 동해를 비롯하여 오호츠크해, 베링해, 알래스카 근해 등 북태평양 해역에 널리 분포하며, 여름에는 200m 이상의 바다 깊은 곳에 살다가 겨울이 되면 산란을 위해 연안으로 몰려드는 습성을 지니고 있다. 우리나라에서 가장 흔한 생선의 하나였으나, 지구의 온난화와 함께 명태의 서식지가 북상하고 새끼 명태까지 마구 잡다 보니 씨가 말라 이제는 귀한 생선이 되었다.

요즘 식탁에 오르는 명태는 대부분 러시아 해역에서 잡힌 것이다. 따라서 생태는 구경하기 어렵게 되었고, 동결과 해동을 반복하면서 말려야 하는 황태 역시 원양어선에서 잡은 후 장기간 냉동 보관된 것을 이용하기 때문에 예전과 같은 맛이 나지 않는다고 한다.

해양수산부에서는 2015년부터 '명태 살리기 프로젝트'를 실시하고 있으며, 2016년 세계 최초로 명태의 인공양식에 성공하여 동해에 방류하였다. 2017년 2월 강원도 양양군 수산항 앞바다에서 표지를 달은 명태를 포획하여 방류한 명태가 자연에 정착해 살고 있음을 확인했다. 해양수산부에서는 방류용 명태 새끼를 대량으로 양식하여 방류 규모를 더욱 확대할 계획이다.

명태는 입이 크다 하여 '대구(大口)'라고 불리는 생선과 같은 대구속(Gadus)에 속하는 어종이다. 대구는 보통 길이가 90cm 정도이지만, 명태는 40cm 정도에 불과하여 옛날에는 대구의 어린 물고기로 오인되기도 하였다. 대구는 위턱이 앞쪽으로 돌출되어 있는 반면에 명태는 아래턱이 앞쪽으로 돌출되어 있어 잘 구별된다.

명태(明太)라는 이름의 유래에 대하여는 몇 가지 설이 있으나, 명천(明川) 지방의 태(太)씨 성을 가진 어부가 잡은 고기여서 명태라고 불리게 되었다는 것이 가장 널리 알려져 있다. 이 내용은 조선 후기의 문신인 이유원(李裕元)이 1871년에 저술한 『임하필기(林下筆記)』라는 책에 소개되어 있다.

그에 따르면 조선 인조(仁祖) 때 민(閔)씨 성을 가진 함경도 관찰사가 명천군(明川郡)을 순시하던 중 아주 맛있는 생선 요리를 먹고 그 이름을 물었더니, 주방장이 이름은 모르나 태(太)씨 성을 가진 어부가 잡은 것이라 대답하였고, 이에 관찰사가 명천(明川)의 명(明)과 생선을 잡은 어부의 성(太)을 따서 '명태(明太)'라고 부르도록 하였다는 것이다. 그런데 인조 때에 함경도 관찰사를 지낸 민(閔)씨 성을 가진 인물로는 민성휘(閔聖徽)가 있으나, 그와 관련된 기록에서 명태에 관한 내용은 발견되지 않아 근거 없이 전해져오는 속설일 수도 있다.

다른 설로는 '밝을 명(明)'자와 연관된 것으로, 함경도 지방에서는 명태 간으로 기름을 짜서 등불을 밝혔으며 '밝게 해주는 물고기'라는 뜻으로 명태(明太)라고 불렀다는 것이 있다. 또는 삼수갑산(三水甲山) 깊은 산골짜기에 사는 사람들에게 눈이 침침해지는 병이 많았는데, 해변으로 나가 명태 간을 오래 동안 먹고 돌아가면 눈이 밝아진다고 하여 명태(明太)라고 불렀다는 것이다. 명태 간에는 비타민A가 많아 영양결핍으로 시력이 약해진 사람에게는 시력 회복에 도움이 될 수 있으나, 이것은 명태에 한정되지 않고 일반적인 생선의 간에 공통적으로 적용되는 사항이다.

명태는 동해 연안에서 잡히는 생선이므로 우리나라에서는 오래전부터 먹었을 것으로 추정되나, 옛날에는 이름 없는 물고기는 부정한 것으로 여겨 기피하는 풍습이 있었으므로 본격적으로 식용으로 하기 시작한 것은 이름이 생긴 조선 중기 이후로 추정된다. 문헌상 명태라는 이름이 처음 나오는 것은 『승정원일기(承政院日記)』효종(孝宗) 3년(1652년)의 기록이다. 여기에는 "강원도에서 올린 진상품 중 대구어란(大口魚卵)에 명태란(明太卵)이 섞인 불량품이 있었다"는 내용이 있다.

명태의 주성분은 단백질이며, 지질이나 탄수화물은 거의 없다. 생태의 단백질 함량은 약 18%이고, 북어는 약 60%, 황태는 약 80% 정도이다. 이처럼 단백질이 풍부하기 때문에 육류의 섭취가 부족하였던 옛날에는 영양을 보충하여 주는 좋은 식품이었다.

명태는 한류성 어류이면서도 지질이 적은 것이 특징이다. 명태를 말려서 먹을 수 있었던 것도 지질 함량이 적어 지질의 산화에 따른 변질이 일어나지 않기 때문이다. '북어(北魚)'라는 명칭은 '북쪽 바다에서 잡은 고기'라는 의미로 원래 명태를 지칭하는 것이었으나, 한반도의 남쪽 지방에서는 생태는 구경할 수 없고 말린 고기만 접할 수 있었으므로 '건태(乾太)'와 같은 의미로 사용하게 된 것이다.

58.
고등어

　고등어(mackerel)는 우리 국민이 매우 좋아하는 생선이며, 소비량에 있어서도 전체 생선 중에 1, 2위를 다툰다. 특히 지방 성분이 많아지는 가을에는 가장 맛이 좋아지므로 "가을 고등어는 며느리도 안 준다"는 속담이 있을 정도이다. 대표적인 요리 방법은 구이나 찌개이다.

　고등어는 태평양, 대서양, 인도양의 온대 및 아열대 해역에 널리 분포하는 어종으로 바닷물 표층으로부터 300m 이내에 서식한다. 최대 몸길이는 50cm까지 성장하나, 일반적으로는 30cm 정도이다. 계절에 따라 알맞은 수온의 해역을 찾아 떼를 지어 이동하는 계절회유를 하며, 북반구에 서식하는 종은 수온이 상승하는 여름철에 북쪽으로 이동을 하고 겨울철에는 남쪽으로 이동한다.

　우리나라에서는 2~3월경에 제주 성산포 근해에 몰려와 차차 북으로 올라가는데 그중 한 무리는 동해로, 다른 한 무리는 서해로 올라간다. 9월부터 다음해 1월 사이에 남으로 내려가기 시작한다. 고등어는 여름에 산란을 마치고 겨울을 대비해 최대한 많은 먹이를 먹어 영양을 비축해 둔다. 이러한 이유로 고등어가 통통하게 살이 올라 가장 맛있어지는 9~11월을 제철이라고 한다.

우리나라에는 고등어속 어류로 2종이 알려져 있는데, 고등어와 망치고등어가 있다. 망치고등어는 육질이 단단하지 못해 상품성이 떨어지며, 식용보다는 주로 기름 채취용으로 이용되므로 '기름고등어'라는 별칭으로도 불린다. 망치고등어는 몸통에 둥근 암청색의 점무늬가 산재하여 '점고등어'라고도 불린다. 1번째 등지느러미의 제2가시가 가장 긴 고등어와는 달리 1번째 등지느러미의 3~4번째 가시가 가장 길어 고등어와 구별된다.

고등어는 넓은 바다를 이동하며 살기 때문에 근육이 발달하여 단백질이 많고, 헤모글로빈(hemoglobin) 성분이 포함되어 있어 살색이 붉은빛을 띠고 있으며, 많은 에너지를 필요로 하기 때문에 지방의 함량도 많은 편이다. 고등어에는 단백질이 약 20%, 지질이 약 10% 함유되어 있다.

고등어는 대표적인 '등 푸른 생선'으로서 등쪽은 푸르며, 배쪽은 흰데 이는 천적으로부터 자신을 지키기 위한 보호색이다.

즉, 바닷새와 같이 물 밖에서 보았을 때는 등이 바닷물과 같은 푸른색이어서 쉽게 구분하기 어렵고, 더 깊은 바다에 사는 대형 어류가 밑에서 위로 올려다보았을 경우에는 배가 하늘의 흰색과 구분하기 어렵게 되는 것이다.

우리나라에서 주로 소비하는 등 푸른 생선에는 고등어를 비롯하여 꽁치, 정어리, 전갱이, 삼치, 가다랑어, 참치, 연어, 방어, 멸치 등이 있다. 등 푸른 생선이 주목을 받게 된 것은 오메가3 지방산인 EPA 및 DHA가 많이 함유되어 있기 때문이다. 오메가3 지방산은 고혈압, 동맥경화, 뇌졸중, 심근경색 등 순환기 계통의 성인병을 예방하며, 뇌의 발달과 활동을 촉진하여 노인성 치매를 예방하는 효과가 있는 것으로 알려져 있다. 고등어 가식부 100g 중에는 오메가3 지방산이 2~3g 들어있다.

고등어는 함유된 비타민의 종류도 다양하고 양도 비교적 많은 편이다. 특히 비타민B_{12}가 풍부하고, 비타민D도 많이 들어있다. 비타민B_{12}는 식물에는 거의 들어있지 않아 채식위주의 식사를 할 경우 부족하기 쉬우며, 결핍증상으로는 빈혈이 대표적이다. 비타민D는 칼슘(Ca)과 인(P)의 흡수를 촉진시켜 골격 형성에 필수적인 영양소이다.

고등어는 맛이 좋지만 지방 함량이 많아 다른 생선에 비해 부패 속도가 빠른 편이다. 따라서 냉장이나 냉동 설비가 부족하였던 과거에는 산지에서 잡자마자 바로 염장을 하였다. 고등어의 배를 가르고 아가미와 내장을 제거한 후 소금에 절여서 만든 염장 고등어를 간고등어(자반고등어)라고 하며, '안동간고등어'가 유명하다.

고등어는 회로 먹기도 하는데, 신선하지 않은 고등어를 회로 먹으면 복통, 구토, 설사 등 식중독(食中毒) 증상을 보이기도 한다. 이는 고등어 특유의 단맛을 내는 아미노산인 히스티딘(histidine)이 효소의 작용에 의해 독성물질인 히스타민(histamine)으로 변하기 때문이다. 특히 산란기인 여름에는 내장에 유독성분이 만들어지므로 회로 먹는 것은 삼가야 한다.

59.
조기

조기(yellow croaker)는 명태, 고등어와 함께 우리 민족에게 가장 친숙한 생선이다. 담백한 맛이 일품인 조기는 국, 찌개, 구이, 찜 등으로 요리하여 먹으며, 소금에 절여 젓갈을 담그기도 한다. 우리나라에서는 제사상에도 올릴 만큼 대접을 받는 생선이나, 일본에서는 별로 먹지 않아 잡어(雜魚)로 취급하고 어묵의 재료로 사용하는 정도이다.

과거에 명태는 동해를 대표하고, 고등어가 남해를 대표한다면 조기는 서해를 대표하는 생선이라고 할 수 있었으나, 지금은 서해에서는 조기가 별로 잡히지 않고 주로 제주도 인근 해역에서 잡히고 있다. 조기가 서해에서 잡히지 않게 된 가장 큰 원인은 무분별한 남획(濫獲)에 있다.

조기는 넓은 의미로는 민어과에 속하는 바닷물고기의 총칭이며, 우리나라 연안에서 잡히는 조기류는 참조기, 수조기, 백조기, 흑조기 등 10여 종에 이른다. 그러나 일반적으로 조기라고 말할 때에는 참조기(*Larimichthys polyactis*)를 뜻한다. 참조기와 가장 유사한 것은 부세라고도 하는 수조기(*Larimichthys crocea*)이다.

조기와 부세는 생김새가 비슷하여 구분하기 쉽지 않으나 자세히 관찰하면 차이점을 발견할 수 있다. 부세는 조기에 비해 몸집이 조금 크고, 비늘의 크기는 조기에 비해 작다. 참조기는 대가리 상단부에 다이아몬드 모양이 있는 것이 특징이며, 부세에는 이것이 없다. 부세의 주둥이 부분은 유선형으로 매끈한데 비하여 조기는 굴곡이 있고 아래턱이 위턱보다 조금 길다. 옆줄(側線)은 모두 한 줄이나, 조기의 경우 옆줄 주변이 밝아서 두 줄처럼 보인다.

조기의 머리에는 이석(耳石)이라고 하는 돌처럼 단단한 두 개의 뼈가 있으며, 조기가 헤엄을 칠 때 균형을 잡을 수 있는 역할을 한다. 이 뼈 때문에 조기는 옛 문헌에서는 '석수어(石首魚)', '석어(石魚)', '석두어(石頭魚)' 등으로 표기하였다. 조기는 색깔이 누렇기 때문에 '황석어(黃石魚)'라고도 하였으며, 요즘은 조기 새끼를 뜻하는 말로 의미가 변하였고, 주로 젓갈을 담그는 용도로 사용된다.

조기를 소금에 절여 해풍(海風)에 말린 것이 굴비이며, 영광

법성포의 '영광굴비'가 유명하다. 굴비를 항아리에 담고 통보리를 채워 장기간 보관하여 숙성시킨 것이 '보리굴비'이다. 보리굴비는 엄청 딱딱하고 수분이 거의 없어 그대로는 먹기 힘들고 쌀뜨물에 담갔다가 살짝 쪄서 먹으면 독특한 식감을 느낄 수 있다.

굴비의 어원에 대해서는 고려 인종(仁宗) 4년(1126년)에 왕권을 찬탈하려고 난(亂)을 일으켰다가 실패하고 법성포로 귀양을 온 이자겸(李資謙)과 관련된 이야기가 영광군청 홈페이지에도 실려 있을 만큼 널리 알려져 있다. 그가 굴비를 맛보고 그 맛이 뛰어나 인종에게 진상하면서 "진상은 해도 굴(屈)한 것은 아니다(非)"라고 적은 것이 굴비(屈非)의 유래가 되었다고 한다.

그러나 전라도와 충청도 일대에서 진상품으로 올린 굴비의 명칭을 보면 굴비(屈非)와 함께 구을비(仇乙非), 구구비(仇仇非), 구산비(仇山非) 등의 표기가 있다. 굴비(屈非)라는 표기는 영광현과 고부군(현재의 정읍)에서 올린 진상품에만 보이고, 구을비(仇乙非)라는 이두식 표기가 대부분이어서 이자겸과 관련된 굴비 어원설은 후대에 민간에서 만들어진 것으로 보인다.

아직 굴비의 어원은 명확하게 밝혀지지 않았으며, 일부에서는 '굽는다'는 뜻을 지닌 고어 '구비(구비)'에서 유래된 것이라고 주장하기도 한다. '골목 굽이굽이'라고 할 때의 '굽이굽이'는 여

러 굽이로 구부러지는 모양을 나타내고, 이의 고어는 '구비구비'
이다. 조기를 엮어서 말리면 허리가 굽어지며, 여기서 '구비(仇
非)'라는 명칭이 생겼다는 것이다.

조기의 단백질 함량은 명태나 고등어와 비슷한 약 20%이며,
굴비의 경우는 수분이 증발하여 농축되기 때문에 약 45%가 된
다. 지질은 약 4% 정도로 약 10%인 고등어에 비해서는 적지만
명태보다는 많다. 비타민이나 미네랄 종류도 골고루 들어있는
편이다.

60.
참치

참치는 대표적인 등 푸른 생선 중 하나로서 등은 푸른색이고 배는 흰색이다. 참치 기름의 지방산에는 DHA, EPA 등 오메가 3 불포화지방산이 많이 포함되어 있다. 참치는 단백질이 풍부하고 지질과 칼로리가 낮아 '바다의 닭고기(sea chicken)'라고도 불린다. 칼슘, 칼륨, 철분, 마그네슘 등 미네랄과 B군의 비타민도 비교적 많이 들어있다.

참치(tuna)는 원래 참다랑어를 지칭하는 말이었으나, 지금은 농어목 고등어과에 속하는 다랑어류를 통칭하는 이름으로도 사용되고 있다. 때로는 돛새치목에 속하는 황새치(swordfish), 청새치(blue marlin), 돛새치(pacific sailfish) 등의 새치류를 포함하기도 한다. 다랑어류는 그 종류가 많으나 널리 알려진 것으로는 다음과 같은 종류가 있다.

■ 참다랑어(bluefin tuna): 다랑어류 중에서 가장 크고 대표적인 종이며, 보통 참치라고 하면 참다랑어를 의미한다. 다랑어류 중에서 가장 맛이 좋은 최고급 생선으로 여겨지며, 주로 횟감으로 이용된다. 참다랑어는 현재 멸종위기종으로 분류되어 그린피스(Greenpeace)나 세계자연기금(WWF)과 같은 몇몇 단체에서 개체수 보전에 힘을 기울이고 있다.

참다랑어는 전세계의 온대 및 열대 해역에 분포하며, 최대 몸길이 3m, 몸무게 560kg까지 성장한다. 서식지에 따라 종(種)이 다르며, 태평양에 사는 참다랑어(*Thunnus orientalis*), 대서양에 사는 대서양참다랑어(*T. thynnus*), 남반구에 사는 남방참다랑어(*T. maccoyii*) 등 3종이 있다.

■ 황다랑어(yellowfin tuna): 지느러미가 황색을 띠는 것이 특징이며, 황다랑어란 이름도 이 때문에 붙여진 것이다. 최대 몸길이 2m, 몸무게 200kg까지 성장한다. 주로 횟감, 초밥용, 참치통조림용으로 이용된다. 참치회 중에서는 저렴한 하급품이지만, 참치통조림용으로는 가장 고급에 속한다.

■ 눈다랑어(bigeye tuna): 다랑어류 중에서 눈이 가장 커서 눈다랑어라는 이름이 붙었다. 황다랑어보다 조금 크며, 주로 횟감이나 초밥

용으로 이용된다. 황다랑어보다는 고급 횟감이며, 참치집에서 가장 흔하게 접하게 되는 다랑어이다.

■ 날개다랑어(albacore): 가슴지느러미가 매우 크게 발달해 마치 날개처럼 보여서 날개다랑어라는 이름이 붙었으며, 멀리 움직이기보다는 수직으로 이동하는 습성을 가진 어류이다. 위협을 느끼면 물 밖으로 튀어나와 달아나는 날치과(科)에 속하는 날치(flying fish)와는 전혀 다른 물고기이다.

　최대 몸길이 1.3m, 몸무게 40kg까지 성장하며, 다랑어류 중에서는 작은 편에 속한다. 날개다랑어는 맛이 떨어지는 편이기 때문에 횟감으로는 잘 쓰이지 않고, 주로 통조림으로 가공한다. 우리나라에서도 '알바코참치'라는 통조림이 판매되기는 하나 소비량이 많지는 않으며, 미국에서 주로 소비된다.

■ 가다랑어(skipjack tuna): 다른 다랑어류는 모두 참다랑어속(*Thunnus*)에 속하나 가다랑어는 가다랑어속(*Katsuwonus*)에 속하여 속에서 구분된다. 가다랑어의 '가(假)'는 '거짓', '가짜' 등의 의미이며, 가다랑어는 '진짜 다랑어가 아니라 다랑어와 비슷한 물고기'라는 뜻이다.

　가다랑어는 다랑어류 중에서 소형 어종에 속하고, 몸길이는 최대 1m까지 자라지만 보통은 80cm 정도이며, 무게는 0.8~2kg 정도이다. 다랑어류 중에서 가장 많이 잡히는 종으로 주로 통조림으로 가공된다. 우리나라에서 판매되고 있는 참치통조림은 대부분 가다랑어를 원료로 한 것이다.

가다랑어를 찐 다음 훈제 • 발효시켜 건조한 것이 가다랑어포(가쓰오부시)이며, 일본 요리의 밑바탕이라고 할 만큼 많은 요리에 사용된다. 가쓰오부시(鰹節, かつおぶし)에는 감칠맛을 내는 성분인 이노신산(inosinic acid)이 풍부하여 어떤 요리에나 잘 어울린다.

61.
멸치

멸치(anchovy)는 청어목 멸치과의 생선으로시 우리나라 전 연안에 서식하며, 주로 수심 200m 이하의 대륙붕 해역에서 수면 가까운 곳에 무리를 이루어 생활하고, 최대 몸길이 15cm까지 성장한다. 몸 크기는 작지만 우리나라에서는 연간 12~20만 톤씩 포획되는 주요 어종 중의 하나이다.

우리나라에서 언제부터 식용으로 하였는지는 알 수 없으나, 조선시대 후기인 19세기에는 멸치를 다량으로 잡고 있었음이 여러 문헌에 나오고 있다. 싱싱할 때는 횟감으로도 소비되지만, 멸치는 잡히면 바로 죽고 썩기 쉽기 때문에 어획하는 즉시 삶아서 말리거나 젓갈로 담그게 된다.

말린 멸치는 보통 크기에 따라 대멸(7.7cm 이상), 중멸(4.6~7.6cm), 소멸(3.1~4.5cm), 자멸(1.6~3.0cm), 세멸(1.5cm 이하)로 구분하며, 크기에 따라 요리 방법이 다르고 가격도 차이가 크다. 지방에 따라서는 큰 멸치를 디포리라고 부르기도 하는데, 멸치와는 다른 생선이다. 원래 디포리는 청어목 청어과에 속하는 밴댕이를 뜻하는 사투리이다.

소멸, 자멸, 세멸 등 작은 멸치는 주로 볶음이나 조림으로 요리하여 밑반찬으로 사용되고, 세멸이 가장 비싸다. 대멸과 중멸은 주로 국물을 우려내는 데 사용되거나 젓갈을 담그는 데 사용하며, 멸치 중에 중멸이 가장 싸다. 일본에서는 국물의 맛을 내는 데 주로 가다랑어포(가쓰오부시)를 사용하지만, 우리나라에서는 주로 멸치로 국물을 내는 점이 다르다.

말린 멸치 100g에는 칼슘이 900~1,900㎎ 정도 들어있으며, 멸치조림이나 멸치볶음은 머리부터 꼬리, 내장과 뼈까지 통째로 먹게 되어 칼슘의 주요 공급원이 된다. 칼슘은 뼈와 치아의 구성요소가 되며, 성장기의 어린이에게는 매우 중요한 미네랄이다. 폐경 이후의 여성에게서 발생하기 쉬운 골다공증을 예방하기 위해서는 젊었을 때부터 뼈의 골밀도(骨密度)를 높여두는 것이 필요하며, 이를 위해서도 평소에 칼슘을 충분히 섭취하는 것이 좋다.

멸치젓은 멸치에 소금을 넣어 발효한 젓갈의 일종으로 우리나라에서는 새우젓에 이어 가장 흔히 소비되는 젓갈이다. 멸치젓 그 자체로도 이용되나 주로 액젓의 소비가 많다. 멸치액젓은 멸치젓의 건더기와 국물을 끓이고 걸러서 만든 액체조미료이다. 멸치액젓은 김치 담글 때 넣어 김치의 감칠맛을 더하는 데 사용하며, 각종 나물류를 무칠 때나 매운탕, 찌개에 간장 대용으로 사용한다.

◆ 젓갈

젓갈은 식품의 보존 기술이 떨어지던 과거에 어패류의 부패를 막고 신선도를 유지하기 위해 염장을 하던 것이 발전한 것이다. 이와 유사한 음식은 우리나라뿐만 아니라 중국, 일본, 인도, 태국 등 아시아 지역은 물론이고, 고대 그리스・로마에도 가룸(garum)이라는 생선 액젓이 있었다.

우리나라에서 젓갈에 관한 최초의 문헌 기록은 『삼국사기(三國史記)』에 나타난다. 신라 제31대 왕인 신문왕(神文王) 3년(683년), 신문왕이 일길찬(一吉湌) 김흠운(金欽運)의 딸을 부인으로 맞아들일 때 폐백음식으로 쌀, 술, 기름, 장, 메주, 포와 함께 젓갈을 사용하였다고 한다.

조선시대에는 다양한 종류의 젓갈과 젓갈 담그는 법에 관한 기록이 있다. 『세종실록지리지(世宗實錄地理志)』를 비롯하여 『산림경제(山林經濟)』, 『증보산림경제(增補山林經濟)』, 『임원경제지(林園經濟志)』, 『오주연문장전산고(五洲衍文長箋散稿)』, 『음식디미방(飮食知味方)』, 『규합총서(閨閤叢書)』, 『동국세시기(東國歲時記)』 등 여러 문헌에 나오고 있어 젓갈이 일상화되었음을 알 수 있다.

젓갈은 주로 어패류를 소금 등에 절여 염장한 발효식품이다. 소금을 사용하여 부패균의 번식은 억제하고, 저장・숙성을 통해 육질을 분해시킨다. 젓갈의 숙성에는 어패류 조직 자체에 들어 있는 자가소화 효소와 내장에 들어 있는 효소의 작용과 함께 발효미생물이 작용한다.

숙성이 진행되면 유리아미노산 및 핵산 등의 분해산물이 생겨서 짜면서도 독특한 감칠맛과 풍미를 내게 된다. 작은 생선의 뼈나 새우 등의 껍데기는 숙성 과정에서 연해져 칼슘의 좋은 공급원이 되기도 한다. 대표적인 젓갈로는 새우젓, 멸치젓, 까나리젓, 조개젓, 황석어젓 등이 있다. 주로 김치를 담글 때 사용되고, 찌개나 국을 비롯하여 각종 음식의 간을 맞출 때 사용되기도 하며, 밥반찬으로 직접 활용되기도 한다.

62.
새우

　새우는 특유의 맛이 있고 육질이 쫄깃쫄깃하여 동서양을 막론하고 오래전부터 식용으로 하여 왔다. 몸통은 보통 맑은 무채색을 띠고 있으며, 열을 가해 조리하면 빨간색으로 변한다. 새우요리 하면 흔히 생각나는 것이 새우튀김이지만 소금구이, 삶거나 찐 새우, 간장에 재운 새우장, 회, 새우볶음밥, 매운탕을 비롯한 각종 탕의 국물내기용 재료 등 다양한 요리에 사용되며, 새우젓으로 담그기도 한다.

　새우는 민물 및 바닷물에 모두 서식하지만 대부분 바닷물에 살고 있으며, 전 세계적으로 약 3,000종이 알려져 있고, 우리나라에는 약 90종이 알려져 있다. 한자로는 '하(鰕)' 또는 '하(蝦)'라고 하며, 영어로는 주로 'shrimp'라는 단어를 사용하지만 큰 새우의 경우에는 'prawn'이라고 구분하여 부르기도 한다. 우리나라에서 주로 많이 이용하는 새우로는 다음과 같은 것이 있다.

■ 대하(大蝦, oriental prawn/Chinese white shrimp): 주로 깊은 바다에 살다가 산란기가 되면 연안으로 이동하여 생활하는 습성이 있다. 우리나라에서는 서해와 남해에서 주로 잡히며, 양식도 많이 하고 있다. 몸길이는 27cm 정도까지 자라며, 몸집이 큰 새우여서 '대하', '큰새우', '왕새우' 등으로 불린다.

몸 색깔은 연한 회색을 띠며, 몸 표면에 진한 회색 점무늬가 흩어져 있다. 두 눈 사이로 튀어나온 이마뿔이 길고 곧은 것이 특징이다. 살이 많고 맛이 좋은 고급 새우로 중국요리에서도 자주 쓰이며, 주로 소금구이로 많이 소비된다. 매년 가을 안면도 등 서해안 지방에서는 '대하축제'가 열리기도 한다.

■ 보리새우(tiger prawn/kuruma shrimp): 몸 색깔은 다양하지만 연한 푸른빛을 띠거나 붉은 갈색을 띠는 것이 보통이며, 각 마디마다 진한 줄무늬가 있는 것이 특징이다. 몸길이는 20cm 정도이며, 살이 많고 맛이 좋아 값비싼 고급 새우로 취급된다. 어업과 양식을 통해 얻게 되며 회, 튀김, 구이, 국, 탕, 볶음 등 다양한 요리재료로 이용된다.

꼬리와 다리의 노란 빛깔이 잘 익은 보리와 같아서 보리새우라고 불린다. 영어로는 'tiger prawn' 또는 'kuruma shrimp'라고 하는데, 'tiger prawn'이란 이름은 호랑이와 닮은 줄무늬 때문에 붙

은 것이고, 'kuruma shrimp'는 '수레'를 뜻하는 일본어인 '구루마(車, くるま)'에서 유래하였다. 새우를 구부렸을 때 줄무늬가 수레바퀴(車輪)와 닮아서 일본에서는 '구루마에비(車海老, くるまえび)'라고 부른다. 고급 횟감이기도 한 보리새우는 '오도리새우'라고도 하는데, 싱싱한 보리새우가 펄떡펄떡 뛰는 모습이 춤을 추는 것처럼 보여 일본말로 춤을 춘다는 뜻의 '오도리(踊り, おどり)'에서 따온 이름이다.

■ 젓새우(Akiami paste shrimp): 새우젓 재료로 쓰이는 몸집이 작은 새우로서 몸길이는 2~3cm 정도이다. 몸통은 대체적으로 연분홍색이며, 털이 없어서 매끈하다. 바닥이 진흙으로 이루어진 얕은 바다에 살며, 계절에 따라 깊은 바다와 얕은 바다로 오가는 회유 습성이 있다. 우리나라에서는 주로 서해안과 남해안에서 잡힌다.

■ 꽃새우(southern rough shrimp/spotted shrimp): 보통 새우는 익혀야 붉어지지만 꽃새우는 원래 붉은 색이다. 머리부터 꼬리까지 등에 흰 줄이 나 있으며, 새우 껍질 전체 무늬가 마치 꽃처럼 보인다고 해서 꽃새우라고 부른다. 우리나라의 서해와 남해에서 주로 잡히며, 동해에서도 잡힌다. 몸길이는 10~15cm 정도이다.

주로 튀김이나 초밥의 재료로 이용되며, 맛이 좋아 회로도 먹는다. 농심의 대표적인 스낵과자인 '새우깡'의 원료로 사용되기도 한다. 새우깡 한 봉지에는 꽃새우가 4마리 정도 들어간다고 하며, 전라북도 군산시에서 주로 납품하고 있다. 최근에는 미국산 꽃새우를 일부 사용하기도 하였다.

■ 독도새우: 독도새우라는 종(種)이 따로 있는 것이 아니고 독도 인근 해역에서 잡히는 도화새우, 닭새우, 꽃새우 등 3종류의 새우를 의미하는 일종의 브랜드명이다. 2017년 트럼프(Donald John Trump) 대통령이 방한하였을 때의 만찬자리에 '독도새우'라는 이름으로 도화새우가 올려져서 유명해졌다.

도화새우(humpback shrimp)는 황적색 바탕에 붉은색 가로줄 무늬가 있으며, 옆면에는 흰 반점과 붉은 반점이 불규칙하게 있다. 복숭아꽃처럼 곱고 예쁘기 때문에 '도화(桃花)'라는 이름이 붙었다. 학명은 'Pandalus hypsinotus'이다. 몸길이는 최대 25cm까지 자라며, 독도새우 중에서 가장 큰 종류다. 살이 단단하고 맛도 독도새우 중에서도 가장 좋으며, 수확량이 매우 적어 가격도 가장 비싸다.

닭새우는 머리 위쪽으로 닭벼슬처럼 가시가 올라와 있어 닭새우라 불리지만, 정식 이름은 '가시배새우(spiny lebbeid shrimp)'이다. 몸길이는 10cm 정도이나 통통하게 생겼다. 몸통은 빨간색이고 몸 전체가 짧고 거친 털로 덮여 있다. 꼬마새우과(Hippolytidae)의 새우로 학명은 '*Lebbeus groenlandicus*'이다.

진짜 닭새우(Japanese spiny lobster)는 닭새우과(Palinuridae)에 속하며, 학명은 '*Panulirus japonicus*'이다. 몸길이가 25~30cm에 이르는 대형 새우로 식감이나 외관이 바닷가재(lobster)와 비슷하며, 주로 찜이나 구이로 먹는다. 식당 등에서 랍스터 요리가 나왔는데 집게발이 보이지 않는다면 닭새우일 가능성이 있다.

독도새우 중에서 모습이 예쁘고 붉은 색상을 띠고 있어 꽃새우라고 불리는 것의 정식 명칭은 '물렁가시붉은새우(Morotoge shrimp)'이며, 도화새우과(Pandalidae)에 속하고, 학명은 '*Pandalopsis japonica*'이다. 꽃새우는 보리새우과(Penaeidae)에 속하는 '*Trachysalambria curvirostris*'로서 전혀 다른 종이다. 물렁가시붉은새우는 몸 표면에는 아주 미세한 가시와 털이 촘촘히 솟아 있는 것이 특징이며, 몸길이는 10~15cm 정도이다.

물렁가시붉은새우는 잡히는 장소에 따라 속칭 '독도바리'와 '연안바리'로 구분하기도 한다. 시중에서 독도 꽃새우라고 판매되는 새우의 대부분은 동해 연안에서 잡히는 연안바리라고 한다. 독도바리는 독도의 깊은 바다에서 서식하기 때문에 어획량이 무척 적어서 쉽게 구할 수 없다. 맛과 식감은 독도바리가 훨씬 좋으며, 가격도 상당한 차이를 보인다.

■ 민물새우(freshwater shrimp): 민물새우는 민물에서 서식하는 새우류를 총칭하는 것이며, 한자로는 '토하(土蝦)'라고 한다. 원래 토하는 '생이' 또는 '새뱅이'를 지칭하던 말이었으나, 지금은 모든 민물새우를 토하라고 부르고 있다. 민물새우로 담근 젓갈을 '토하젓'이라고 하며, 고급 젓갈로 취급되고 있다.

새우에는 키틴(chitin)이 많이 포함되어 있으며, 키틴을 탈아세틸화 한 키토산(chitosan)은 혈중 콜레스테롤 개선에 도움이 되는 건강기능식품으로 판매되고 있다. 새우는 그 자체로 먹기도 하나 우리나라에서는 새우젓의 원료로 사용하는 경우가 더욱 흔한 일이다.

우리나라에는 여러 종류의 젓갈이 있지만 그 중에서 가장 많이 생산되고 소비되는 대표적인 젓갈은 새우젓이다. 새우젓은 김치를 담그거나 찌개 등의 간을 맞출 때 중요하게 사용되며, 돼지고기 편육을 먹을 때 빠질 수 없는 음식이다. 새우젓에는 지방 분해효소인 라이페이스(lipase)와 단백질 분해효소인 프로테이스(protease)가 들어있어 돼지고기를 소화시키는 데 도움을 준다.

새우젓은 원료가 되는 젓새우를 잡은 시기에 따라 여러 이름으로 불린다.

■ 육젓: 음력 6월에 잡은 젓새우로 담근 것으로 가장 고급품으로 취급되고 있다. 산란기를 앞둔 시기여서 살이 통통하며 맛이 고소하고, 색깔이 희다. 주로 김치 양념으로 사용된다.

■ 오젓: 음력 5월에 잡은 젓새우로 담근 것으로 육젓 다음으로 좋은 품질이다. 새우의 크기는 육젓과 추젓의 중간이다.

■ 추젓: 추석 무렵부터 음력 10월까지 잡은 젓새우로 담근 것이며, 가장 흔히 볼 수 있는 새우젓이다. 육젓이나 오젓에 비해 가격이 저렴하고, 출하되는 시기가 김장철과 딱 맞아 주로 김치를 담글 때 쓰인다.

■ 동젓: 음력 11월에 잡은 젓새우로 담근 새우젓이다.

■ 춘젓: 음력 3~4월에 잡은 젓새우로 담근 새우젓이다.

때로는 젓새우가 아닌 것으로 담그기도 하며, 이런 것은 보통 하품으로 취급한다.

■ 돗대기젓: 껍질이 두껍고 단단한 '돗대기새우(Lesser glass shrimp)'

로 담근 젓갈이다. 돗대기는 대떼기, 뎃데기, 데뜨기, 돗떼기 등으로도 불린다. 음력 1월 말부터 4월 사이에 잡은 새우로 담근 것은 '풋젓'이라고 하며, 그중에서 2월에 잡은 새우로 담근 것은 '동백하젓'이라 한다.

■ 곤쟁이젓: 곤쟁이젓은 자하젓, 자젓, 감동젓이라고도 한다. 곤쟁이는 곤쟁이목(Mysida) 곤쟁이과(Mysidae)에 속하는 갑각류로서 '자하(紫蝦)'라고도 부르며, 작은 새우를 닮았으나 새우는 아니다. 십각목(十脚目, Decapoda)에 속하는 새우와는 목(目)에서 구분된다. 자하젓은 충청남도 서천의 특산물로 초가을에 잠깐 잡히는 곤쟁이로 담근다.

63.
조개

　조개는 민물이든 바닷물이든 물이 있는 곳이라면 어디든 분포하며, 전 세계적으로 약 2만 종이 있고, 우리나라에는 약 190종이 알려져 있다. 한자로는 '합(蛤)' 또는 '방(蚌)'이라 하였으며, 아주 오랜 선사시대부터 인류의 식량으로 이용되었기 때문에 패총(貝塚)이란 유적이 생기기도 하였다.

　조개는 넓은 의미로는 단단한 껍데기로 몸을 둘러싸고 있는 연체동물의 총칭이며, 보통은 두 장의 껍데기를 가진 이매패강(二枚貝綱)의 동물을 가리킨다. 영어로는 보통 '셸피시(shell-fish)'로 번역되나, 이는 조개뿐 아니라 새우, 가재 같은 갑각류나 불가사리, 해삼 같은 극피동물도 포함하는 단어이다. 이매패류를 가리키는 영어는 '클램(clam)'이다. 'clam'은 좁은 의미로는 대합(大蛤)을 가리키기도 한다.

　오늘날에도 조개류는 매우 중요한 식재료이며, 우리나라에서 소비되는 대표적인 조개류에는 다음과 같은 것이 있다.

■ 대합(clam): 대합은 껍데기의 크기가 길이 8~9cm, 높이 6~7cm, 폭 약 4cm 정도로 대형 조개이다. 껍데기에는 백색 또는 갈색 바탕에 동심원 모양의 작은 줄무늬가 있는 것이 특징이다. 그 모양이 다양하여 백 가지나 된다고 하여 '백합(百蛤)'이라고도 부르며, 껍데기의 안쪽이 희다고 하여 '백합(白蛤)'이라고도 한다.

대합은 맛이 좋아 옛날부터 즐겨 먹던 조개로서 찜, 국, 죽 등 다양한 요리에 사용되었다. 미국에서는 대표적인 스튜(stew)인 '클램 차우더(clam chowder)'의 주재료로 사용된다. 대개는 날것으로 그냥 이용되지만 건조하여 가공하거나 통조림으로 수출하기도 한다.

■ 홍합: 홍합은 '참홍합' 또는 '담치'라고도 하며, 강원도 동해안 지역에서는 '섭'이라고 부른다. 홍합(紅蛤)이라는 이름은 살색이 다른 조개류에 비해서 매우 붉기 때문에 붙여진 이름이다. 우리나라에는 홍합(hard-shelled mussel)과 진주담치(Mytilus edulis/blue mussel) 두 종류의 홍합이 있다.

재래종인 홍합은 껍데기의 크기가 길이 6~8cm, 높이 13~14cm, 폭 약 5.5cm 정도이며 쐐기처럼 생겼다. 껍데기의 겉은 검은 갈색이고 안쪽은 진주색이다. 우리나라 모든 바다에서 잡히므로 주로 자연산이 많으나, 남해안의 일부 지역에서 양식을 하기도 한다.

진주담치는 본래 외래종이었으나 토착화한 것이다. 껍데기 안쪽이 진주색이 난다고 하여 진주담치란 이름이 붙었으며, 원산지가 지중해이므로 '지중해담치'라고 부르기도 한다. 진주담치의 껍데기 크기는 길이 약 5cm, 높이 약 9cm, 폭 약 3.5cm 정도로서 홍합보다 다소 작은 편이다. 홍합보다 많이 잡히므로 우리가 먹는 홍합의 대부분은 진주담치인 경우가 많다. 홍합에 비하여 맛이 조금 떨어지며, 가격도 저렴하다.

홍합은 달달하고 감칠맛이 있어서 해물탕의 육수를 내는 데 주로 사용되고, 뽀얀 국물에 시원한 홍합탕은 대표적인 술안주로 이용된다. 주로 날것으로 요리에 이용되나 건제품이나 통조림으로 가공되기도 한다. 홍합의 살을 삶아서 말린 것은 '담채(淡菜)'라고 한다. 5~9월의 홍합에는 삭시톡신(saxitoxin)이 포함되어 있는 경우도 있으므로 주의하여야 한다.

■ 바지락(littleneck clam): 바지락은 대합과에 속하는 조개이며, 타원형의 껍데기는 길이 약 4cm, 높이 약 3cm, 폭 약 3cm 정도이다. 껍데기의 겉은 흰색 바탕에 검은색 방사무늬가 있는 것부터 황갈색 물결 모양까지 다양하다. 안쪽은 보통 흰색으로 되어있다. 바지

락이라는 이름은 호미로 갯벌을 긁을 때 부딪히는 소리가 '바지락 바지락'하여 붙여졌다고 한다.

바지락은 예로부터 많이 먹어온 조개이며, 젓갈을 담그기도 하지만 특유의 감칠맛이 있어 국물을 내는 데 이용되고, 특히 칼국수의 식재료로 많이 사용된다. 비교적 양식이 용이하여 우리나라에서는 1912년부터 양식을 시작하였다. 1년 내내 수확할 수 있으나 산란기인 7~8월에는 독이 있어 채집하지 않는다.

■ 굴(oyster): 굴은 굴과(Ostreidae)에 속하는 연체동물을 통틀어 말하는 것이나, 보통 굴이라고 하면 참굴(pacific oyster)을 말하며, 한자로는 '석화(石花)'라고도 한다. 참굴 외에도 우리나라에서는 토굴, 바위굴, 벚굴(강굴) 등이 있다. 굴은 한쪽 껍데기로 바위 등에 붙으며, 다른 쪽 껍데기는 퇴화하여 조금 볼록해지는 정도로 흔적만 남아있다.

참굴은 껍데기의 크기가 7~10cm 정도이며, 모양은 일정하지 않지만 대체적으로 길쭉한 형태이다. 참굴은 세계적으로 가장 많이 소비되는 종이며, 양식도 많이 한다. 자연산은 껍데기가 얇고 물결무늬가 있으며, 양식 굴은 둥글넓적하고 크게 자라서 구분이 가능하다.

굴은 영양이 풍부하고 풍미가 좋아 동서양을 막론하고 오래전부터 식용으로 하였으며, 우리나라에서도 선사시대의 패총에서 많이 출토되었다. 또한 굴에는 남성호르몬인 테스토스테론(testoster-one)의 분비를 촉진하고, 정자의 생성과 활동을 도와 정력에 좋다는 아연(Zn)이 풍부하여 100g당 13~16㎎ 정도 들어있다.

굴은 여름철인 5~8월이 산란기이며, 산란기에는 마비성 패독(貝毒)인 삭시톡신(saxitoxin)과 베네루핀(venerupin)이 있어 먹으면 아린 맛이 나고, 과량으로 섭취할 경우 호흡곤란 혹은 사망까지도 불러일으킬 수 있다. 대부분의 사람이 좋아하는 굴이지만, 생굴 특유의 물컹한 식감과 강렬한 풍미 때문에 싫어하는 사람도 있다.

■ 전복(全鰒, abalone): 전복은 모양이 귀처럼 생겼다고 하여 '귀조개'라고도 불린다. 그러나 전복은 엄밀히 말해서 조개가 아니다. 조개는 이매패강(Bivalvia)에 속하지만, 전복은 소라나 고둥류와 같은 복족강(Gastropoda)에 속하여 강(綱)에서 구분된다.

전복은 굴과 마찬가지로 한쪽 껍데기만 크게 발달하였고, 다른쪽 껍데기는 매우 작고 뒤쪽으로 치우쳐져 있다. 껍데기의 모양은 긴 타원형이며, 호흡을 위한 구멍인 출수공(出水孔)이 있다. 전복의 크기는 길이보다 '미'라는 단위로 구분하며, 1미는 1kg에 들어가는 전복의 개수를 말한다. 즉, 1kg에 16마리가 들어가는 사이즈라면 16미라 부른다. 미의 수가 작을수록 큰 전복이고 클수록 가격도 비싸다.

전복과 비슷하여 흔히 전복으로 오인되는 것으로 제주도 특산물인 '오분자기(variously coloured abalone)'가 있다. 제주도 사투리로 '떡조개'라고도 불리는 오분자기는 마치 작은 전복처럼 생겼다. 전복과 오분자기는 크기보다는 출수공을 보면 쉽게 구분할 수 있으며, 전복은 출수공의 숫자가 4~5개이지만 오분자기는 출수공이 7~8개로 더 많다.

전복은 대표적인 고급 식재중 하나로 오돌오돌하게 씹히는 촉감이 특징이다. 전복은 죽, 회, 탕 등의 요리에 사용되며, 특히 전복죽이 유명하다. 전복 껍데기의 무지개색은 탄산칼슘과 단백질이 번갈아서 치밀하게 쌓인 구조에 빛이 반사되어 나는 것으로, 나전칠기의 오색으로 반짝이는 부분이 바로 이 전복 껍데기를 얇게 갈아서 붙인 뒤 가공한 것이다.

64.
문어

문어는 태평양, 대서양, 인두양 등 모든 바다에 살고 있으나, 서양에서는 식용으로 하지 않고 주로 동양에서만 소비되고 있다. 그 중에서도 일본은 전 세계 총 어획고의 2/3 정도를 소비하고 있다. 우리나라에서는 예로부터 제사나 혼례 등 관혼상제의 상차림이나 임금님 수랏상에 올릴 만큼 귀한 식자재로 취급하였다.

문어는 팔완목 문어과에 속하는 연체동물이다. 문어는 영어로 'octopus'라고 하며, 이 단어는 라틴어에서 유래한 말로 'octo'는 '여덟(8)', 'pus'는 '발(feet)'이라는 뜻이다. 문어의 다리처럼 보이는 것은 사실 팔(腕)이며, 팔이 여덟 개라 팔완목(八腕目)이라 하고, 여기에는 문어, 낙지, 주꾸미 등이 속해있다.

■ 낙지: 주로 갯벌에 서식하며, 몸길이는 30cm 정도로 문어보다 크

기가 작다. 예로부터 낙지는 보양음식으로 알려져 왔으며, 특히 겨울을 대비하여 영양을 비축한 가을 낙지를 최고로 여겼다. 낙지는 다양한 방법으로 먹었으며, 그 중에서도 산낙지, 낙지볶음, 연포탕 등이 유명하다.

산낙지는 회의 일종으로 채취한 낙지를 산 채로 접시에 담아낸 음식이다. 잘못 먹으면 기도가 막혀 호흡이 곤란하게 되는 경우도 있다. 보통은 미리 잘게 토막을 내어 제공되며, 이런 경우에는 '탕탕이'라는 이름이 붙기도 한다.

낙지볶음은 낙지를 이용한 대표적인 음식의 하나이며, 콩나물 등 각종 야채와 고추장을 넣고 볶는 것이 일반적이다.

연포탕(軟泡湯)은 각종 채소와 함께 낙지를 넣고 담백하게 끓인 탕이다. 요즘은 연포탕이라 하면 낙지를 넣고 끓인 것을 의미하나 원래는 낙지가 아닌 두부를 넣고 끓인 탕이었다. 한자 '포(泡)'는 두부를 의미하며, '연포(軟泡)'란 '부드러운 두부(연두부)'를 뜻한다.

■ 주꾸미: '쭈꾸미'라고 쓰는 사람도 많이 있으나, 표준어는 '주꾸미'이다. 수심 10m 정도의 얕은 바다 바위틈에 주로 서식하며, 몸길이는 10~20cm로 작은 편에 속한다. "봄 주꾸미, 가을 낙지"라고 하여 봄에 잡히는 주꾸미가 특히 맛이 좋다고 한다. 이때에는 주꾸미가 산란을 앞두고 밥알과 같은 형태의 알을 품고 있기 때문이다.

주꾸미는 볶음, 탕 등으로도 먹지만 가장 일반적인 조리법은 내장
과 먹통을 제거한 후 끓는 물에 살짝 데쳐서 먹는 것이다

문어(文魚)라는 이름은 글을 쓸 때 필요한 먹물을 몸속에 지
니고 있어 '글월 문(文)'자를 넣어 문어(文魚)라고 하였다는 속설
이 있으나 누군가가 지어낸 것으로 보인다. 생긴 모양이 사람의
민머리(민머리)처럼 생겨서 민간에서 '민어'라고 부르던 것을 비
슷한 발음이 나는 한자로 적은 것이 문어(文魚)라는 설이 합리
적이다. 그러나 문어를 공부하는 선비와 연상시키는 속설은 우
리의 식생활에도 영향을 주었다.

문어는 회, 튀김, 조림, 볶음 등 다양하게 요리하여 먹지만,
가장 대표적인 조리법은 삶아서 익히는 숙회(熟膾)이다. 경상도
지방에서는 결혼이나 생신잔치에 문어숙회가 안 나오면 잔치가
아니라고 말할 정도로 필수적인 음식이다. 특히 전국 소비량의
약 30%를 차지하는 경상북도 안동(安東)에서는 문어를 '양반고
기'라 하여 잔칫상이나 제사상에 반드시 올린다.

지구상에는 300여 종의 문어가 있으며, 종에 따라 크기가 다
양하다. 가장 큰 문어는 길이가 10m에 이르는 것도 있으며, 가
장 작은 문어는 3cm도 채 되지 않는 것도 있다. 우리나라에는
동해안에 서식하는 대문어와 남해안에 서식하는 참문어가 있

으며, 주로 소비되는 것은 참문어이다.

- 참문어: 몸길이 약 80cm로 중형에 속하는 문어이며, 우리나라에서 문어라고 할 때에는 보통 참문어를 의미한다. 주로 수심 5~30m 정도의 바위틈에 서식하여 '돌문어'라고도 하고, 대문어에 비해 크기가 작아 '왜문어(倭文魚)'라고 불리기도 한다. 참문어를 말리면 색이 붉어지기 때문에 '피문어'라고 하며, 껍질을 벗겨서 말린 것은 '백문어'라고 한다. 지역에 따라서는 대문어를 피문어, 백문어 등으로 부르기도 한다.

- 대문어: 크기가 3~5m, 무게가 10~50kg에 달할 정도로 큰 대형 문어이다. 주로 깊은 바다에 서식하지만 산란을 위해 얕은 바다로 나오기도 한다. 참문어에 비해 부드럽고 물이 많아 '물문어'라고 부르기도 하며, '뻘문어'라고도 한다.

65.
오징어

    오징어는 우리 국민이 가장 많이 소비하는 수산물 중 하나이며, 다양한 요리에 사용되고 있다. 오징어에는 혈압의 안정화, 뇌졸중의 예방, 부정맥이나 심부전에 유용한 기능을 하는 것으로 알려져 있는 타우린(taurine)이라고 하는 성분이 특히 많이 함유되어 있다. 마른 오징어 100g에는 타우린이 1,200㎎ 이상 들어있으며, 마른 오징어의 표면을 덮고 있는 백색 가루가 바로 타우린이다.

    넓은 의미로 오징어류라고 말할 때에는 두족강(頭足綱, Cephalopoda) 십완상목(十腕上目, Decapodiformes)에 속하는 연체동물을 통틀어 부르는 이름이다. 이들은 모두 10개의 다리(팔)가 있으며, 그중 2개는 촉완(觸腕)이라고 하여 다른 팔보다 특별히 길다. 전 세계에 약 500종이 있으며, 크기는 약 6m에 이르는 대형에서부터 2cm 정도밖에 안 되는 소형까지 다양하다.

오징어는 한자로 '오적어(烏賊魚)'라고 하며, '오적(烏賊)'은 '까마귀 도적'이라는 의미이다. 오징어가 물위에 죽은 척하고 떠 있다가 이것을 보고 달려드는 까마귀를 다리로 감아 물속에 끌고 들어가 먹었기 때문에 생긴 이름이라고 한다. 이것은 1814년 정약전(丁若銓)이 지은 『자산어보(玆山魚譜)』에 나오는 내용이다.

정약전은 6세기에 쓰인 중국의 『남월지(南越志)』라는 책에 쓰인 내용을 인용한 것이며, 실사구시(實事求是)를 추구한 실학자답게 "그러나 아직 실상을 보지 못하여 사실을 알 수 없다"는 견해를 밝혔다. 『남월지』는 남쪽 지방 토착민들의 이야기를 중심으로 엮은 책이며, 그 내용에는 전설이나 우화(寓話)도 포함되어 있다. 내륙에 사는 까마귀가 바다에서 먹이를 찾을 리가 없으며, 이 내용은 토착민들이 지어낸 우화로 보인다.

오징어는 '오즉어(烏鰂魚)'라고도 하였다. '까마귀 오(烏)'자는 흔히 검은색을 상징하며, 오징어가 까만 먹물을 뿜어내므로 '오(烏)'를 따오고, 물고기를 의미하는 한자인 '즉(鰂)'자를 붙인 것이다. '물고기 어(魚)'의 초성은 원래 [ŋ] 발음이 나는 옛이응 'ㆁ'을 사용한 "ᅌᅥ"였다. 오늘날 '魚'의 발음은 [ŋ]이 없어진 '어'로 변하였으나, 그 음가(音價)는 앞 글자의 받침으로 옮겨갔으며, 그 흔적은 붕어, 잉어, 상어 등 여러 물고기의 이름에 남아있다. 오즉어에서는 앞 글자의 'ㄱ' 받침과 [ŋ]이 만나 '오증어'로 변하였으며, 이것이 변하여 '오징어'가 되었다.

우리나라 연안에는 8종이 살고 있으며, 대표적으로 살오징어, 갑오징어, 한치, 꼴뚜기 등이 있다.

■ 살오징어(squid): '피둥어꼴뚜기'라고도 부르고, 살오징어목(Teuthida) 살오징어과(Ommastrephidae)에 속하며, 우리가 보통 오징어라고 말할 때에는 살오징어를 의미한다. 우리나라 모든 바다에 서식하고 있지만 주로 겨울철 동해 연안에서 많이 어획된다. 다리를 포함한 몸통길이는 보통 30cm 정도이고, 등쪽 외투막의 가운데 부분에는 얇고 투명한 연갑(軟甲)이 있으며, 넓은 마름모꼴의 지느러미가 좌우로 펴져 있다

■ 갑오징어(cuttlefish): '참오징어'라고도 부르며, 갑오징어목(Sepiida) 갑오징어과(Sepiidae)에 속한다. 원래 오징어는 갑오징어를 부르던 호칭이었으나, 살오징어의 소비량이 많아지며 오징어라고 불리게 되자 이름을 넘겨주게 된 것이다. 갑오징어라는 이름은 몸 안에 길고 납작한 석회질로 된 갑옷처럼 단단한 뼈가 있어 '갑옷 갑(甲)'자를 붙여 부르게 된 것이다.

갑오징어는 머리가 크고 몸통 양쪽 전체 가장자리에 걸쳐 지느

러미가 있어 오징어와 쉽게 구별된다. 오징어에 비해 살이 두툼하고 식감이 쫄깃해서 고급 식재료로 취급되며, 가격도 오징어에 비해 많이 비싸다. 갑오징어는 여러 가지로 요리해 먹을 수 있으나, 주로 횟감으로 이용된다.

■ 한치(mitra squid): '한치꼴뚜기' 또는 '창오징어'라고도 불리며, 살오징어과에 속한다. 몸통이 가늘고 길며 창을 닮았기 때문에 창오징어라는 이름이 생겼으며, 오징어에 비해 다리가 매우 짧아 한 치(약 3.3cm)밖에 안 된다고 해서 '한치'라는 이름이 붙었다. 길이는 보통 15~25cm이며, 최대 40cm까지 자란다.

한치는 제주도 해역에서 주로 잡히기 때문에 '제주한치'라고도 불린다. 오징어보다 육질이 연하고 담백하면서도 감칠맛이 있어서 주로 횟감으로 이용되며, 오징어에 비해 가격이 비싸다. 말렸을 때는 오징어보다 살이 부드럽고 색깔도 희며 술안주용으로 인기가 있다.

■ 꼴뚜기(beka squid): 폐안목(Myopsida) 꼴뚜기과(Loliginidae)에 속하며, 오징어와는 목(目)에서 구분된다. 주로 연안에 서식하고 멀리 이동하지 않는다. 몸은 둥글면서 길고 좁은 형태이며, 흰색 바탕에 자줏빛 반점이 있다. 보통 젓갈을 담가서 먹지만 말려서 밑반찬 재

료로 쓰기도 한다.

크기가 6~7cm밖에 안 돼 오징어류 가운데 소형에 속한다. 오징어와 비슷하게 생겼지만 크기가 훨씬 작아서 볼품없고 가치가 적은 것으로 인식되기도 하였다. 그래서 생긴 속담이 "어물전 망신은 꼴뚜기가 시킨다"이며, 못난 사람이 동료를 망신시킬 때 빗대서 하는 말이다.

66.
산소

산소(酸素, oxygen)는 지구를 구성하는 원소 중에서 철(Fe) 다음으로 많은 두 번째 물질이며, 지구의 표면인 지각(地殼)에서는 약 47%를 차지하여 가장 흔한 물질이다. 지구를 둘러싼 공기 중에는 약 21%를 차지하여 약 78%를 차지하는 질소에 이어 두 번째로 많다. 이처럼 산소는 너무 흔하고 당연한 것으로 여겨져 제대로 평가받지 못하고 있다.

사람이 생명을 유지하고 성장하며 활동하기 위해서 꼭 섭취해야 하는 물질을 영양소(營養素, nutrient)라고 하며, 보통 '5대 영양소'라 하면 탄수화물, 단백질, 지질, 비타민, 무기질 등을 말한다. 여기에 물을 포함시켜 '6대 영양소'라고 부르기 시작한 것은 최근의 일이다.

조난이나 붕괴사고 등으로 고립된 경우 영양소의 공급 없이 인간이 생존할 수 있는 시간은 약 3일 정도라고 한다. 만일 물이 있다면 생명을 유지할 수 있는 시간은 약 3주 정도로 연장된다고 한다. 이처럼 생명 유지에서 가장 중요한 물이 최근에서야 영양소의 하나로 평가받게 된 것은 일상생활에서 별 의식 없이 섭취하여 왔기 때문이다.

그런데 산소는 물보다도 더욱 중요한 물질이다. 만일 산소가 공급되지 못한다면 대부분의 사람은 3분 이내에 의식을 잃게 되며, 5분 이상 산소가 공급되지 못하면 사망에 이르거나 뇌사 상태에 빠지게 된다. 세상에는 부모님의 사랑과 같이 너무나 자연스러워 그 고마움을 인식하지도 못하고 살아가는 것이 있다. 사람들에게 산소 역시 그와 같은 존재이다.

우리가 고마움을 모르고 살아가는 것은 산소뿐만이 아니다. 우리는 별 생각 없이 매일매일 음식을 먹으며 생활하고 있다. 그런데 오늘날 우리가 먹고 있는 음식은 그것이 아무리 하찮은 것일지라도 인류가 지구상에 등장한 이래 수많은 사람들의 오랜 경험과 노력이 깃들여 있는 것이다.

인류는 대략 20만 년 전에 출현하였으며, 인류 역사의 95%를 차지하는 19만 년 동안에는 주로 채집과 사냥에 의해 먹을 것을 구하였다. 선사시대에 살았던 인류의 조상들은 자연에 널려 있는 동식물 중에서 먹을 수 있는 것과 먹으면 안 되는 것을 구분하기까지 오랜 기간 여러 차례 설사와 복통을 겪었을 것이며,

고열에 신음하기도 하고, 때로는 목숨을 잃기도 하였을 것이다.

어떤 음식물의 경우 특정 부위를 조심하면 먹을 수 있게 된다는 것을 알게 되기까지는 또 다시 수많은 희생을 치렀을 것이다. 맛있게 먹을 수 있는 방법을 발견하고, 안전하게 보관하고 유통하기 위하여 기울인 노력도 무시할 수 없다. 우리가 일상적으로 먹고 있는 음식들은 모두 이런 긴 과정을 거쳐 우리 앞에 놓이게 된 것이다. 따라서 우리는 모든 음식물을 대할 때 감사의 마음을 가져야 한다.

인터넷이나 매스컴 등에서 음식을 소개할 때에는 그 효능을 설명하는 내용을 어렵지 않게 찾아볼 수 있다. 대부분의 사람들은 이에 영향 받아 음식을 구매하고, 소비하게 된다. 그러나 이제는 어떤 음식을 먹어야 할 것인지 찾아다니기보다는 어떤 마음가짐으로 음식을 먹어야 할 것인지 생각해보아야 할 때이다.

그리고 어떤 음식의 효능이라는 것이 실제로는 별 효과가 없는 경우도 많이 있다. 효능을 설명하기 위해 특정 성분이 많이 포함되어 있다는 것을 강조하는 경우가 많은데, 어떤 성분이 효능을 나타내기 위해서는 일정수준 이상을 섭취하여야만 하며, 통상적인 식사에서의 섭취 수준으로는 그 효능을 발휘할 수 없는 경우가 대부분이다.

예로서, 목마를 때에는 시원한 물을 마시는 것이 가장 효과적인 해결책이다. 그런데 주사기로 혀 위에 물방울 하나를 떨어뜨린다고 목마름이 해결되지는 않는다. 적어도 한 컵의 물을 마셔야 어느 정도 갈증을 풀 수가 있다. 어떤 음식에 들어있는 특별한 효능이 있다는 성분들도 이와 같다. 특수한 성분이 함유되어 있다는 것만으로는 아무 도움이 안 되며, 효능을 발휘할 수 있을 만큼 충분한 양이 있어야 한다.

포도에는 유방암, 전립선암, 대장암, 폐암 등 가종 암세포의 증식을 억제하는 레스베라트롤(resveratrol)이라는 물질이 함유되어 있어서 몸에 좋다고 한다. 한 논문의 쥐를 대상으로 한 실험에서 체중 1kg당 24㎎의 레스베라트롤 추출물을 먹였더니 사망률이 31% 낮아졌다고 한다. 이 양을 체중 60kg인 사람으로 환산하면 레스베라트롤 1,440㎎에 해당한다.

국내에서 주로 재배되고 있는 캠벨얼리의 경우 kg당 레스베라트롤 함유량은 과피에 약 4㎎, 과육에 약 0.6㎎ 정도라고 한다. 위의 논문에 나오는 효과를 얻기 위하여 필요한 양을 계산하면 과피로는 약 360kg, 과육으로는 약 2.4톤을 먹어야 된다. 이것은 통상적으로 먹는 포도의 양에 비하여 너무 많은 수준이다. 즉, 동물실험에서 얻은 효과를 보기 위해서는 일반적인 식사로는 불가능하고, 유효성분을 추출·농축한 건강기능식품 또는 약품의 형태가 되어야 가능한 것이다.

또한 어떤 특정 성분이 효과를 내기에 충분한 양이 들어있다고 하여도 이용 가능한 형태로 존재하지 않으면 아무 소용이 없다. 조개껍질에는 칼슘이 풍부하여 25~40% 정도 함유되어 있다. 그러나 조개탕 등으로 요리하였을 때 국물에 우러나오는 칼슘의 함량은 극히 일부에 불과하여 실제로는 별 도움이 안 된다.

산소(O)는 화학적으로 매우 활성이 높은 원소이며, 거의 모든 원소와 반응하여 화합물을 만든다. 우리 몸의 구성성분 중에서 약 70%를 차지하는 물(H_2O)을 비롯하여 '3대 영양소'라고 불리는 탄수화물, 지질, 단백질 등의 구성요소이기도 하다. 우리가 먹는 거의 모든 음식물에는 산소가 들어있으나 아무리 음식물을 섭취하여도 우리가 필요로 하는 산소를 얻을 수는 없다. 우리가 필요로 하는 산소는 호흡을 통해서만 얻을 수 있다.

산소가 우리 몸에 꼭 필요한 것이기는 하나 필요 이상으로 흡입하면 오히려 해를 입히기도 한다. 보통의 공기에는 산소가 약 21% 들어있는데, 산소 함량이 60%가 넘는 기체를 장시간 흡입하면 호흡 곤란, 경련, 구토, 발작 등의 증상과 함께 신체의 여러 기관에 있는 세포가 해를 입는 '산소중독(酸素中毒, oxygen poisoning)'을 일으키고, 심하면 사망에 이르게 된다.

오늘날에는 일부 가난한 나라나 빈곤한 계층을 제외하고는 영양의 결핍으로 인하여 질병에 걸리는 일은 거의 없다. 오히려 영양의 과잉이나 편식으로 인하여 질병이 발생한다. 모건 스필버그 감독이 '슈퍼사이즈미(Super Size Me)'라는 영화에서 몸으로 실천한 햄버거 실험은 햄버거의 위험을 증명한 것이 아니라 편식의 위험을 증명한 것이다. 완전한 식품이라는 계란도 비타민C 등 일부 영양소는 결핍되어 있으며, 계란만 계속 섭취하고 다른 음식은 먹지 않는다면 질병에 걸리게 된다.

우리 몸에 꼭 필요한 산소는 인체 내에서 이용되기 위하여 다양한 생화학반응을 거치게 되며, 그 과정에서 필연적으로 순간적으로 나타나며 반응성이 뛰어난 '활성산소(活性酸素, reactive oxygen species)'라는 물질을 만들어낸다. 이 물질은 노화의 주된 원인이며, 성인병과 암을 비롯한 여러 질병을 일으키는 원인이 되는 것으로 알려져 있다. 따라서 활성산소를 줄일 수 있는 항산화제에 대한 관심이 크고, 항산화 효과가 있다는 음식을 찾아서 먹기도 한다.

그러나 최근의 연구에 의하면 활성산소는 유해하기만 한 것이 아니라 면역체계 강화, 근육 재생, 당뇨병 억제, 퇴행성관절염을 완화시키는 등의 기능도 한다는 것이 알려졌다. 또한 세포의 성장에 필수적이고, 다양한 생체 신호 전달 과정에서 매우 중요한 역할을 한다는 것이 밝혀지기도 했다.

이런 유용한 기능은 활성산소가 적절한 농도로 있을 경우에 해당하는 이야기이고 필요 이상으로 많은 활성산소가 발생한다면 여전히 유해한 물질로 작용한다. 인체는 활성산소를 조절하고 방어하는 능력을 키워왔으며, 그 진화의 결과로 멸종하지 않고 살아남은 것이다. 활성산소를 억제하기 위해 인체에서 만들어내는 물질이 '항산화효소(抗酸化酵素, anti-oxidant enzyme)'이며, 음식물로 섭취하는 비타민C, 비타민E 등의 항산화제도 도움이 된다.

요즘은 어떤 음식에 어떤 좋은 효능이 있는 성분이 들어있는가에 너무 집착하는 경향이 있다. 이런 것에 신경쓰다보면 오히려 스트레스가 쌓일 정도이다. 음식은 그냥 편하게 편식하지 않고 골고루 섭취하면 충분히 영양의 균형을 맞출 수 있다. 무엇을 먹을까보다 어떻게 즐겁게 먹을까를 생각하는 것이 올바른 선택이다.

계약을 성사시키기 위하여 구매자와 최고급 식당에서 포도주를 곁들이며 먹는 식사보다는 허름한 점포에서 오랜 친구와 파전을 안주로 막걸리를 마시는 것이 훨씬 더 맛있고 즐거운 식사가 된다. 맛있는 음식이란 음식 그 자체의 맛보다도 식사하는 분위기, 함께 하는 사람이 누구냐에 의해 결정된다. 식사란 우리 몸에 필요한 영양소를 섭취하는 것 이상의 의미가 있으며, 인간관계의 유지와 사회의 일원으로서 살아가는 수단이기도 하다.